ACCESO GRATIS *a la Lectura en la Nube*

Para visualizar el libro electrónico en la nube de lectura envíe junto a su nombre y apellidos una fotografía del código de barras situado en la contraportada del libro y otra del ticket de compra a la dirección:

ebooktirant@tirant.com

En un máximo de 72 horas laborables le enviaremos el código de acceso con sus instrucciones.

La visualización del libro en **NUBE DE LECTURA** excluye los usos bibliotecarios y públicos que puedan poner el archivo electrónico a disposición de una comunidad de lectores. Se permite tan solo un uso individual y privado.

MANIFESTACIONES Y REALIDADES DE LAS AGRESIONES SEXUALES EN LA SOCIEDAD POSMODERNA

MANIFESTACIONES Y REALIDADES DE LAS AGRESIONES SEXUALES EN LA SOCIEDAD POSMODERNA

Directores:
AIDA FONSECA DÍAZ
DAVID TEMPRANO DE MIGUEL

tirant lo blanch
Valencia, 2024

En caso de erratas y actualizaciones, la Editorial Tirant lo Blanch publicará la pertinente corrección en la página web www.tirant.com.

© TIRANT LO BLANCH
EDITA: TIRANT LO BLANCH
C/ Artes Gráficas, 14 - 46010 - Valencia
TELFS.: 96/361 00 48 - 50
FAX: 96/369 41 51
Email: tlb@tirant.com
www.tirant.com
Librería virtual: www.tirant.es
DEPÓSITO LEGAL: V-1993-2024
ISBN: 978-84-1197-080-8

Si tiene alguna queja o sugerencia, envíenos un mail a: *atencioncliente@tirant.com*. En caso de no ser atendida su sugerencia, por favor, lea en *www.tirant.net/index.php/empresa/politicas-de-empresa* nuestro procedimiento de quejas.

Responsabilidad Social Corporativa: *http://www.tirant.net/Docs/RSCTirant.pdf*

Índice

Capítulo 10

Capítulo 11

Presentación

Este libro surge a partir del III Congreso de Criminología celebrado en la Universidad Europea de Madrid. En él, nos acercarnos al fenómeno de las agresiones sexuales desde diferentes perspectivas y centramos el objeto de nuestro análisis en las distintas manifestaciones de una realidad, la agresión sexual, como fenómeno poliédrico. Esta complejidad solo puede afrontarse a través del trabajo conjunto de diferentes disciplinas y áreas de conocimiento. De ahí que en nuestro Congreso contáramos con especialistas en las áreas de Psicología, Derecho, Antropología y, por supuesto, en Criminología. La presente obra colectiva recoge este espíritu interdisciplinar y refleja en sus páginas las aportaciones de algunos de los profesionales que participaron en el Congreso.

La estructura del libro se articula desde una perspectiva integral que parte de una contextualización desde horizontes más amplios como son las agresiones sexuales *a priori*, la relación con la identidad y los roles adquiridos o las psicopatías, para llegar a aspectos más concretos como la violencia autoinfligida y centrar el análisis en colectivos como los menores. Esta concreción no se detiene solo en el elemento humano, —ya sea centrándose en la víctima o en el agresor— sino que llega también a abordar algunos de los contextos donde la agresión sexual se manifiesta como son las redes sociales, el ámbito deportivo o el entorno laboral. Para completar este recorrido incluimos, como conclusión, varios capítulos referidos al marco legal, aportando así una visión europea del fenómeno, arrojando algo de luz sobre lo que podemos esperar del futuro.

No deja de ser curioso que la narración de los viajes de Ulises que hace Homero en la *Odisea* comience precisamente el 8 de marzo, Día Internacional de las Mujeres. Esperamos que los conocimientos y las propuestas que aquí se ofrecen contribuyan a definir una hoja de ruta que permita concluir la particular odisea de la agresión sexual que como sociedad debemos afrontar.

Antes de cerrar esta breve presentación no podemos sino agradecer tanto a quienes han participado en esta obra como a quienes colaboraron en la preparación y planificación del Congreso su trabajo, dedicación y esfuerzo.

Capítulo 1

¿*Cómo son posibles las agresiones sexuales a priori*?

DR. JULIO DÍAZ GALÁN
Profesor Titular en Filosofía Antropológica
Universidad Europea de Madrid

DR. ANTONIO SILVA ESQUINAS
Profesor en Criminología
Universidad Europea de Madrid

MARIO MUÑOZ ANGUITA
Profesor en Criminología
Universidad Europea de Madrid

STEFANÍA DONNET HERMOSO
Investigadora-Formación Grado en Criminología.
Universidad Europea de Madrid

1. INTRODUCCIÓN

Tras la avalancha de agresiones sexuales sufridas en los últimos años, hay un interrogante que gravita en la mayoría de las cabezas de la gente. Cada vez más, en todos los sectores sociales, desde los universitarios, empresariales, jurídicos, comunicacionales, en la calle misma, nos preguntamos *cómo son posibles*, a estas alturas, semejantes fenómenos de violencia sexual. Ante tales hechos, da lo mismo el lugar de procedencia, edad, género o escalafón social al que se pertenezca. La primera reacción es echarse las manos a la cabeza y preguntarse: *¿cómo* es posible que en pleno siglo XXI sean moneda corriente casos como los de las manadas (Newtral, 2019), los acosos en el mundo del cine (Belinchon, 2023), o las violaciones a mujeres por parte de jugadores de futbol (Marcos, 2023)? Son casos sonados, mediáticos, pero constituyen tan solo la punta del iceberg del fenómeno[1].

Parece un tipo de pregunta baladí, alejada del mundo de la Investigación, y de hecho es la primera que a cualquiera se le pasa por la mente. Pero en realidad es una pregunta con bastante enjundia filosófica. Kant, por ejemplo, revolucionó el pensamiento de su época con una pregunta de ese tipo. ¿Cómo son posibles los juicios sintéticos a priori?, comenzó preguntándose en la Crítica de la razón pura (Kant, 1997)[2], abriendo la puerta a un nuevo tipo de pensar que inundó

---

1 "La estadística sobre abusos y agresiones sexuales del Balance de Criminalidad del Ministerio del Interior revela que en el año 2022 se produjeron 17.389 delitos contra la libertad sexual en España, 48 de media al día, de los cuales el 16,5% fueron agresiones sexuales con penetración. El número de delitos sexuales ha sufrido un fuerte aumento en los últimos años, al crecer un 28,4% respecto a 2019 y un 13% en relación a 2021" (Pérez, 2023).

2 Kant quería saber si la metafísica era posible como ciencia. Si eso hubiera sido posible se le habría negado a la libertad su propio plano de actuación, pues tener un conocimiento científico de lo divino nos sumiría en el terror absoluto hacia los castigos de Dios. Y para determinar si era posible se tuvo que preguntar cuáles eran las condiciones de posibilidad de la ciencia. Eso le llevó a descubrir que la ciencia progresaba a base de juicios sintéticos a priori, distintos de los meramente empíricos (que aportaban solo información, pero no universalidad ni necesidad) y de los analógicos (que aportaban universalidad y necesidad, pero nada de información). De ahí la pregunta por cómo eran posibles los juicios sintéticos a priori (que aportaban universalidad, necesidad, pero también información), los propiamente característicos de la ciencia, y no de la metafísica.

todas las ciencias. Esa cuestión, por supuesto, le llevaría a Kant a descubrir que esas condiciones, esos aprioris, remitían a una determinada estructura o sistema de las partes de la psique. Quizás nuestra ciencia acerca de la violencia sexual avance de la misma manera que en Kant si nos preguntamos por lo que posibilita esos actos que tratamos de investigar, es decir, ¿cuáles son las condiciones de posibilidad, lo *aprioris* de las agresiones sexuales? Esta forma de pensar nos llevará al descubrimiento de una determinada estructura o sistema social, tan enquistada como a veces desapercibida.

2. LOS DIFERENTES PLANOS DE LA REALIDAD

El discurso filosófico, además de diferenciar la realidad de la ficción, la esencia de la apariencia o la vigilia del sueño, trató siempre de discriminar los diferentes planos o estratos de la realidad. Para ello, fue elaborando todo un sistema categorial-ontológico que nos puede servir para comprender, identificar y prevenir el fenómeno de las agresiones sexuales de hoy día. Es preciso advertir, antes de nada, que todos los conceptos que hoy día manejamos con soltura y naturalidad fueron destilándose durante una serie de siglos por pensadores que, en la mayoría de las ocasiones, no pudieron escapar de la sombra patriarcal de su propia época. Esto quiere decir que esos conceptos podrían ser sospechosos de tener cierta rebaba machista inadvertida. No descubrimos América al decir que los conceptos no son neutros, que pueden ser machistas, racistas, coloniales… (Haraway, 1995, p. 243). Aun así, son los que nos permiten pensar y debemos echar mano de ellos en un largo proceso de revisión y crítica. En este capítulo, nos vamos a centrar en un determinado plano de la realidad, el de las *estructuras* o sistemas (Deleuze, 2002, pp. 238-269), pero para identificar bien este estrato, debemos hablar someramente de otros planos de la realidad, que son el de las esencias-formas y el de las causas.

Vamos primero con las *formas*, es decir, aquello que hace que un *conjunto* de objetos o seres sean peculiares, diferentes a otro conjunto de cosas. Preguntar por las formas es preguntar por la *naturaleza* de algún conjunto de cosas, por aquello que comparten. Así producimos el ordenamiento de lo real. Lo *propio* de algo viene *definido* siempre por un concepto, y hasta que no se tiene el concepto no se puede identificar correctamente la cosa. Todo esto es muy sencillo, mucho más que la formulación filosóficamente dada. Ejemplo: hasta que un niño no tiene el concepto de perro, de guau-guau, no puede distinguirlo claramente de los gatos (miau-miaus) ni de las ovejas (bee-beeees). Después, a esos sonidos, se irán añadiendo más características (intensión del concepto): fidelidad, protección, lametazos, gruñidos, sillones mordidos..., para así asegurar el reconocimiento de los objetos o seres (aunque no ladren) a los que se puede aplicar el concepto: pastor alemán, foxterrier, chiguagua... (extensión del concepto). Pero hasta que el niño no posee un concepto mínimo de perro, su perplejidad a la hora de percibirlo y nombrarlo es tan grande como la de los primeros colonos australianos que se encontraron con un ornitorrinco (Eco, 2016, p. 83).

A todo concepto le antecede siempre una pregunta del tipo "¿qué es...?". Y esa pregunta viene necesariamente formulada desde una determinada ciencia o disciplina, que acota un aspecto de la realidad definiéndolo. En ese trabajo del pensamiento se producen conceptos que permiten identificar las cosas y los fenómenos correctamente, de tal manera que puedan *caer bajo el concepto* o quedar fuera si no es el caso. Estarán pensando que nos vamos de tema, pero no... El trabajo de la ley funciona de forma similar a la hora de identificar actos o sujetos que pueden caer bajo la ley o no, ser constitutivos de delito o no (más gradualista si cabe y menos dicotómica que las ciencias naturales). Y, a veces, nos encontramos con verdaderos ornitorrincos legales que desafían a toda jurisprudencia e interpretación de las leyes...[3]

El plano de las esencias que da lugar a las definiciones-conceptos es muy importante, tanto para el progreso de las ciencias naturales como para el de las ciencias sociales y legales[4]. Fueron los griegos, Sócrates concretamente, los que empezaron esta senda del preguntar, y por eso inventaron las ciencias, al inquirir sobre el *eidos*, la *forma* de las cosas. Este tipo de pregunta no solo afecta a las llamadas ciencias duras, sino también, como hemos señalado, a las Sociales y dentro de estas al Derecho. No hay disciplina científica que no se haga este tipo de pregunta. En el caso que nos trae, podemos y debemos preguntarnos, por ejemplo, ¿qué es una agresión sexual?, o incluso también ¿qué es un agresor sexual? Solo así podemos saber si algunos fenómenos caen bajo el concepto o se quedan fuera. Por otra parte, no podríamos hacernos la pregunta sobre las condiciones de posibilidad de las agresiones sexuales, que es la que vamos a desarrollar en este capítulo, si antes no se determinara qué es una agresión sexual o un agresor. En el plano de estas esencias-conceptos, las de las agresiones sexuales, entran en juego disciplinas como el Derecho, la Psicología o la Criminología, que establecen definiciones legales y *perfiles* psicológicos. Una vez conceptualizada

---

3 Cuenta Umberto Eco en *Kant y el ornitorrinco* que cuando se tuvo la primera noticia del ornitorrinco, al que se comenzó llamando *watermole*, Kant ya había escrito toda su obra (Eco, 2016, p. 121). Pero se tardaría 80 años en determinar que el bicho en cuestión era un mamífero. Parece mucho tiempo, aunque poco si se compara con el tiempo que se ha tardado en comenzar a reconocer que un beso forzado es una agresión sexual.

4 Si hay semejanzas entre el mundo de la ciencia y el legal, no es por casualidad, sino porque gran parte de los conceptos de la ciencia son prestados del ámbito jurídico en el mundo griego (Foucault, 2010).

la cosa se puede determinar cuándo nos encontramos ante un tipo de realidad u otro, cuándo el fenómeno en cuestión, el acto agresor, cae bajo el concepto-ley o no. Como ven, es un plano de lo real muy importante el de las esencias-formas, sin el cual no se puede identificar correctamente la conducta o al agresor, y por tanto juzgarlo convenientemente[5].

Otro plano de la realidad, distinto al de las *formas,* es el de las causas[6]. Aquí la pregunta no es la de "¿qué es algo?" sino "¿por qué algo es? o ¿por qué ocurre algo?", es decir, la etiología. Es esta una pregunta que se formula después de producir el concepto adecuado al objeto u acto, aunque también se puede dar de forma paralela. En nuestro caso, podemos preguntar: ¿por qué ocurren las agresiones sexuales? o ¿por qué alguien se convierte en agresor sexual? ¿Nacen, se hacen...? Aquí también contamos con disciplinas que van desde la Psicología, la Psiquiatría, la Criminología hasta la Biología o incluso la Genética[7] para dar razón del hecho. Y todas estas

---

5 Las definiciones no son cerradas, y están sujetas a ensanchamientos o estrechamientos, integrando o expulsando fenómenos fuera del paraguas del concepto. El caso más reciente es el relativo a los abusos y agresiones sexuales. Antes de la Ley del "solo sí es sí", se poseían dos conceptos-ley distintos, el relativo al abuso y el relativo a la agresión. Ahora se ha producido un ensanchamiento del concepto "agresión sexual", haciendo desaparecer el antiguo abuso sexual, ya fuese básico o agravado.

6 Aristóteles, quizás por llevar demasiado la contraria a su maestro, determinó que las formas eran también un tipo de causa. Además de confundir bastante a los estudiantes de bachillerato por semejante concepción, lastró el avance de la ciencia durante mucho tiempo.

7 Los estudios de estas dos últimas ciencias no son determinantes al respecto. Genes como el MAO-A, el famoso gen del guerrero, solo "predispondría" a la violencia en un ambiente determinado, por ejemplo, "en personas que tendrían una historia de abuso infantil severo" (Sapolsky, 2017, p. 378). Por eso, no debemos entender "esencia-forma" desde un punto de vista naturalista, sobre todo en

ciencias intentan hallar varias causas que a veces concurren en la producción de un mismo fenómeno. Causas familiares, culturales, sociales, psiquiátricas, biológicas... Este plano de las causas es muy importante para poder determinar, por ejemplo, el grado de responsabilidad del agresor. También, por supuesto, para la prevención. En el plano de las causas, la certeza es menos segura que en el de las esencias, pues es difícil establecer para cada caso una correlación estrecha entre causa y efecto.

Aunque estas categorías de la realidad son las más obvias, no se agota toda la realidad científica con ellas. Otra de las preguntas que la filosofía destiló a lo largo de los siglos, además del "qué es" y el "por qué es", fue la del "cómo es posible", es decir, las condiciones de posibilidad de los fenómenos. Y es que no se puede dar un *qué* ni un *porqué* sin un *cómo*, sin la pregunta por los aprioris. Así, la biología, por ejemplo, interroga no solo por la esencia de la vida (ADN) y por los porqués (reproducirse y sobrevivir) sino también por las condiciones de su aparición (caldo primordial) y de su pervivencia (ecosistema). De igual manera, para nuestro caso de las agresiones sexuales, no solo debemos dirigirnos a las esencias-formas y a las causas, sino también a las condiciones de posibilidad, que nos llevará a la cuestión del *poder*. Esta vía de conocimiento, por supuesto, no es nueva. Las llamadas teorías ecológicas del crimen (Azpurúa, 2005) se encuadran aquí. Las preguntas por el hábitat criminológico pertenecen a esta forma de pensar. Pero nuestra búsqueda es si acaso más profunda, tratando de hallar sistemas subyacentes tan ubicuos como difíciles de detectar más allá de lugares específicos claros (Hall y Winlow, 2020). Foucault, en este sentido, trataba de realizar la arqueología de esa estructura que se hallaba en

---

Criminología, pues son otra serie de factores ambientales y culturales los que más determinan en la producción de la forma.

"un suelo más profundo, subterráneo" (Deleuze, 2002, p. 240), "el apriori histórico" (Botia, 1990, p. 129).

A las esencias, causas y condiciones se intenta responder, pues, con conceptos, porqués y sistemas.... Son tres planos diferentes de la realidad, aunque muy entreverados y dependientes[8]. Como hemos dicho, nos interesa en este capítulo el último plano, el de las estructuras o sistemas, pero era preciso distinguirlo de los otros dos. Así, más allá de las esencias (los individuos y sus actos) y de sus causas, pero envolviéndolos, nos encontramos con una realidad que subyace a ellas, un substrato difícil de investigar, casi metafísico a veces, en el sentido de intangible por medios meramente cuantitativos. Este sistema "tiene primacía sobre los elementos, en el sentido de que es el conocimiento del sistema el que permite el reconocimiento de los elementos" (Botia, 1990, p. 37). Esta realidad ha recibido diferentes nombres a lo largo de la historia del pensamiento: substancia, substrato, circunstancia, campo, sistema, estructura, red, episteme, diagrama, meseta[9]...

---

8 Por supuesto, hay muchos otros planos de lo real, como por ejemplo el de las *singularidades* y el de los *acontecimientos*, que por razones de economía textual no vamos a tratar aquí en extensión. Las singularidades son aquello que exceden toda aprehensión conceptual y que son irrepetibles, por eso siempre se les otorgó a los artistas la capacidad de expresarlas, dejándolas fuera de la ciencia. Esas singularidades también tienen su paralelo en el mundo legal. Imagínense a los jueces enfrentándose a los crímenes nazis en los juicios de Nüremberg. Su aparato legal-conceptual, hasta decretando la pena de muerte, se quedaba pequeño para abarcar esas singularidades atroces. Picasso pintando el Guernica o Celan expresando el horror del holocausto con su poema *Fuga de la muerte* atestiguan la necesidad del arte cuando falla la palabra cotidiana o el concepto.

9 A este respecto, Deleuze y Guattari escribieron *Mil mesetas* (1997) con la intención de describir ese plano de la realidad que estamos investigando. Si prescindieron del término "estructura" es porque no se sentían del todo a gusto en esa corriente filosófico-científica que

3. LA PREGUNTA POR LOS *APRIORIS* DE LAS AGRESIONES SEXUALES: PODER E INVISIBILIDAD

Ya hemos hablado de la importancia de Kant a la hora de revolucionar la forma de pensar a partir de las condiciones de posibilidad de los fenómenos. A priori significa "lo previo", aquello que está primero antes de que algo venga o suceda, pero también, como hemos señalado, indica aquello que condiciona a algo a aparecer, surgir, desarrollarse e incluso pervivir en el tiempo. Nos hemos preguntado al principio sobre aquella primera pregunta que en un nivel cotidiano nos hacemos sobre la existencia de las agresiones sexuales: ¿cómo es posible que esto siga ocurriendo?, decíamos. Y a esa pregunta, también la respondemos aún en un nivel no científico, de manera obvia e incluso ingenua. La respuesta simple que nos asalta a esa pregunta del "cómo" es "porque pueden" (o porque creen que pueden). Esta respuesta evidente nos envía a una cuestión no tan obvia, que es la del *poder*. Pero, ¿qué es el poder? Muchos de los casos de las agresiones sexuales de los últimos años se ciñen a un mismo patrón: hombres en situación de poder (empresarios, magnates del cine, futbolistas...), que hacen *todo lo que pueden y todo lo que quieren*, como si el agredir sexual fuese uno de los atributos principales del poder, incluso la máxima demostración de su poder. Pero también tenemos, por supuesto, los casos de hombres en principio no poderosos que agreden sexualmente cuando nadie los ve. Así, poder e invisibilidad se constituyen como algunos de los *aprioris* más

---

trataba esa realidad de forma estática y cerrada. De igual modo, el pensamiento de Foucault eligió el término *episteme* (Foucault, 1970) para hablar de ese caldo primordial subyacente, más profundo que lo que pueda englobar el término cultura. De ahí su noción de arqueología como disciplina que bucea en ese plano de la realidad.

claros de toda agresión sexual: la invisibilidad que otorga el poder y el poder de que otorga la invisibilidad...[10]

Es de sobra conocida esa frase célebre atribuida a Wilde según la cual todo trataría de sexo menos el sexo que trataría de poder. El sexo, por supuesto, es indiscutiblemente uno de los atributos del poder. Pero solo podemos comprender bien esa ecuación si corregimos a Wilde (en el caso de que la frase fuese suya) de esta forma: *todo trata de sexo menos las agresiones sexuales que tratarían de poder.* En esta guisa, podemos recordar los textos del Marqués de Sade, que cuando escribe sus novelas no está hablando de sexo sino del fundamento del poder, y de cómo la expresión máxima del poder es la agresión sexual. *Saló* (1975), de Pasolini, basada en *Los 120 días de Sodoma* (Sade, 2004), pero ambientada en la república títere de Saló que los nazis crearon en Italia, trata la misma temática: cuatro hombres de poder en una espiral mortífera de desenfreno sexual. Foucault, por ejemplo, que terminó de escribir en 1975 *Vigilar y Castigar* (2002) analizando las cárceles, la escuela y la fábrica, se dio cuenta de que solo podía terminar verdaderamente esa analítica del poder completándola con una *Historia de la sexualidad* en cuatro volúmenes. Y el primero de ellos aparecería en 1976. Posiblemente la idea le vino tras el visionado de Saló, estrenada en 1975.

No anduvo desacertado Mel Brooks cuando, en *La loca historia del mundo* 1981), caricaturizó a Luis XVI pronunciando el famoso “es bueno ser rey” tras hundir su cabeza en los pechos

---

10 Remitimos aquí a la leyenda del anillo del Rey Giges, recreada y contada por Platón en *República* (612, b). Al relacionar el poder con la invisibilidad y viceversa, Platón, como en tantas otras temáticas, bosquejó el orden del día de las futuras reuniones del pensamiento para los próximos milenios. Como no podía ser de otra forma, el relato también incorpora una *seducción* de una mujer desde la invisibilidad por parte de Giges.

de una cortesana. Es una lástima que, en vez de retratar a la mujer con cara de asco, que sería lo normal, le pusiera cara de satisfacción y sorpresa. Faltaban muchos años aún para el *MeToo*[11], pero no es justificable... Con todo, la identificación propuesta entre sexo y poder ahí es clara, aunque sea en forma de comedia vergonzante. Realizar la Historia de las agresiones sexuales de la realeza llevaría toda una vida y hasta varias reencarnaciones. Pero no hay que ir tan cerca en busca de esa identidad sexo-poder. El paradigma del poder occidental, representado por Zeus, está salpicado de todo tipo de episodios en los que el rey de los dioses comete todo tipo de ultrajes sexuales: a Leda, por ejemplo, la viola, transfigurado en cisne. Con Europa hace lo mismo, solo que esta vez como toro. Hera lo rechaza continuamente, pero la acaba forzando, disfrazado de cuco. Después, avergonzada, se casa con él[12]. A Dánae también la viola, convertido en lluvia de oro. Como veremos más tarde, estas violaciones no aparecen en la mitología como agresiones sexuales, sino trasfiguradas, borradas en una escena de seducción. Podríamos pensar que el cristianismo cesa con este derecho de pernada, pero no es muy difícil identificar a la Dánae que Mabuse pintó encerrada en su torre, recibiendo la lluvia dorada, con la Virgen María que Fra Angélico pintó un siglo antes en *La anunciación*, acogiendo los rayos de Dios que la *cubren* (Peinado, 2014, p. 7), mientras Gabriel le dice: "El

---

11 El movimiento *MeToo* surge a partir de las denuncias de casos de abusos sexuales en EE. UU. El silencio que impone el poder agresor comenzó a romperse a raíz de la denuncia de la actriz estadounidense Alyssa Milano contra el productor Weinstein. A partir de ese momento, el *hastag MeToo* comenzó a viralizarse entre todas aquellas mujeres que habían sufrido agresiones similares.

12 Todavía existen países en los que el deshonor de la mujer se borra casándose con el violador (Saifi y Mogul. 2022). De igual modo, el *Rapto de la novia*, con posterior violación-deshonor-matrimonio sigue presente en gran parte del mundo (Nuño, 2022).

Espíritu Santo vendrá sobre ti y el poder del Altísimo te cubrirá con su sombra" (Lucas 1. 26-38).

Ilustración 1

Dánae (Mabuse, 1527).

Ilustración 2

Anunciación (Fra Angelico,1432).

Con este tipo de representación del poder soberano-visible solo explicamos, y de forma incompleta, una parte de los *aprioris* de las agresiones sexuales, la de todas aquellas que se producen por un poder que produce invisibilidad. Los hombres poderosos, como las arañas, son capaces de tejer su propia red de influencias, intereses, dádivas y venganzas que impiden que la víctima pueda escapar, hablar o denunciarlo. Y los que están alrededor, aunque vean, hacen que miran para otro lado... Esta tela de araña, a modo de un campo gravitacional, o de gran agujero negro, acompaña a todo hombre poderoso. El poder no se conquista, sino que se teje minuciosamente. No se llega al poder, se hace poder trenzando. No se derroca el poder, se deshace denunciando. No todo hombre poderoso es un agresor sexual, por supuesto, pero si su perfil es ese (la forma) y se dan las causas necesarias (los porqués), la red tejida será la condición de posibilidad (el sistema) de la agresión sexual.

Ahora bien, como decimos, este poder visible que genera invisibilidad (todos miran hacia otro lado) explica solo esta parte de las agresiones más mediáticas. Los sujetos sin poder real que también cometen agresiones sexuales caen bajo el concepto-perfil de agresor, se pueden determinar también sus causas, pero no han tejido ninguna red de influencias que posibilite la agresión, como la que trenzan los hombres poderosos. ¿Cómo es entonces posible el acto si no tienen poder alguno, si no encontramos la condición de posibilidad? Una parte del fenómeno se puede explicar por la mera invisibilidad de la situación. El anonimato es la sombra de muchas agresiones sexuales, pero no siempre es el caso (SEXVIOL, 2022). En España, un 7,8 de las españolas mayores de 16 años ha sido violada por sus parejas o por sus ex, no todas se denuncian, aunque se vean; y muchas veces se mira para otro lado. Ha de existir algún tipo de red, telaraña o sistema que posibilite esa barbarie. Efectivamente existe. Durante milenios se ha ido tejiendo una gran retícula de poder, que después se ha naturalizado. Sobre esta red se establecen las redes de poder de los más poderosos (nunca tejen desde la nada los hombres poderosos), en la que todos los hombres y las mujeres nacen, pero no en la misma posición. A este sistema se lo ha denominado patriarcado o, mejor dicho, sistema de dominación patriarcal (Facio y Fries, 2005, p. 260), y hunde sus raíces muy lejos, en la Historia más lejana, con el desarrollo del neolítico (Ryan y Jetha, 2012). Según la lectura que estamos haciendo, este sistema de dominación es la condición de posibilidad de la brecha salarial, de la brecha de acceso a los estudios, de la brecha sanitaria…, pero también de las agresiones sexuales de las que hablamos. Por supuesto, no tiene la misma fuerza en las diferentes partes y culturas del mundo. Comparado con el patriarcado de los talibanes, el nuestro es más tenue y sutil (para los hombres), pero no anodino.

4. MICROMACHISMOS

¿Cuál es la naturaleza de este sistema patriarcal? En los últimos años se ha popularizado mucho el término "micromachismo", que nos puede ayudar a comprenderlo. Hay diarios que tienen incluso secciones para descubrir los micromachismos que aparecen en los medios[13]. Todos y todas podemos caer en algún micromachismo. El concepto se lo debemos a Luis Bonino, que, en los 90' lo formuló tal y como hoy día lo conocemos. Abrir la puerta a las "damas", frases como "pepe es todo un padrazo", "tu marido te ayuda en casa", darle la cuenta en el restaurante al hombre, referirse a los hombres de poder por el apellido mientras que, a la mujer, solo por el nombre, expresiones comunes del lenguaje como "vaya coñazo" son ejemplos de micromachismos. La lista puede ser enorme y es difícil no incurrir en alguno de ellos. En los medios de comunicación

13 Como por ejemplo en *eldiario.es*: https://www.eldiario.es/blog/micromachismos/

hay muchos: a las mujeres se las suele poner a la izquierda (el cero a la izquierda) o se las retrata desde arriba (inferioridad), mientras que, a los hombres, se los coloca a la derecha o en contrapicado (superioridad); los colores cálidos y relacionados con la naturaleza y el hogar son para las mujeres (Irache, 2007, pp. 101-129), mientras que a los hombres les "sienta" mejor el blanco y negro, que son los colores de la objetividad, de la razón cartesiana...

La teoría que hay detrás del concepto de micromachismo es que se trataría de una especie de dominación masculina en ocasiones sutil, desapercibida, suave, de baja intensidad (Bonino, 2004):

> Ahora que las grandes violencias y dominaciones masculinas se están deslegitimando socialmente cada vez más, probablemente sean las armas, trucos, tretas y trampas más frecuentes que los varones utilizan actualmente para ejercer su autoridad sobre las mujeres, ocupando gran parte del repertorio del comportamiento masculino hacia ellas. (p. 1)

Para Bonino, estos micromachismos, que son la mayoría de las veces inconscientes e involuntarios, y forman parte del quehacer cultural del patriarcado, han de visibilizarse, deslegitimarse y eliminarlos. En principio, la noción de micromachismo puede resultar superficial para algunos, acostumbrados a los grandes gestos. Pretender que un sistema patriarcal se sostenga sobre esas pequeñeces, se piensa, es quizás darles demasiada importancia. ¿Son tan solo los restos de un sistema patriarcal en descomposición y no serían tan perjudiciales? Hay una noción más "profunda" de micromachismo en relación con el concepto de poder o de micropoder de Foucault, que es de donde Bonino se inspiró. Para Foucault, lo micro no quería decir tanto "pequeño" como "relacional" (Deleuze, 2014, p. 47 y 65). Y lo micro puede ser inmensamente ubicuo. Según Foucault, el poder no es trascendente, es decir, no está (solo) localizado en una instancia visible (el poder soberano). El poder siempre es micropoder *imperceptible* porque está disperso a lo largo de todo el *campo* de fuerzas social, y emerge, se efectúa de forma visible en el cruce de todas esas instancias micro (Deleuze, 2014, p. 163). Para Foucault, el poder es inmanente a todo el cuerpo social (Deleuze, 2014, p. 46). No es localizable en un solo punto, es decir, se encuentra en todas partes. En nuestro caso, si quisiéramos establecer el diagrama patriarcal tendríamos que ir a los libros de texto, al urbanismo, a la arquitectura, a los códigos civiles y penales, a la publicidad, al periodismo, a la música, a la medicina, en definitiva, a todas partes. Es ubicuo, pues tiene el don de la ubicuidad. *Patriarchus sive natura*, podríamos decir parafraseando a Espinoza (Spinoza, 2000, p. 163). El poder es como una hidra de múltiples cabezas que nunca desaparece cuando solo se apunta únicamente a una de ellas. Por eso, cuando en Rusia se acabó con los zares, apareció Stalin al poco tiempo, pues por mucha revolución que hicieran desde los soviets acabaron solo con la cabeza visible del poder, pero no con la retícula del poder. Y los zares, a su manera, continuaron existiendo, aunque ahora abrazasen la hoz y el martillo...

Según esta teoría microdiagramática, este "campo" es tan heterogéneo como ubicuo. De diferentes instancias sociales *emerge* un sistema que posibilita, por ejemplo, una brecha salarial entre hombres y mujeres, pero también promueve violencia y agresiones sexuales de aquellos hacia estas. Esa estructura[14] de micropoder sería pues la condición de posibilidad de la asimetría entre géneros y de la violencia ejercida por uno de esos géneros hacia el otro, también la violencia sexual. Identificar los nodos de este sistema, así como las conexiones entre esos núcleos de poder, es esencial para la construcción de la

---

14 Aunque utilizamos los términos "estructura" y "sistema", lo hacemos solo para hacer más comprensible la tesis que tratamos de establecer. Desde un punto de vista Foucaultiano, los conceptos de estructura o de sistema son demasiado rígidos para hablar de un campo de fuerzas inestable, fluido y hasta evanescente (Deleuze, 2014, p. 173).

sociedad del futuro, así como para prevenir los daños en el presente. Por otra parte, no hay sistema de dominación que no *haga sistema* con otros sistemas de dominación, entrando en resonancia todos juntos. Así, el patriarcado puede entrar en juego con el sistema de dominación racista, y si eres mujer y además negra, o gitana, y además eres pobre (sistema de dominación capitalista) y encima lesbiana (sistema de dominación heterosexual), será más fácil que el rayo de Satán caiga sobre tu cabeza (Girard, 2002). De esta manera, podríamos hablar de un microsistema de dominación racista heteropatriarcal tan ubicuo como desapercibido (por quien no lo sufre).

5. MITOMACHISMOS

Ya hemos hablado al principio de Zeus el violador. Platón, que fue uno de los primeros pensadores feministas, abominaba de gran parte de la mitología griega, por los ejemplos que se gastaba, entre ellos el de Zeus, que no era nada modélico para una república racional de ciudadanos. No hay poder que no necesite un aparato visible de propaganda ideológica para justificarse y perseverar en el tiempo, aunque como hemos dicho, ese aparato se encuentra inmanentemente, hasta en la arquitectura o la medicina, empapándolo todo. Los griegos, una de las sociedades más machistas que han existido (Loraux, 2017), tenían su aparato propagandístico poético-mitológico. La mitología griega, durante mucho tiempo, hizo asumir a todos y a todas las jerarquías como necesarias, naturales y hasta deseables. Tal y como hemos dicho más arriba, el sistema de dominación patriarcal surgió a partir del neolítico, y la mitología sirvió, a partir de ese momento, para sostener y justificar esa micro-red inmensa de poder patriarcal, una red que tiene un alcance mucho más amplio de las culturas específicas. Pero ¿por qué hablamos de mitología? ¿Siguen acaso siendo mitológicas nuestras sociedades? ¿No se dio el paso del mito al *lógos* hace ya tiempo? ¿Qué es la mitología? ¿Es acaso el término mitomachismo una especie de tautología?

Fue Vernant, el gran erudito de la Grecia Clásica quien, en *Los orígenes del pensamiento griego*, en el capítulo titulado "Cosmogonía y mitos de soberanía" quien dejó claro que la mitología no iba (solo) de relatos en los que aparecen dioses y monstruos, sino que su verdadera armazón funcional era la de la expresión del poder, que servía para justificar, normalizar, naturalizar y propagar ese mismo poder (Vernant, 2018). De esta forma, podríamos encontrar incluso mitologías sin aparición de personajes fantásticos. Además, la mitología se caracteriza por ser imperceptible. Los pueblos mitológicos no saben que tienen mitología, de la misma manera que los peces no saben que viven en el agua. Roland Barthes, para quien también la mitología era algo mucho más amplio y desapercibido que los relatos del pasado fantástico, escribió sus *Mitologías* (Barthes, 2000) para descubrir las significaciones más profundas de su época, su mitología propia. Otra de las piezas claves para comprender la esencia de la mitología es la obra de René Girard. Para este autor, detrás de toda mitología siempre hay una historia oculta de linchamiento, una especie de violencia originaria que el mito "borra" a su manera (Girard, 1986). Lo que quizás no subrayó demasiado René Girard es que esa violencia era sufrida la mayoría de las veces por mujeres. La cosmogonía babilónica expresada en el *Enuma Elish*, por ejemplo, narra la lucha entre el dios Marduk y el monstruo Tiamat, al que aquel le da una soberana paliza descuartizadora para fabricar el mundo. Y Tiamat es el elemento femenino…

Para ver la función mitomachista del mito vamos a poner un ejemplo alejado de nuestra tradición, para apreciarlo mejor. Lo cuenta Maurice Godelier en *El Fundamento de las sociedades humanas* (Godelier, 2007, pp. 143-146). Los telefolmín, de Nueva Guinea, son una tribu en la que los hombres tienen el poder. Su mitología acerca del universo es la siguiente: creen que el universo en general se degrada entrópicamente en dirección hacia la nada (y en eso llevan razón). Y la forma que tienen de frenar esa deriva hacia el caos es realizando ritos con los huesos de los ancestros masculinos más eminentes, huesos que las mujeres tienen prohibido tocar. Lo sorprendente es que, para los telefolmin, los huesos de los seres humanos se forman a partir de la sangre menstrual. Si las mujeres dejan de sangrar durante el embarazo, piensan, es porque esa sangre es destinada a formar la osamenta. Para los telefolmín, la sangre menstrual es muy potente, a la vez que peligrosa, pues es en última instancia la causa de los desórdenes sociales y de la tendencia entrópica del universo. Cuenta Godelier (2007, p. 155) que lo primero que hicieron unas telefolmín convertidas al cristianismo en 1980 fue romper las reliquias sagradas de los rituales masculinos, pues representaban claramente para ellas el poder de los hombres sobre la vida de las mujeres y de la sociedad en general. Indudablemente, la mitología siempre es un reflejo inconsciente de las estructuras tanto profundas como superficiales de lo social, pero ese reflejo sirve a la vez para justificar, normalizar y reproducir el tipo de relaciones asimétricas de dichas estructuras y de la realidad empírica.

Sigamos hablando más de mitomachismos, para que se comprenda bien la relación que se trata de establecer, pero esta vez con una historia griega más cercana que la de los telefolmín. Vamos con ella. Atenea era la diosa protectora de Atenas. Resulta paradójico que una sociedad tan machista como la ateniense —las mujeres debían asemejarse a Hestia (Vernant, 1991, pp. 55-56), encerradas en las casas de los maridos— le dedicara tal devoción a una mujer, por muy diosa que fuera. Era Atenea la figura que les daba fuerza, según ellos, a los atenienses. Tenían una gran estatua de la diosa dentro del Partenón, de grandes dimensiones. Muchas veces les han hablado de la belleza del Partenón, e impacta mucho verlo de noche, es sublime, pero les vamos a fastidiar la postal. Ese edificio es en realidad la cárcel de Atenea, de la que solo se la saca cuando se la necesita para conseguir victorias. Ya se habrán dado cuenta de lo que queremos decir... Esas columnas tan bellas son en realidad grandes barrotes que apresan a Atenea. Un templo pagano no se construye para proteger a la divinidad de lo profano, sino a lo profano de lo sagrado, que es encerrado hasta que se lo saca para utilizarlo. Por eso las reliquias de los huesos de los telefolmín son sagradas. Sagrado significa separado, segregado, encerrado. Por eso en muchas tribus de corte patriarcal se encierra a las mujeres en chozas menstruales mientras tienen el periodo (Ruiz, 2016).

Déjennos que nos acerquemos más aún. Si tienen hijos, seguramente habrán visto *Eternals* (2022). La historia está extraída de un comic de los 70, que mezcla elementos de ciencia ficción con mitología antigua. Aunque en principio parece que hay paridad y horizontalidad entre los personajes, rápidamente se ven las diferencias, favorables para los eternos masculinos. Los roles más importantes los tienen los hombres-inmortales. No podía ser de otra manera, pues está basada en mitologías antiguas, japonesas, babilónicas, egipcias, griegas… Todo un batiburrillo neopostmoderno. Así, por ejemplo, Phastos, que recuerda a Efesto, es el dios masculino que domina la tecnología. Ya se sabe el problema (estereotipo) de las mujeres con la tecnología… Las *eternals* tienen poderes que están más relacionados con el cuidado a los demás, las emociones, esas cosas de menor importancia a las que se dedican las mujeres… También esta una tal Thena, basada claramente en Atenea. Es muy poderosa y fuerte, tanto como los *eternals* masculinos, pero tiene un pequeño problema: perdonen por la expresión, pero *se le va mucho la cabeza.* La histérica, ya se sabe… Y, por ello, tiene que estar apresada, al igual que Atenea, en una especie de encierro espiritual en el desierto, del que solo sale como fuerza destructora pero controlada por los *eternals* masculinos para lograr victorias. Ya se sabe lo que dice el mito-estereotipo: mujer poderosa, mujer loca. Hay otra figura femenina paradigmática en la pelicula: Sprite, que es una eterna niña de 13 años, desde siempre. No puede crecer, y ese es su drama. Solo puede madurar con la condición de que pierda sus poderes. Como ven, se da otro estereotipo: la mujer como eterna menor de edad. Les dejamos un trabajo para casa: descubrir si en esa película se esconde alguna agresión sexual. Y es que lo característico de la mitología es el disimulo de la violencia originaria hacia el más desprotegido. Por eso Zeus nunca aparece en el mito como un violador en serie, sino como un eterno seductor.

No todo aparato cultural es mitológico. Siempre hay nodos de resistencia a ese poder. La mitología siempre representa la justificación de una agresión hacía el débil o la normalización de una violación, edulcorándola o transfigurándola. Pero también hay manifestaciones artísticas que pueden realizar representaciones de agresiones sexuales sin mitología ninguna. Por ejemplo, el lienzo de Artemisia Gentileschi, que recrea la historia de *Susana y los viejos* (1610), presentando la escena como una violación. Gentileschi, además había sido violada. Sabía de lo que pintaba. Aunque ya en el *Libro de Daniel* aparecía la historia como una violación. Otros pintores como Tintoretto habían representado la historia, cuatro veces incluso, pero no de esa forma, sino borrando las alusiones a la agresión y dejando la interpretación en manos del simbolismo de la época.

Ilustración 3

Susana y los viejos (Gentileschi, 1610).

Interior (1869), de Degas, conocido también como *Le viol*, forma parte también de esta desmitificación de las agresiones sexuales en donde el punto de vista no es el del agresor sino el de la víctima. Ver el lienzo supone dejar que un escalofrío terrorífico recorra tu médula. Al igual que Velázquez, que en las meninas consiguió pintar el "espacio", Degás consigue plasmar algo que envuelve a los personajes del cuadro, tanto a la víctima como al violador: el poder del que estamos hablando pintado como atmósfera opresiva. Degas no solo denuncia el hecho normalizado en su época, no solo pinta desde la perspectiva de la víctima (la sangre en la cama), sino que consigue pintar esa tela de araña imperceptible que teje y sostiene al agresor, apoyado en la puerta, impidiendo cualquier intento de huida

Ilustración 4

Interior (Degas, 1869).

6. CIBERPATRIARCADO

¿Existe hoy día un sistema mítico de dominación ciberpatriarcal? Decía Gide que la característica principal del diablo era hacer creer que no existe. Con la mitología podríamos decir lo mismo. Además, la mitología, como hemos advertido no consiste solo en una historia en la que hay dioses y monstruos. En el pasado, la mitología se expresaba con esos personajes, pero ya no son necesarios, salvo para las películas de Marvel, con esa especie de mitología pop. Con todo, el aparato mitológico se puede presentar sin esas figuras, pues lo que lo caracteriza es la normalización y naturalización de una asimetría social y de un borramiento de las agresiones, incluidas las sexuales. Todo esto se puede llevar a cabo con esas figuras fantásticas, pero también con la de un *influencer* o con la viralización de un video corto machista. También, sobre todo, ocurre en el mundo de la publicidad.

Hace pocos años, desde Dolce & Gabanna, realizaron uno de los esfuerzos menos encomiables al respecto. En otro lugar (Díaz, 2018) nos hemos ocupado de la campaña primavera-verano de 2007 en la que una manada de cinco hombres "parecen" violar a una mujer. Decimos "parecen", porque en toda representación mitológica hay elementos que introducen ambigüedad justificatoria. El mito siempre borra la violencia de la escena originaria. Si la comparamos con el lienzo de Degas, vemos que no ahí no hay ni punto de vista de la víctima ni mucho menos alusión al sistema de dominación patriarcal. Ellos aparecen idealizados, santificados, casi deificados. Incluso, el del fondo a la izquierda es la viva imagen del *David* de Miguel Ángel con la camisa desabotonada a lo James Dean. En un sistema de oposiciones binario, a ella no le queda otra cosa que ser Goliat. Y ella, desde luego no aparece como la mujer de *El interior* de Degas ni como la Susana de Gentileschi.

Ilustración 5

Secret ceremony (Steve Klein y D. & G., 2007).

El sistema de dominación patriarcal es antiguo, pero evoluciona adaptándose pronto y rápido a las nuevas circunstancias ambientales, como la de las redes sociales. El Grupo de Conocimiento-Investigación de la Universidad Europea: Conocimiento e Investigación en Problemáticas sociales (GCIPS), lleva ya unos años definiendo perfiles de vulnerabilidad, evaluando los riesgos y bondades de las redes sociales, estudiando cómo prevenir las agresiones en las redes sociales, evaluando el potencial adictivo de esas redes, describiendo procesos de acoso y *bullying* que saltan desde lo analógico hasta lo digital... (cuestiones de esencias-formas y causas). Con el proyecto de Investigación CONFIDOMINA2.NET(CIPI/20/171)[15], por ejemplo, tratábamos de estudiar esos asuntos, y de todo ello podemos deducir además cuestiones sistémicas, en las que vemos que el cibermundo se está vistiendo con los ropajes caducos de las antiguas relaciones-dominaciones de poder, y no solo porque los

---

15 Financiado por el Banco Santander y gestionado y registrado por la Universidad Europea.

machos alfa dueños de las grandes plataformas simulen peleas en el coliseo, sino también porque al fijarnos en las vulnerabilidades, como Degás, aparece ese "fondo" opresivo que constituye la retícula del poder.

Aunque el cibermundo se puede construir como un sistema horizontal desmitologizado, y esa era y es la esperanza depositada en los nuevos tiempos, la de crear una topología libre de todo sistema de dominación, rizomática (Deleuze, 1997), estamos constatando que se está produciendo una especie de volcado de la memoria patriarcal del sistema analógico al digital. Hubiera sido un buen momento para hacer un buen borrado de memoria rousseauniano[16], pero en vez de eso, arrastramos parte de un mundo pretérito a otro nuevo, en el que los procesos mitológicos de antaño se adaptan rápidamente con nuevas formulaciones.

BIBLIOGRAFÍA

Azpurúa, F. (2005). La escuela de Chicago: sus aportes para la investigación de las ciencias sociales. Sapiens: revista universitaria de investigación, 6(2), 25-36.

Barthes, R. (2000) Mitologías. Siglo XXI.

Belinchon, G. (5 de febrero, 2023). Acoso sexual en el cine español: "una industria pequeña donde triunfa el miedo". El País. Extraído de: https://elpais.com/cultura/2023-02-05/acoso-sexual-en-el-cine-espanol-una-industria-pequena-donde-triunfa-el-miedo.html

---

16 Utilizamos aquí está referencia a Rousseau por ser además uno de los pensadores que han reflexionado "estructuralmente". Para el ginebrino, en la naturaleza el hombre no puede ser malo porque "las condiciones objetivas que hacen posible la maldad humana y su ejercicio no existen en la naturaleza" (Deleuze, 2002, p. 73). Un nuevo contrato social suponía para Rousseau la borradura de todas esas condiciones de posibilidad.

Bonino, L. (2004) Los micromachismos. La Cibeles, (2).

Botia, A. (1990). El estructuralismo. De Lévi-Strauss a Derrida. Cincel.

Degas, E. (1869). Interior [óleo sobre lienzo]. Museo de arte de Filadelfia https://es.wikipedia.org/wiki/Interior_(Degas)#/media/Archivo:Edgar_Degas_-_Interior_-_Google_Art_Project.jpg

Deleuze, G. (2002). L'île déserte et autres textes. Minuit.

Deleuze, G. (2014). El poder. Curso sobre Foucault. Cactus.

Deleuze, G y Guattari, F. (1997). Mil mesetas. Pre-textos.

Delgado, J. y Plaza, C. (2007). Género y comunicación. Fundamentos.

Díaz, J. (26 de mayo, 2018). Dolce & Manada. Crónica de una violación anunciada. El salto. Extraído de https://www.elsaltodiario.com/opinion/dolce-and-manada-cronica-de-una-violacion-anunciada-

Eco, U. (2016). Kant y el ornitorrinco. Penguin Random House.

Facio, A. y Fries, L. (2005). Feminismo, género y patriarcado. Revista sobre Enseñanza del Derecho en Buenos Aires, (6), 259-294.

Foucault, F. (1970). La arqueología del saber. Siglo XXI.

Foucault, M. (2010). La verdad y las formas jurídicas. Gedisa.

Foucault, M. (2002). Vigilar y castigar. Siglo XXI.

Fra Angelico (1432). Anunciación [óleo y temple sobre tabla]. Museo del Prado. https://es.wikipedia.org/wiki/Anunciaci%C3%B3n_(Fra_Angelico,_Madrid)#/media/Archivo:La_Anunciaci%C3%B3n_de_Fra_Angelico.jpg

Gentileschi, A. (1610). Susana y los viejos [óleo sobre lienzo]. Pommersfelden. https://es.wikipedia.org/wiki/Susana_y_los_viejos_(Gentileschi,_Pommersfelden)#/media/Archivo:Susanna_and_the_Elders_(1610),_Artemisia_Gentileschi.jpg

Girard, R. (1986). El chivo expiatorio. Anagrama.

Girard, R. (2002). Veo a Satán caer sobre tu cabeza. Anagrama.

Godelier, M. (2007). Au fondement des sociétés humaines. Champs.

Hall, S. y Winlow, S. (2020). Ultra Realismo. En Ríos, G. & Silva, A. (coords.), Nuevos horizontes en la investigación criminológica. Ultra Realismo, 5-24. Universidad San Martín de Porres.

Kant, I. (1997). Crítica de la razón pura. Alfaguara.

Klein, S y D. & G. (2007). Secret ceremony. Dolce & Gabanna SRL

Loraux, N. (2017). Los hijos de Atenea. Ideas atenienses sobre la ciudadanía y la división de sexos. Acantilado.

Marqués de Sade (2004). Los 120 días de Sodoma. AKAL.

Mabuse (1527). Dánae [óleo sobre tabla]. Pinacoteca antigua de Munich. https://es.wikipedia.org/wiki/D%C3%A1nae_(Mabuse)#/media/Archivo:Jan_Gossaert_003.jpg

Marcos, A. (21 de enero, 2023). Los agresores sexuales del mundo del futbol: Alves, Santi Mina, Neymar o la Manada de Arandina. El Español. Extraído de https://www.elespanol.com/deportes/futbol/20230121/agresores-sexuales-alves-santi-mina-neymar-arandina/735176860_0.html

Newtral (21 de julio, 2019). El juicio contra 'La Manada' Cronología de los hechos. Newtral. Extraído de https://www.newtral.es/juicio-la-manada-cronologia/20190621/

Nuño, A. (25 de octubre, 2022). El rapto de la novia: la tradición más brutal (que todavía existe en algunos países). El confidencial. Extraído de https://www.elconfidencial.com/alma-corazon-vida/2022-10-25/rapto-novia-tradicion-brutal-existe-algunos-paises_3508819/

Peinado, L. (2014) La anunciación. Revista digital de iconografía medieval, 6(12).

Pérez, J. R. (14 de abril, 2023). Los delitos sexuales cometidos por dos o más personas han aumentado un 54% en cinco años. Extraído de https://www.newtral.es/delitos-sexuales-grupo/20230414/

Platón (2014). República. Gredos.

Ruiz, P. (21 de febrero, 2016). De lo que no se habla no existe: tabués y discriminación de las mujeres durante la menstruación. eldiario.es. Extraído de https://www.eldiario.es/desalambre/existe-exclusion-discriminacion-mujeres-menstruacion_1_4148668.html

Ryan, C, y Jethá, C. (2012). En el principio era el sexo. Paidós.

Sapolsky, R. (2017). Compórtate. La biología que hay detrás de nuestros mejores y peores comportamientos. Capitán Swing.

Saifi, S. y Mogul, R. (29 de diciembre, 2022). Tribunal de Pakistán libera a violador convicto tras llegar a un "acuerdo" para casarse con su víctima. CNN. Extraído de https://cnnespanol.cnn.com/2022/12/29/tribunal-pakistan-libera-violador-convicto-acuerdo-casarse-victima-trax/

SEXVIOL (25 de febrero, 2022). Desmontando mitos acerca de la agresión sexual. Un estudio de caso sobre la Audiencia Provincial de Madrid. Extraído de: https://www.ucm.es/sexviol/file/informe-sexviol-25-febrero-2022

Spinoza, B. (2002). Ética demostrada según el orden geométrico. Trotta.

Yrache, L. (2007). Imagen de la mujer y el hombre en publicidad, En Plaza, J. y Delgado, C. (coords.), Género y Comunicación, 121-129. Fundamentos.

Vernant, J-P. (2018). Los orígenes del pensamiento griego. Paidós.

Vernant, J-P. (1991). La Grèce ancienne. L´espace et le temps. Seuil.

Capítulo 2

Yo Tarzán, tú Jane; agresión sexual e identidad

DAVID TEMPRANO DE MIGUEL[17]

Profesor de Antropología

Universidad Europea de Madrid

1. INTRODUCCIÓN

Una agresión puede entenderse como un hecho único, individual, como, por ejemplo, el último acto de un conflicto entre dos individuos que para bien o para mal pone fin a dicho conflicto. Desde esta perspectiva, —aparentemente objetiva, blanca e impoluta—, se podría considerar que una determinada agresión sería solamente el resultado de una determinada problemática que, por la razón que sea, ha surgido entre dos individuos determinados que tendrían unas características únicas y cuya conducta sería única también. Si aplicamos esta estructura a la agresión sexual podríamos decir que esta se presenta cuando existe un conflicto en cuanto a la posibilidad de acceso sexual entre dos individuos, uno de ellos quiere obtener ese acceso y el otro no quiere permitirlo, la agresión que puede sufrir el segundo por parte del primero sería el producto de este conflicto. Desde un punto de vista estrictamente individual

---

17 Miembro del Grupo de Conocimiento e Investigación en Problemáticas Sociales de la Universidad Europea de Madrid.

podría llegar a defenderse esta postura, pero no podemos obviar que las conductas humanas no se dan "en blanco", no ocurren en un laboratorio ni aparecen, al menos en la mayoría de los casos, de manera aleatoria, sino que se dan en un contexto en el que hay muchos más factores que pueden llegar a ejercer una fuerte influencia sobre ellas.

Según el *Informe sobre Delitos contra la Libertad e Indemnidad Sexual: 2021* elaborado por el Ministerio del Interior, en ese año se registraron en España 4.260 agresiones sexuales (con y sin penetración). El número de víctimas de sexo femenino fue de 3.853, y de sexo masculino 403. En cuanto a los detenidos o investigados como posibles responsables de la comisión de estos delitos el total fue de 2.751, de los cuales 38 eran mujeres y 2.713 eran hombres. Así que en líneas generales y atendiendo a los datos que acabamos de ver, podríamos decir que, si en una agresión siempre hay un agresor y un agredido, en el caso de las agresiones sexuales habría, en la gran mayoría de los casos, un agresor y una agredida. Sería difícil mantener que esta abrumadora diferencia en cuanto a datos es producto del azar, y resultaría mucho más difícil sostener que en todos estos casos de agresión lo que subyace es única y exclusivamente un conflicto entre dos individuos. Parece mucho más razonable pensar que quizá haya algo más, que tal vez la distribución de los roles o de las identidades de agresor y de agredido no responden a un reparto ciego y abstracto, sino que hay ciertos individuos que tienen más posibilidades de obtener un rol que otros, y que uno de los factores que van a tener una influencia importante en este sentido será el género.

Desde luego que no es esta una cuestión especialmente novedosa, la relación entre género y agresividad se ha sostenido durante mucho tiempo. En este sentido se ha llegado a afirmar que "los varones evidencian una agresividad mayor en todas las etapas de la vida" (Barfield, 2000, p. 29). Este supuesto mayor grado de agresividad se ha utilizado en ocasiones para explicar —cuando no para justificar— las agresiones sexuales por parte de los hombres hacia las mujeres debido a "la "natural virilidad agresiva" del hombre y a la "pasividad masoquista" de la mujer" (Vigarello, 1999, p. 314)[18], aunque lo más posible es que esta diferenciación entre hombres y mujeres se deba, más que a una cuestión biológica, a lo que "la cultura hace de ellos" (Barfield, 2000, p. 29).

La cuestión tanto de la definición como de la naturaleza o el origen de la violencia o de la agresividad es desde luego una cuestión polémica tanto entre los investigadores como entre la sociedad en general. La enorme capacidad de los medios de comunicación y de las nuevas tecnologías para hacernos sentir como cercanas diferentes imágenes de escenas violentas y agresivas (Soria y Hernández, 1994) y, quizá, una mayor sensibilización por parte de la propia sociedad ante determinados casos que se transforman en lo que se conoce como "casos mediáticos" hace que de tanto en tanto estas cuestiones vuelvan a situarse en el centro de la actualidad.

Desde la psicología, aunque no hay consenso entre todos los autores y teorías en cuanto a una definición, el término "agresión", puede entenderse "como la "conducta" voluntaria, punitiva o destructiva, dirigida a una meta concreta, destruir objetos o dañar a otras personas" (Carrasco y González, 2006, p. 10). En antropología la idea de base es parecida, suele entenderse por agresión cualquier "comportamiento consciente destinado a dañar a otros" (Barfield, 2000, p. 27). Lo cierto es que si consideramos la agresión como el acto de agredir, el término puede parecer relativamente asumible, aunque en realidad se trata de un concepto tremendamente escurridizo y multifactorial. Sin embargo, y más allá de las discusiones que

---

18 Esta afirmación que hace Vigarello se inscribe en una serie de comentarios que realiza sobre el conocido como *Le procès d'Aix*, en el que se juzgaba un caso de violación a dos turistas belgas ocurrido en Francia. Para más información ver Halimi, 2012.

ha podido haber y que se siguen dando en cuanto a la definición de un término tan complejo, donde en realidad se ha situado el debate es en el origen tanto de la agresividad como de su expresión mediante la agresión.

Sin pretender hacer un repaso exhaustivo de este debate, podemos decir que en un primer momento se encontró una respuesta a la cuestión sobre el origen de la agresividad en la naturaleza humana, es decir, se pensaba que de la misma forma que esta agresividad estaba inserta en los animales, también formaba parte del acervo genético humano. Esta respuesta encuentra apoyo en las teorías del etólogo Konrad Lorenz, que toman parte de su argumentario de, entre otros, la "pulsión" freudiana. De manera muy resumida esto se traduce en que la agresividad humana funciona como un mecanismo que se va llenando debido a un impulso constante, la "pulsión", que necesita ser satisfecho. En un momento dado, y como si de un resorte hidráulico se tratara, es necesario desahogar la presión, que puede tomar diferentes formas y tener distintas expresiones[19], una de ellas sería la agresión. En un sentido similar, la teoría de la "frustración – agresión" vendría a decir que la agresión proviene de la frustración que siente un determinado individuo al encontrar un obstáculo, que puede ser un objeto o una persona, en el camino de lograr lo que se propone (Dollard et al, 2013). Esta frustración también tendría un carácter acumulativo y también, en un momento dado, el nivel de frustración supera un cierto límite y necesita liberarse a través de la agresión.

A esta mirada hacia el interior del ser humano le siguió un acercamiento que se centraba en lo que había en el exterior, en el contexto social y cultural. Debemos destacar por su importancia la aportación de Bandura, que habla de la capacidad

19 Las teorías de Robert Sapolsky sobre el estrés tienen cierta relación con estas ideas, para más información ver Sapolsky, 2013.

de los seres humanos de aprender comportamientos a través de la observación y de la interacción de diferentes factores, —sociales, individuales, personales— en la determinación de una actuación concreta (Bandura, 2023). Esta importancia otorgada al contexto se verá reforzada por las investigaciones etnográficas que vendrán a constatar la amplia variación cultural en cuanto a la tolerancia y el tratamiento de la violencia y de las agresiones (Barfield, 2000). Si la manera de actuar estuviera grabada biológicamente en los códigos de conducta humanos cabría esperar que esta variedad a la hora de enfrentar la violencia y la agresión fuese menor. Otro argumento a favor del influjo de lo externo, lo social y lo aprendido en el comportamiento humano vendrá de la mano del concepto de habitus desarrollado por Bourdieu y entendido como un "sistema de disposiciones inculcadas" que influye de manera decisiva en el comportamiento del individuo (Bourdieu, 2004, p.171). Estas variaciones culturales, estos diferentes habitus, acaban conformando distintos ecosistemas sociales en los que los distintos grupos humanos inscriben su existencia y sus comportamientos.

2. LA COSMOVISIÓN Y EL DUALISMO OCCIDENTAL

Algunas de las características más importantes del ser humano son su habilidad para hacerse preguntas y su capacidad para encontrar respuestas; quiénes somos, de dónde venimos, adónde vamos. Lo destacable no es tanto que la respuesta que se halle sea objetivamente correcta o no, sino que esa respuesta se dé y sea capaz de aportar una explicación que sea compatible con otras respuestas anteriores. Así es como, dependiendo de estas repuestas, se construye una particular visión del mundo. Todas las culturas tienen la suya, y a partir de esta visión se edifica la forma en la que cada una de estas culturas entiende y se explica todo lo que le rodea y, sobre todo, otorga al grupo humano un lugar dentro de la realidad. Esta visión además tenderá a perpetuarse gracias a que las nuevas generaciones, con más o menos cambios, seguirán entendiendo el mundo de una manera similar a la de sus progenitores.

Lo que de esto podemos concluir es que los seres humanos necesitamos un cierto orden, la naturaleza, la vida, se nos muestran caóticas y desconcertantes y en ese escenario necesitamos un mapa, un marco referencial ordenado en el que inscribirnos, "Lo que está encerrado en el enigma de la vida, confuso, como una maraña de cuestiones, se eleva aquí a una conexión consciente y necesaria de problemas y soluciones" (Dilthey, 1974, p. 47). Desde esta perspectiva, los seres humanos superponemos un orden sobre la realidad que nos rodea con el objetivo de poder comprenderla y "Así adquieren las situaciones, personas y cosas una significación en su relación con la totalidad de lo real, y esta misma totalidad adquiere un sentido" (Dilthey, 1974, p. 46). Donde reinaba el caos, aparece, gracias a estas cosmovisiones, un orden creado por el ser humano a la medida del ser humano.

Estas cosmovisiones son en realidad un producto histórico (Dilthey, 1974) y además están sujetas a una dinámica de cambios que puede depender de un gran número de factores. No significa esto que tengamos que dar por buena cualquier respuesta, simplemente demuestra como la manera de mirar al mundo va a determinar la manera en que se ve, se explica y se actúa sobre él. La actuación que se lleve a cabo será entendida como algo natural, coherente con el orden del mundo en un grado tal que en realidad no cabrá preguntarse por ello. Hay en esta manera de clasificar y entender la realidad una cuestión tremendamente relevante, y es que por mucho que en un momento dado pueda parecernos que el mundo real es así, lo cierto es que no es sino una manera de verlo, se trata solo de la imagen que la realidad nos devuelve después de observarla desde una determinada perspectiva.

La filosofía griega ha ejercido una influencia importante en la cultura y en la cosmovisión occidental, dentro de ella el pensamiento platónico tiene un papel protagonista. Una de las ideas fundamentales de este pensamiento es la separación entre el mundo de las ideas y el mundo sensible. No pretendemos iniciar ahora el ascenso desde la caverna, donde queremos poner el foco es sobre esta dualidad que impregna todo el pensamiento de Platón, "pues en su pensamiento todos los ámbitos de la realidad se organizan en duplas de elementos antagónicos, uno absolutamente positivo, el otro negativo" (Dal Maschio, 2015, p. 113). Esta manera de conceptualizar la realidad impregnará el pensamiento medieval y ya en la modernidad el dualismo cartesiano no vendrá sino a revigorizar esta tendencia con su diferenciación entre *res cogitans/res extensa*. Entre estas parejas de elementos antagónicos estarían "Blanco o negro, buenos y malos, listos y tontos, santos y herejes (Dal Maschio, 2015, p. 113), pero también naturaleza/cultura, orden/desorden y desde luego el binomio hombre/mujer, masculino/femenino.

Lo maravilloso de esto es que al observar la realidad a través de nuestra cosmovisión obtendremos constantemente evidencias de que nuestro enfoque es coherente con lo que dicha realidad expone. Si miramos a nuestro alrededor a través de los anteojos de esta cosmovisión veremos que efectivamente existen importantes diferencias entre hombres y mujeres. Niños y niñas eligen juguetes diferentes, actividades diferentes y se relacionan tanto entre ellos como con el otro sexo de manera diferente. Su relación con el entorno es también distinta, con los padres, con las madres, con el resto de los adultos. La biología y las ciencias naturales han aportado explicaciones a estos comportamientos basándose en las posibles diferencias físicas, cromosómicas y cerebrales entre sexos que conllevarían unas capacidades cognitivo–conductuales diferentes (Trelles, 1987), y de esta manera el orden social se ve justificado biológicamente "sobre una interpretación sexual dimórfica" (Ciccia,

2021, p. 72). Conviene recordar que la ciencia no siempre ha podido librarse de los anteojos que mencionábamos más arriba, que también divide la realidad en dicotomías, "masculino o femenino, objetivo o subjetivo" (Fox Keller, 2001, p. 1) y que uno de los pares de estas dicotomías es valorado más positivamente que el otro, en este caso tanto lo femenino como lo subjetivo, —conceptos que además tienden a asociarse—, se llevan la peor parte (Fox Keller, 2001)[20].

Resulta curioso que sea otro binomio el que haya traído algo más de luz al tema; nos referimos al par sexo/género. Esta diferenciación parte de la "necesidad de separar las cualidades humanas biológicas (sexo) y las cualidades humanas sociales (género)" (Casares, 2006, p. 38). El sexo comprendería aquellas diferencias anatómicas, morfológicas, hormonales, etc., y el género sería "una creación exclusivamente social: lo que las representaciones colectivas interpretaban como ser socialmente un hombre o una mujer" (Casares, 2006, p. 38). Puede que hoy en día esta diferenciación pueda resultarnos si no obvia sí al menos familiar, pero no siempre ha sido así, la diferenciación entre sexo y género se ha venido fraguando a lo largo del siglo XX. En Antropología, por ejemplo, el etnocentrismo, es decir, la tendencia tanto a creer en la superioridad de la cultura propia como a juzgar a otras culturas a través los prejuicios de esta (Barfield, 2000) y su pequeño vástago, el androcentrismo, entendido como la "actitud que consiste en identificar el punto de vista de los varones con el de la

---

20 Debemos afirmar, no obstante, que afortunadamente la ciencia sigue avanzando y aportando valiosos estudios que tratan de superar estas visiones de la realidad. En este sentido resultan muy reveladoras las conclusiones a las que llegan Joel y sus colaboradores (Joel et al, 2018) que vienen a decir que las variaciones entre los cerebros de hombres y mujeres por separado son equiparables a las variaciones que podemos encontrar entre los cerebros de diferentes individuos en los que no se tenga en cuenta el sexo.

sociedad en su conjunto" (Casares, 2006, p. 20) han estado presentes en multitud de estudios y trabajos.

3. PERSPECTIVA DE GÉNERO Y ROL ADQUIRIDO

Este conjunto de conceptos nos lleva de vuelta a la situación que planteábamos al comienzo del este capítulo. Después de una agresión encontramos un ganador y un perdedor, pero esta agresión no surge de la nada, no aparece como producto de una fuerza aleatoria que provoca que en ocasiones unos sean los agresores y otros los agredidos. La conducta agresiva "se ejerce sobre individuos que están en una posición de inferioridad" (Fernández, 1999, p. 17), es decir, que esta agresión se da entre individuos que ya tienen asignado tanto un rol de ganador como de perdedor, de agresor y de agredido y, además, esta agresión tiende a reforzar estas posiciones, por lo que una vez el acto de la agresión ha terminado el agresor es "más agresor" y el agredido es "más agredido". Ya veíamos también que, al menos en el tema que nos ocupa, estas posiciones de "agresor" y "agredido" suelen tender a ser en realidad de "agresor" y "agredida", y que esta asignación de roles forma parte de una determinada cosmovisión instalada en la mirada de los individuos de una sociedad en un momento y lugar determinados; en nuestro caso esta cosmovisión estaría protagonizada por lo que Bourdieu llamaba la "dominación masculina" (Bourdieu, 2000).

El papel secundario de la mujer puede encontrarse prácticamente en todas las culturas, incluso en alguna ocasión se ha llegado a afirmar que esta aplicación de un estatus inferior a la mujer es uno de los universales, "un hecho *pan – cultural*" (Ortner, 1974). Esta consideración de las mujeres como individuos de segunda hay que entenderla en los propios términos de cada cultura, de cada sociedad y, por tanto, de cada cosmovisión (Ortner, 1974). Desde luego que esta desigualdad o esta diferenciación en los roles o en el trato puede ser diferente entre una sociedad y otra, entre, por ejemplo, la sociedad europea actual y la china, o entre los Crow de América del Norte y los habitantes de Samoa, pero en todo caso la desigualdad, en mayor o menor grado, siempre está ahí. Cuestión diferente es el origen o el porqué de esta desigualdad. Para Ortner, por ejemplo, esta desigualdad proviene de una supuesta mayor cercanía de la mujer a la naturaleza en oposición a la cultura. Las labores maternas situarían a las mujeres en el espacio doméstico del presente mientras que los hombres se encargarían de las tareas del espacio público, de aquellas cuestiones más elevadas que el simple qué hacer diario.

Lo masculino sería la cultura y el orden mientras que lo femenino se relacionaría con la naturaleza (Ortner, 1974), con el desorden. La mujer "está más sometida que el varón a la especie, su animalidad es más evidente (Beauvoir, 2015, p. 353), aunque en realidad esta asimilación de la mujer a la naturaleza no sea sino un prejuicio (Beauvoir, 2015). En una línea similar, Cucchiari dirá que la diferenciación y el estatus superior masculino tiene como origen la división sexual del trabajo (cuidador/recolector – cazador) basada en la capacidad reproductiva femenina y en la posterior competencia entre los hombres por el prestigio dentro de su categoría (Cucchiari, 2018).

Bourdieu tiende también a situar estas desigualdades en un plano dicotómico muy relacionado con la perspectiva dualista de la que hablábamos más arriba —seco/húmedo, alto/bajo, recto/curvo, rígido/dócil—, que deja para las mujeres las tareas más inferiores que requieren mayor sumisión (Bourdieu, 2007), que supone además la aceptación de "las equivalencias entre el espacio físico y el espacio social" (Bourdieu, 2007, p. 115). Esta construcción es fruto de "un prolongado trabajo colectivo de socialización de lo biológico y de biologización de lo social" (Bourdieu, 2000, p. 6), procesos que al mezclarse hacen que aquella construcción de los cuerpos aparezca y fundamente una división sexual que, en el fondo, no deja de ser arbitraria (Bourdieu, 2000). Como ya comentábamos más arriba resulta complicado indagar en el origen de esta división sexual, de hecho no tiene por qué existir una relación especialmente fuerte entre cómo surge una determinada forma social y la manera en que esta se reproduce a través de las diferentes generaciones, "El primero es un problema evolutivo; el segundo, uno funcional" (Cucchiari, 2018, p. 200). Según Cucchiari la confusión de estas dos fuerzas, evolutivas y funcionales, estaría en la base de los problemas de las explicaciones sobre los orígenes de la diferenciación entre los géneros (Cucchiari, 2018). A pesar de que el tema de los orígenes de estas diferenciaciones de género es sin duda importante, no es ahí donde queremos poner el acento, lo que nos interesa es dejar claro que esta diferenciación existe y que supone además una jerarquización social en la que el género masculino, y todo lo que se pueda relacionar con el mismo, se situaría en un peldaño superior respecto al femenino, y que esta jerarquización forma parte de la cosmovisión que mediatiza la manera en la que vemos el mundo. La aceptación de esta afirmación es precisamente lo que viene a afirmar la perspectiva de género, que se convierte así en "una herramienta esencial para comprender aspectos fundamentales relativos a la construcción cultural de la identidad personal, así como para entender cómo se generan y reproducen determinadas jerarquías, relaciones de dominación y desigualdades sociales" (Casares, 2006, p. 10).

En el fondo se trata de descubrir el truco, de ver que detrás de esa cortina que hemos disfrazado de naturaleza, de lógica y de costumbre, se esconden en realidad una diferenciación y una jerarquización que son en origen arbitrarias pero que se acaban convirtiendo en determinantes ya que van a marcar de una manera tajante qué actitudes, labores y roles se corresponden con uno u otro género. Esto quiere decir que gran parte de lo que un bebé podrá esperar del futuro dependerá de su sexo al nacer. Por ejemplo, en el ámbito laboral o en el de las actividades que podrá o no realizar, "Dolors Comas lo expresa categóricamente "La división sexual del trabajo es un rasgo universal, aunque varíe la forma adoptada entre unas sociedades y otras" (Comas, 1995: 17)", (Casares, 2006, p. 189). Esto quiere decir que en todas las sociedades hay unos trabajos para los hombres, otros para las mujeres y otros que podrán llevar cabo ambos, pero el tipo de trabajo concreto dependerá de cada cultura, de cada sociedad (Casares, 2006) y de cada cosmovisión, lo que vuelve a incluir el concepto de aleatoriedad en la ecuación. Sin embargo, según Ortner, las mujeres siempre han sido excluidas de los más importantes ritos sagrados y de las cuestiones políticas más elevadas (Ortner, 1974), lo que vendría a confirmar el segundo plano que a la mujer o a lo femenino se le ha venido otorgando. Este segundo plano puede llegar en muchos casos a convertirse en dominación de lo femenino por parte de lo masculino, dominación que comenzaría por el cuerpo y estaría basada "en unos cuantos imperativos: sonreír, bajar la mirada, aceptar interrupciones, etc." (Bourdieu, 2000, p. 24) y llegaría incluso a conformar el "carácter de la mujer", así, en general, como un ser que "tiene espíritu contradictorio, "no tiene sentido de la verdad" y "le falta moralidad" (Beauvoir, 2015, p. 757). Todo este contexto, toda esta amalgama de ideas, visiones y prejuicios acaba creando el ecosistema perfecto en el que van a surgir los "Tarzán" y las "Jane" a los que hace referencia el título de este capítulo.

4. IDENTIDAD Y RELATIVISMO

Cuando más arriba decíamos que los grupos humanos necesitan encontrar un orden en su entorno y que necesitan también situarse en algún lugar en ese orden y que, entre otras cosas, es por esta necesidad por la que se acaban creando las diferentes cosmovisiones, nos referíamos, efectivamente, al lugar que un determinado grupo humano se otorga a sí mismo dentro de su contexto; sin embargo podemos descender un peldaño y situarnos en un nivel más cercano al individual. Si el grupo humano siente la necesidad de situarse en algún punto dentro de su cosmovisión, el individuo concreto también tendrá esta necesidad de encontrar su lugar en el mundo. Esa estructura que encontrábamos en todas las culturas volvemos a verla, aunque matizada, en un nivel individual. De aquel "quiénes somos" en el universo general, pasamos al "quién soy" en un universo más particular. Cuando decimos que esta estructura tendrá unos matices diferentes en el plano individual nos referimos a que en realidad estará mediatizada por esa visión del mundo que se ha mostrado prevalente en el nivel supraindividual. En otras palabras, si, por ejemplo, la mujer, en general, es situada en un plano inferior al hombre, una mujer, en particular, será vista, y se verá a sí misma, en ese plano inferior.

La imagen del sí mismo o el concepto que podamos tener de nosotros mismos —y de los otros— surge precisamente de la pregunta del "quién soy" que más arriba planteábamos. Esta pregunta no tiene por qué hacerse de manera consciente, pero todos necesitamos ser capaces de situarnos de alguna manera en nuestro contexto, necesitamos ordenarnos para saber cómo tenemos que actuar, y resulta complicado hacerlo si no sabemos qué o quienes somos. No pretendemos tratar de dar una respuesta a esta pregunta, se trata sin duda de una cuestión muy compleja que atañe a diferentes disciplinas entre las que podríamos contar la psicología, la antropología, la historia, la neurociencia, y un largo etc. Es más, incluso el concepto de identidad es escurridizo, complejo y multifactorial. A este respecto hacemos nuestras las palabras de Maalouff cuando dice:

> Lejos de mí la idea de redefinir una y otra vez el concepto de identidad. Es el problema esencial de la filosofía desde el "conócete a ti mismo" de Sócrates hasta Freud, pasando por tantos otros maestros; para abordarlo de nuevo hoy se necesitaría mucha más competencia de la que yo tengo, y mucha más temeridad. (Maalouf, 2004, p. 17)

En líneas generales vamos a adoptar la que consideramos que es la postura mayoritaria en cuanto a identidades se refiere que, a grandes rasgos, viene a decir que hay una relación entre lo externo y lo interno, que en todo sujeto existe una tensión entre lo individual y lo social. Lo que nos interesa en este momento es detenernos en el concepto de identidad social ya que, como se verá, tiene una fuerte relación con los temas que hemos estado tratando hasta ahora.

Por decirlo de una manera sencilla "La identidad social estaría constituida por aquellos aspectos de la autoimagen de un individuo que proceden de las categorías sociales a las que pertenece (Ortiz & Toranzo, 2005, p. 60). Esta afirmación está basada en la definición de Tajfel de identidad social, para quien sería "el conocimiento que posee un individuo de que pertenece a determinados grupos sociales junto a la significación emocional y de valor que tiene para él/ella dicha pertenencia" (1981: 55), (Scandroglio, et al., 2008, p. 81). La teoría de la identidad social parte de los primeros trabajos de Tajfel en los que pretendía llegar a una explicación de la categorización previa a la conducta (Scandroglio, et al., 2008), del prejuicio o de la discriminación sin recurrir a lo individual o a la personalidad de los sujetos (Ortiz & Toranzo, 2005). Más adelante Turner, uno de los colaboradores de Tajfel, y basándose en algunas de las ideas de este, desarrollará la teoría de la autocategorización del yo con la intención, sobre todo, de aplicarla a los fenómenos relacionados con los grupos (Ortiz & Toranzo, 2005). Esta teoría vendría a afirmar que la categorización, tanto del yo como del otro, se realiza a través de un sistema jerárquico con diferentes niveles de abstracción (Scandroglio et al., 2008). Estos niveles, que conforman la identidad de la persona, caracterizan al individuo en primer lugar como "humano", diferenciándolo de otros seres vivos; en segundo lugar a nivel "social", esto es, como perteneciente o no a determinados grupos sociales; y en tercer lugar a nivel "personal", poniendo de relieve las similitudes y diferencias que puedan aparecer respecto a otros individuos (Ortiz & Toranzo, 2005). Desde luego que estas teorías han tenido diferentes desarrollos y aplicaciones, y de hecho, forman parte fundamental del corpus de la psicología social, no pretendemos detenernos demasiado en ellas, pero sí queremos hacer algunas puntualizaciones al respecto.

Es importante destacar la relación entre el nivel social y lo relativo a las visiones del mundo y su efecto en nuestras percepciones de lo real que explicábamos más arriba. Esa parte social de la identidad no aparece de la nada, surge de la experiencia social del individuo y podemos relacionarla sin demasiada dificultad con el habitus de Bourdieu al que nos hemos referido con anterioridad en este trabajo, o con los procesos de socialización a través de los cuales aprendemos a relacionarnos en nuestros diferentes contextos. Y ya hemos visto más arriba que dentro de este acerbo social encontramos, en mayor o menor grado, la subordinación femenina, por lo que, desde esta perspectiva, una parte de lo que somos y de lo que son los y las demás lo aprendemos gracias a esta identidad social que nos viene dada por la pertenencia a determinados grupos sociales y, como no, dentro de estos grupos la cuestión del género, de pertenecer a uno o a otro, tendrá un peso importante.

A pesar de la importancia de esta identidad social como parte de lo que es el individuo, no podemos dejar de lado el tercer nivel. Recordemos que en este nivel el individuo se sitúa en un lugar u otro a partir de las diferencias con otros individuos, es decir, es en este punto en el que se establecen las características idiosincráticas del sujeto. No es nuestro objetivo descender hasta este nivel de concreción, pues se sitúa en un lugar distinto al que queremos llegar, pero es de gran relevancia tenerlo en cuenta. Hasta ahora nos hemos situado en un plano general, cuando hablamos de cosmovisiones, de la subordinación de lo femenino o de la dominación masculina en realidad estamos hablando de contextos, de ideas generales que sobrevuelan nuestras concepciones y nuestras conductas, pero esto no significa que tengan el poder de determinar, en todas las situaciones, en todos los casos y respecto a todos los sujetos, la manera de actuar de los mismos. La cuestión de fondo se sitúa en el debate que plantea la relación entre la parte social y la parte individual de nuestra identidad, debate que por otra parte sigue abierto (Scandroglio, et al., 2008) y es además un debate en el que no vamos a entrar.

Podemos afirmar que en el fondo nos movemos "entre el determinismo y la libertad" (Giménez, 2007, p. 187), entre aquello que se espera de mí por ser quién soy y que está relacionado con mi identidad social, y lo que mi idiosincrasia personal, mi identidad individual, me dicta. Entre ambos polos existe desde luego una escala de grises muy amplia que además se verá influenciada por las situaciones concretas, los momentos históricos y las distintas variaciones temporales que se puedan dar. Desde un punto de vista más práctico podemos replantear la pregunta del "quién soy" y transformarla en un "qué hago" ante una determinada situación, pero para saber cómo debo actuar necesito saber quién soy, volvemos de nuevo a la necesidad de un orden que clarifique mi lugar y me permita saber qué debo hacer. Este lugar será la identidad, gracias a la cual puede el individuo reconocerse y hallar un marco referencial en el que situar sus acciones. Esta identidad será "Como dice Cirese, ... la imagen que cada quien se da de sí mismo" (Giménez, 2007, p. 187).

La carga de subjetividad que esta afirmación puede a priori contener debe matizarse ya que para que la aparición de esta imagen se produzca es necesario un proceso de intersubjetividad. Así "la identidad emerge y se afirma solo en la medida en que se confronta con otras identidades en el proceso de interacción social" (Giménez, 2007, p. 188); es decir, somos con los otros. Los seres humanos somos seres sociales, vivimos con otros seres humanos y este vivir con otros implica una interacción con ellos y es en este vivir e interactuar con los demás donde necesitamos situarnos en un nivel identitario individual. En este punto debemos hacer referencia al conocido como principio de diferenciación, según el cual "los individuos y los grupos humanos se auto–identifican siempre y en primer lugar por la afirmación de su diferencia con respecto a otros individuos y otros grupos" (Giménez, 2007, p. 189). Se encuentra el lugar propio a base de oposiciones con los demás, se establecen las fronteras de la identidad propia a partir de la confrontación con los otros, se llega a lo que se es a partir de lo que no se es. Este mecanismo no se aplica solo a nivel individual, como dice Clastres "Para cualquier grupo social, todos los Otros son extraños: la figura del extraño confirma, para cualquier grupo dado, la convicción acerca de su identidad como Nosotros autónomo" (Clastres, 2004, p. 69). En otras palabras, la posición del otro será muy relevante a la hora de determinar la propia.

Acerquémonos por un momento a la famosa frase que, en parte, da título a este capítulo; "Yo, Tarzán; tú Jane"[21]. Si tomamos a estos personajes literarios como ejemplo prototípico tanto de masculinidad como de feminidad, podríamos asumir que Tarzán, el hombre, se caracteriza por tener "atributos ligados al estereotipo de género masculino: determinación, valor, inteligencia, etc." (Casares, 2006, p. 50). Jane, la mujer, "se determina y se diferencia con respecto al hombre, y no a la inversa; ella es lo inesencial frente a lo esencial. Él es el Sujeto, es el Absoluto: ella es la Alteridad" (Beauvoir, 2015, p. 50). Así entendida, la construcción social de la mujer partiría de su diferenciación con la figura masculina, si el hombre es "A", la mujer sería "no – A", y así sucesivamente. Cuestión diferente será la que plantee el porqué de este proceso, por qué se toma

---

21 Debemos aclarar que no pretendemos hacer una interpretación ni de la famosa novela de Edgar Rice Burroughs, ni de sus personajes, tan solo utilizaremos esta frase como un ejemplo explicativo. A título anecdótico añadiremos que esta frase en realidad no aparece ni en las novelas ni en las películas de Tarzán.

lo masculino como referencia y no al contrario. Ya hemos visto en este sentido algunas respuestas que, en general, tienden a situarse en una órbita similar a la planteada por Ortner y que plantean que la mujer está más cerca de la naturaleza, del mantenimiento y de la reproducción de la vida que de la superación y la ampliación de esta (Ortner, 1974; Beauvoir, 2015). Recordemos además todo lo comentado sobre las cosmovisiones y su reproducción, si disponemos de una visión del mundo en la que se establece que existe una posición para cada uno, que esta posición es la naturalmente correcta y que además tiende a reproducirse a través de diferentes mecanismos, el cuestionamiento de estas situaciones, roles o identidades no resulta sencillo, aunque no imposible. Pero volvamos a nuestros Tarzán y Jane.

Ya hemos visto que el principio de diferenciación asume que acabamos determinando lo que somos a partir de lo que no somos, a partir de las diferencias que encontramos con el otro, diferencias que nos ayudarán a destacar nuestra individualidad dentro del conjunto. Una cuestión relevante en este sentido será, por tanto, la necesidad del otro, ¿podemos pensar en un Tarzán sin una Jane? O, dicho de otro modo, ¿sería Tarzán lo que es si no fuera por la existencia de Jane? Si circunscribimos la pregunta a la agresión sexual podríamos plantearla en los siguientes términos: ¿podría existir un agresor sin que exista también una agredida? La respuesta evidente es que no, pero podemos añadir algo más. La posición o la identidad del posible agresor dependerá en gran medida de la posición o de la identidad de la agredida, y, muy importante, viceversa. Es decir, que tanto la posición de uno como de otro dependerá de la situación de ambos entendida como una relación. De ahí que podamos decir que estas identidades, tanto la identidad de Tarzán como la identidad de Jane, serán relativas pues, como hemos visto, la existencia y las características de una depende de la otra, y una parte importante de estas características se ven influenciadas por el contexto social en que se inscriben.

En realidad lo que estamos diciendo es que hay una parte de lo que somos que tiene una fuerte relación con la identidad social, y que esta identidad social se adopta en una realidad social (cosmovisión) en la que la subordinación universal de la mujer es un hecho (Ortner, 1974) y tiene un carácter aleatorio (Bourdieu, 2000). Si insertamos esta idea en el contexto de la agresión sexual y añadimos el hecho de que las agresiones no se producen de manera aleatoria, sino que en realidad ya hay algunos que tienen más posibilidades de ser agresores (Tarzán) y otras que las tienen para convertirse en agredidas (Jane), la cuestión se reduce a tratar de comprender cómo ocurre esto. Y, de nuevo, tenemos que regresar al contexto de subordinación femenina para empezar a vislumbrar una posible respuesta.

Sería sencillo plantear que una vez que se ha comprobado que esta subordinación es un hecho, una de sus posibles consecuencias podría ser la agresión: si yo, Tarzán, quiero algo que tú, Jane, tienes, y tú, Jane, estás por debajo de mí, Tarzán, ¿Por qué no cogerlo sin más? Pero las cosas no son tan sencillas. Por mucho que desde la perspectiva de la identidad social, con el añadido de la dominación masculina, podamos afirmar que en el fondo el sexo masculino tenga algo de Tarzán y el sexo femenino tenga algo de Jane, esto no puede explicarlo todo. Lo único que esto nos ofrece es la posibilidad de entender que existe un contexto, un determinado ecosistema, en el que la agresión sexual de lo masculino hacia lo femenino puede llegar a aparecer. Se trataría de un caldo de cultivo en el que la agresión sexual flotaría en estado de potencia, pero para que esta agresión se actualice será necesario que confluyan muchos factores más[22].

---

[22] El análisis pormenorizado y concreto de estos factores es algo que queda fuera de los límites de este trabajo, si se quiere profundizar en el tema se puede comenzar por una revisión de *Delincuencia sexual y sociedad*, obra coordinada por el Dr. Santiago Redondo (Redondo, 2002).

5. LA CRISIS DE LA IDENTIDAD

Debemos en este punto hacer un pequeño alto en el camino solo para apuntar que, a pesar de lo que pueda parecer, en realidad esta identidad a la que nos estamos refiriendo no es algo estático, sino que acabará dependiendo del equilibrio al que los distintos factores que influyen en ella acaben llegando. Esta es una postura que, sin entrar a desarrollar y sin pretender ser exhaustivo, se defiende desde concepciones interaccionistas y que encontramos, por ejemplo, en Goffman (1981). Pero también hay posturas que plantean que esta identidad tiene un carácter más estable (Parsons, 1968) y quienes sostienen una postura intermedia (Turner, 1968).

Desde luego que, si estamos afirmando que lo social tiene un efecto relevante en cuanto a la configuración de la identidad, los cambios que en lo social se den podrán tener un efecto más o menos importante en esta configuración. Volvamos un momento al ejemplo de Tarzán para ilustrar a qué nos referimos. Antes de la llegada de Jane a la selva, Tarzán es conocido, y se ve a sí mismo, como el "mono blanco" en oposición al color más oscuro del resto de simios. El principio de diferenciación al que nos hemos acercado más arriba funciona en este caso remarcando las diferencias entre el propio Tarzán y los otros que en ese momento conforman su contexto social. Con la llegada de Jane este principio de diferenciación vuelve a aplicarse y de nuevo encuentra diferencias a las que oponerse, en este caso esas diferencias le situarán en un nuevo lugar en el que ya no será solo el "mono blanco", sino que harán que se convierta en "hombre". No nos referimos a los casos en los que el sujeto, al cambiar de contexto dentro de su propia sociedad, debe cambiar su manera de actuar o que incluse varíe lo que se espera de él. "Yo soy al mismo tiempo hijo de mis padres… miembro de una comunidad académica, socio de un determinado club, profesante de una determinada religión…" (Giménez, 2007, p. 200), a este listado podríamos añadir que también puedo ser padre, hermano, profesor, alumno, jefe o subordinado según el caso o el momento. Esto no supone necesariamente que mi identidad varíe, una de las posibles explicaciones es que la identidad tiene diferentes dimensiones y dependiendo de la situación puede darse el caso de que una de ellas prevalezca sobre las demás, algo similar planteaban los "círculos de pertenencia" de Devereux (1975).

En realidad nos referimos a cambios mucho más profundos que pueden darse en ámbitos más globales y que pueden llegar a tener un efecto y una influencia importantes en la determinación de esa identidad social a la que más arriba hacíamos referencia. Ya comentábamos más arriba que lo que hace la identidad, entre otras cosas, es facilitarnos un marco de referencia para nuestras acciones, pensamientos, etc. y para la imagen que de nosotros mismos podemos llegar a construir. Y comentábamos también que una parte relevante de esta identidad tiene que ver con nuestro contexto social porque, evidentemente, la identidad social no puede surgir de la nada. De hecho, si echamos una mirada al pasado, incluso a un pasado relativamente reciente, podremos constatar que gran parte de la identidad de cada cual venía de alguna forma determinada por cuestiones completamente externas al sujeto que además no entrarían dentro de su capacidad de elección. Por no extendernos demasiado diremos que, de manera general, esta determinación se basaba en cuatro pilares relativamente sólidos; desde un punto de vista individual serían el trabajo y la familia, y desde un punto de vista colectivo podríamos mencionar la nación y la religión (Sahuquillo, 2006). No significa esto que en todas las sociedades y culturas el lugar que el individuo ocupa, incluso teniendo en cuenta estos mismos pilares, sea el mismo. Lo que esto viene a significar es que la existencia y la determinación de ese lugar, la manera de acceder a él, se daba, y el individuo llegaba al mundo con un "carné de identidad" muy actualizado, muy construido. El cambio importante en este sentido es que en un momento dado estos pilares, que antes podían caracterizarse como ciertamente sólidos, han sufrido un proceso de difuminación, quizá incluso de desgaste, y a duras penas pueden actualmente cumplir con aquella función.

Resulta imposible tocar estos temas sin hacer referencia al concepto de sociedad líquida de Bauman, según el cual aquellos moldes (pilares) que podían contribuir a la configuración de la identidad fueron fundidos en el interior de un crisol (Bauman, 2004). Esto no significa que la necesidad de esos moldes o de esos pilares haya desaparecido, lo que ocurre es que, en palabras de Bauman:

> Aquellos emplazamientos en los que se invertía tradicionalmente el sentido de pertenencia (puesto de trabajo, familia, vecindario) ni son asequibles (o, si lo son, inspiran poca confianza) ni susceptibles de apagar la sed de vinculación ni de aplacar el temor a la soledad y al abandono. (Bauman, 2005, p. 71).

El ser humano se libera así de las cadenas identitarias que le obligaban a ocupar un determinado espacio para encadenarse a la libertad de elección, libertad que en realidad se convertirá en una pesada carga y en posible fuente de frustración (Sahuquillo, 2006). Se pasa de esta manera de una sociedad de adscripción, con su consecuente identidad obtenida a través de dicha adscripción, a una sociedad del logro en la que la identidad se adquirirá y se construirá a lo largo de la toda la vida (Sahuquillo, 2006). La pérdida de estos referentes tiene otra consecuencia que debemos tener en cuenta, y es que esta pérdida de referencias trae consigo también la pérdida de una comunidad a la que pertenecer. Pero igual que ocurría con los referentes en cuanto a la identidad, el hecho de que ocurra esta pérdida de comunidad no significa que desaparezca ni la necesidad de esta ni la búsqueda de satisfacción del sentimiento de pertenencia. De esta búsqueda surgen lo que Bauman llama las "comunidades guardarropa" (Bauman, 2005) que dan refugio temporal al individuo falto de esa comunidad real y permanente. Pero no es esa la única opción, en realidad pocas veces podremos hablar de vías únicas en un contexto que de alguna forma parece obligar a cada uno a buscar su propia solución, y esta puede encontrarse en "los viejos o nuevos comunitarismos" (Sahuquillo, 2006), quizá, por un lado, tratando de encontrar refugio en los lugares o valores que tradicionalmente nos han dado esa seguridad, que forman parte de la herencia cultural y tienen influencia en los "valores contemporáneos de esta" (Inglehart & Baker, 2005, p. 30). O, por otro lado, buscando nuevas formas de comunitarismo como puedan ser los nuevos movimientos religiosos (Sahuquillo, 2006), los fundamentalismos o los nacionalismos (Bauman, 2005). En todo caso lo que nos interesa recalcar es que esa parte fundamental de la identidad que se corresponde con la designación social de un lugar dentro de la propia sociedad como individuo y como parte de una comunidad se ha visto, como poco, erosionada. Esta pérdida de comunidad o de pertenencia tiene otra consecuencia importante, la tendencia hacia la soledad y el individualismo.

Ronald Inglehart, en consonancia con su teoría del cambio de valores materialistas a valores postmaterialistas en las sociedades industriales (Inglehart, 1991), viene a decir que el paso de una sociedad basada en la supervivencia a otra en la que esta supervivencia está, en principio, garantizada, trae consigo un mayor énfasis de" la expresión de la subjetividad" y de la "personalidad individual" (Inglehart & Baker, 2005, p. 28). Esta afirmación se apoya en datos empíricos obtenidos a través del *European Values Surveys*[23] que, en opinión de Inglehart, vendrían a confirmar que el desarrollo en lo económico traería consigo cambios en la "cultura, la política y la sociedad"

---

23 Programa de investigación a través de encuestas a gran escala, transversales y transnacionales sobre valores humanos, para más información puede visitar europeanvaluesstudy.eu.

(Inglehart & Baker, 2005, p. 24) hasta el punto de encontrarnos ante una visión del mundo diferente que provoca que la manera que se tenía de enfrentarse a la vida cambie notablemente (Inglehart & Baker, 2005).

Lo que en nuestro caso nos interesa destacar es precisamente esta tendencia hacia la soledad o, mejor dicho, hacia la individualidad dentro del proceso de creación/construcción de nuestra identidad. Hemos visto más arriba que tanto nuestro Tarzán como nuestra Jane necesitaban al otro o a la otra para ser el Tarzán o la Jane que conocemos; pero qué ocurrirá si ese otro no está. Si una parte importante de nuestra identidad venía adscrita a una determinada posición social que nos venía dada como herencia y ahora, al menos aparentemente, tiende a desdibujarse; y otra parte de lo que somos surgía de la oposición con el otro en virtud del principio de diferenciación, pero ahora tendemos a la soledad y al individualismo, la situación parece complicarse. Debemos tener en cuenta en todo caso que el hecho de que, según hemos visto, exista una cierta tendencia hacia el individualismo, —al menos según algunos autores como Bauman o Inglehart entre otros—, no significa necesariamente que el otro desaparezca de la escena. Lo que sí puede significar es que la relación con este "otro" sea distinta.

6. OTROFAGIA

Decíamos al comienzo de este capítulo que en una agresión siempre debía existir un agresor y un agredido, o una agredida si lo centramos en la agresión sexual. Y que los papeles de agresor o agredida, o al menos unas altas probabilidades de adquirirlos, vienen de alguna manera determinados por cómo se reparten estos papeles en una cultura o una sociedad concretas, y además este reparto está influenciado por las visiones del mundo, y el orden que de estas se desprende, y por nuestra relación con el otro.

No hay duda de que el otro ha estado ahí desde siempre, hay incluso quien apunta que el lenguaje pudo tener como objetivo de su origen el intento de "manipular la conducta de los otros" (Velasco, 2003, p. 112). La concepción del "otro" o de "lo otro" como complemento esencial del ser humano se extiende a nivel antropológico a lo largo y ancho del mundo, pensemos en el mito de la media naranja de Aristófanes, en el yin y el yang oriental o en el cuerpo y el alma que conforman al hombre en distintas tradiciones y religiones. La relación de estas ideas con lo expuesto más arriba sobre las dicotomías, los binomios y las duplas antagónicas es clara, pero en este caso vamos un poco más allá, en palabras de Pierre Clastres al tratar de explicar parte del pensamiento de los Indios Guaraní:

> Un habitante de la Tierra sin Mal no puede ser calificado unívocamente: es, ciertamente, un hombre, pero, también el otro del hombre, un dios. El Mal es el Uno. El Bien no es lo múltiple, es el *dos,* el uno y su otro a la vez, el *dos* que designa verídicamente a los seres completos. (Clastres, 1978, p. 153).

Sin ese otro el ser humano no puede llegar a completarse y se transforma, por tanto, en un ser incompleto. Pero ya decíamos más arriba que en realidad el otro no ha desaparecido, sigue estando ahí, pero su presencia es intermitente gracias a las relaciones mediadas por lo virtual (Ruíz, 2023). Otra característica de este nuevo otro es su similitud respecto al individuo, en un intento de reforzar la propia identidad y de maximizar sus capacidades, el individuo solo tendrá en cuenta aquellos otros que fortalezcan lo que ya se es, y dejará de lado (bloqueará) a aquellos que no compartan esa identidad o preferencias. De esta forma el otro solo puede servir para alimentar lo que ya se es, de ahí la idea de la otrofagia, del consumo del otro solo para alimentar el propio ego, y una vez el otro ha sido consumido lo que queda es buscar un nuevo otro que consumir (Ruíz, 2023).

La sexualidad es una de las formas en las que el consumo del otro aparece, puede darse mediante el acto sexual onanista a través de la pornografía, en la que el otro es tan solo un estímulo, un actor secundario (Ruíz, 2023). Otra de las maneras en las que el consumo del otro puede manifestarse es a través del uso de aplicaciones "consignadas a encajarnos con el "semejante" para tener una relación sexual sin necesidad de personificarlo en su totalidad" (Ruíz, 2023, p. 36). El otro, e incluso uno mismo, es cosificado para poder ser consumido, (Briggs et al., 2020), y una vez ha sido consumido es olvidado y se inicia la búsqueda de un nuevo otro que consumir que solo servirá para alimentar nuestro yo y reforzar ciertas partes de nuestra identidad.

La relación con el otro se convertirá en una reafirmación de la identidad y no tanto en una parte del proceso de construcción de esta. En un mundo en el que, como hemos visto, las referencias en cuanto a la construcción de la identidad tienden a difuminarse puede ocurrir que se busque fortalecer las referencias que todavía existen, que serán aquellas más claras, más obvias: blanco y negro, arriba y abajo, hombre y mujer. Tarzán será más Tarzán si Jane es más Jane, y viceversa.

7. CONCLUSIONES

Si unimos las dos ideas básicas que hemos desarrollado a lo largo de este capítulo, es decir, por un lado, la dominación masculina que de una manera más o menos decisiva parece planear sobre las cosmovisiones y, por otro lado, el cambio de posición del "otro" en la construcción de la identidad (otrofagia), el resultado es un caldo de cultivo en el que la aparición de la agresión sexual no parece algo descabellado. Debemos insistir en que se trataría de eso, de un caldo de cultivo, de un ambiente o un contexto en el que la aparición, e incluso la proliferación, de las agresiones sexuales puede tener una alta probabilidad de darse, pero no podemos hablar de esta posibilidad desde el determinismo. Aunque todos los hombres tengamos algo de Tarzán no todos somos agresores, y los mismo ocurre con las mujeres.

Compartimos con Bourdieu el miedo a que las explicaciones que hemos desarrollado puedan acabar perpetuando la relación entre los sexos (Bourdieu, 2000), razón por la que debemos volver a insistir en que pretender que nuestra visión del mundo es la que coincide con la verdadera y única forma de ver las cosas es, tan solo, parte del juego, parte del engaño que a fin de cuentas necesitamos para crearnos la ilusión de que somos capaces de aprehender la totalidad de la realidad, porque sin esta ilusión tendríamos que admitir el desorden, el sin sentido. Pero aceptar este desorden puede incluir también la posibilidad de buscar un orden nuevo que esté más en consonancia con lo que queramos ser, un pequeño cambio en la visión de las cosas que tenemos puede suponer un nuevo camino hacia un futuro mejor para tod@s.

BIBLIOGRAFÍA

Bandura, A. (2023). Social Cognitive Theory: An Agentic Perspective on Human Nature. John Wiley & Sons.

Barfield, T. (Ed.). (2000). Diccionario de antropología. Siglo XXI.

Bauman, Z. (2004). Modernidad líquida. Fondo de cultura económica.

Bauman, Z. (2005). Identidad. Editorial Losada.

Beauvoir, S. (2015). El segundo sexo. Madrid: Ediciones Cátedra.

Bourdieu, P. (2000). La dominación masculina. Barcelona: Anagrama.

Bourdieu, P. (2004). El baile de los solteros. Barcelona: Anagrama.

Bourdieu, P. (2007). El sentido práctico. Buenos Aires: Siglo XXI Editores.

Briggs, D., Cordero Verdugo, R. R., Silva Esquinas, A., & Pérez Suárez, J. R. (2020). Mercado mecánico de la carne: Análisis integrado del proyecto Enrolla2 sobre aplicaciones afectivo-sexuales. En Nuevos horizontes en la investigación criminológica ultra-realismo. Universidad de San Martin de Porres.

Casares, A. M. (2006). Antropología del género: culturas, mitos y estereotipos sexuales (Vol. 89). Universitat de València.

Carrasco, M. & González, M. J. (2006). Aspectos conceptuales de la agresión: definición y modelos explicativos. Acción Psicológica, 4(2), 7-38.

Ciccia, L. (2021). Dimorfismo sexual ¿natural? Una reinterpretación crítica de las diferencias biológicas. Revista Bioética, 29, 66-75.

Clastres, P. (1978). La sociedad contra el Estado. Monte Ávila Editores, CA.

Clastres, P. (2004). Arqueología de la violencia. Fondo de Cultura Económica.

Cucchiari, S. (2018). La revolución de género y la transición de la horda bisexual a la banda patrilocal: los orígenes de la jerarquía de género. En El género: la construcción cultural de la diferencia sexual. 189-268. Marta Lamas (compiladora). Universidad Nacional Autónoma de México.

Dal Maschio, E. A. (2015). Platón: La verdad está en otra parte. Batiscafo.

Devereux, G. (1975). Etnopsicoanálisis complementarista. Buenos Aires: Taurus.

Dilthey, W. (1974). Teoría de las concepciones del mundo. Revista de Occidente.

Dollard, J., Miller, N. E., Doob, L. W., Mowrer, O. H., Sears, R. R., Ford, C. S., ... & Sollenberger, R. T. (2013). Frustration and aggression. Londres: Routledge.

Fernández, C. (1999). El concepto de agresión en una sociedad sexista. En Maquieira, V., & Sánchez, C. (comp.) (1999). Violencia y Sociedad Patriarcal. Madrid: Ed. Pablo Iglesias.

Fox Keller, E. (2001). Reflexiones sobre género y ciencia (fragmento). Asparkía. Investigació Feminista, (12), 149-153. Recuperado a partir de https://www.e-revistes.uji.es/index.php/asparkia/article/view/891.

Giménez, G. (2007). La identidad social o el retorno del sujeto en sociología. Versión. Estudios de Comunicación y Política, (2), 183-205.

Goffman, E. (1981). La presentación de la persona en la vida cotidiana. Buenos Aires: Amorrortu.

Halimi, G. (2012). Viol, le procès d'Aix-en-Provence: compte-rendu intégral des débats Précédé de Le crime. Viol, le procès d'Aix-en-Provence, 1-415.

Inglehart, R. (1991). El cambio cultural en las sociedades industriales avanzadas. CIS.

Inglehart, R., & Baker, W. (2005). Modernización y cambio cultural: la persistencia de los valores tradicionales. Cuadernos del mediterráneo, 5, 21-32.

Joel, D., Persico, A., Salhov, M., Berman, Z., Oligschläger, S., Meilijson, I., & Averbuch, A. (2018). Analysis of human brain structure reveals that the brain "types" typical of males are also typical of females, and vice versa. Frontiers in human neuroscience, 12, 399. https://doi.org/10.3389/fnhum.2018.00399

Maalouf, A. (2012). Identidades asesinas. Alianza editorial.

Ministerio del Interior. (2021). Informe sobre Delitos contra la Libertad e Indemnidad Sexual: 2021. Recuperado de: https://www.interior.gob.es/opencms/pdf/prensa/balances-e-informes/2021/Informe-delitos-contra-la-libertad-e-indemnidad-sexual-2021.pdf

Ortiz, J. M. C., & Toranzo, F. M. (2005). El sí mismo desde la teoría de la identidad social. Escritos de Psicología-Psychological Writings, (7), 59-70. https://www.redalyc.org/articulo.oa?id=271020873006

Ortner, Sherry B. (1974). Is female to male as nature is to culture? In M. Z. Rosaldo and L. Lamphere (eds), Woman, culture, and society. Stanford, CA: Stanford University Press, pp. 68-87.

Parsons, T. (1968). The position of identity in the general theory of action. Ch. Gordon and KJ Gergen (Eds.), The Self in Social Interaction. Vol. I: Classic and Contemporary Perspectives, New York (John Wiley & Sons) 1968, pp. 11-24.

Redondo, S. (2002). Delincuencia sexual y sociedad (Vol. 7). Ariel Editorial.

Ruíz, J. C. (2023). Incompletos: Filosofía para un pensamiento elegante. Barcelona: Planeta.

Sapolsky, R. (2013). ¿Por qué las cebras no tienen úlcera? Madrid: Alianza Editorial.

Sahuquillo, I. M. (2006). La identidad como problema social y sociológico. Arbor, 182(722),811-724 https://doi.org/10.3989/arbor.2006.i722.69

Scandroglio, B., López Martínez, J. S., & San José Sebastián, M. C. (2008). La Teoría de la Identidad Social: una síntesis críticade sus fundamentos, evidencias y controversias. Psicothema, 20(1), 80-89.

Soria, M. A. y Hernández, J. A. (1994). El agresor sexual y la víctima. Editorial Boixareu Universitaria.

Trelles, L. (1987). Las diferencias cerebrales entre los sexos. Revista de psicología, 5(2), 127-134.

Turner, R. H. (1968). The self-conception in social interaction. Ch. Gordon and KJ Gergen (Eds.), The Self in Social Interaction. Vol. I: Classic and Contemporary Perspectives, New York (John Wiley & Sons) 1968, pp. 93-106.

Velasco, H. (2003). Hablar y pensar, tareas culturales. UNED.

Vigarello, G. (1999). Historia de la violación siglos XVI-XX (Vol. 55). Universitat de València.

Capítulo 3

Psicopatía y agresión sexual

JANIRE RÁMILA DÍAZ[24]
Profesora de Criminología Clínica
Universidad Europea de Madrid
nuriajanire.ramila@universidadeuropea.es

ELENA SERRANO AGUIRREZÁBAL
Psicóloga en Clínica de Salud Mental Infanto-Juvenil RecURRA-GINSO
eserrano@recurra.com

1. LA PSICOPATÍA

Robert Hare (2003, p. 13) conceptualiza la psicopatía como "un trastorno de la personalidad que se define por una serie de conductas y rasgos de la personalidad característicos, la mayoría de los cuales son mal vistos por la sociedad". Entre esas conductas y rasgos de la personalidad se encuentran la mentira, la manipulación, el no respeto por las normas sociales, la frialdad emocional o la ausencia de remordimientos.

La primera persona en definir claramente las características del psicópata fue el psicólogo Hervey M. Clekley (1903-1984), estableciendo 16 rasgos susceptibles de evaluación, aunque sería más tarde el ya mencionado Robert Hare quien estableciera

24 Este artículo ha sido realizado dentro de la investigación *Estudio sobre las motivaciones y estresores de la violencia serial contra la vida de las personas*, con código interno en la Universidad Europea CIPI/19/163.

las características propias del psicópata hoy ya asentadas, cuyo número elevó a 20, como base para desarrollar la herramienta diagnóstica de psicopatía más conocida a nivel internacional (Pozueco, Romero, Blázquez y García-Baamonde, 2013): la escala Psychopathy Checklist Revised (PCL.R).

Tabla 1. Ítems de la escala Psychopathy Checklist Revised (PCL.R)

Factor 1: Interpersonal/Afectivo	Factor 2: Desviación social
• Locuacidad/encanto superficial • Sensación grandiosa de la autovalía • Mentiras patológicas • Engaños/manipulación • Ausencia de remordimientos y culpabilidad • Escasa profundidad de los afectos • Insensibilidad/falta de empatía • No acepta la responsabilidad de sus acciones	• Necesidad de estimulación/propensión al aburrimiento • Estilo de vida parásito • Escaso control del comportamiento • Problemas de conducta tempranos • Falta de metas realistas a largo plazo • Impulsividad • Irresponsabilidad • Delincuencia juvenil • Revocación de la libertad condicional
Ítems adicionales (Ítems que no se unen a ningún factor)	
• Conducta sexual promiscua • Muchas relaciones matrimoniales • Versatilidad criminal	

Elaboración propia. Madrid, 2023

Es importante reseñar que los psicópatas no tienen por qué cumplir con los 20 ítems de la escala PCL.R, ni siquiera compartir la misma intensidad en cada uno de ellos, porque, como señala el profesor Garrido (2005, p. 267), “la psicopatía admite diversos grados, es decir, no todas las personas la poseen en la misma intensidad, y esto es algo que hay que tener muy presente".

Dicho esto, la lectura y comprensión de los diferentes ítems de la TABLA 1 deja claro que la esencia del psicópata es, como aventuraba al inicio del artículo Robert Hare, la carencia de las mínimas habilidades que le permitan entablar una relación humana sincera con el prójimo, aquellas que promueven la armonía social. Y es que, como dijo Cleckley, "el psicópata muestra la más absoluta indiferencia ante los valores personales, y es incapaz de comprender cualquier asunto relacionado con ellos. (...) no hay nada en su conocimiento que le permita cubrir esa laguna con el auxilio de la comparación. Puede, eso sí, repetir las palabras y decir que lo comprende, pero no hay ningún modo para que se percate de que realmente no lo comprende", (citado en Garrido, 2005, p. 29).

Para Cleckley, el motivo de esta imposibilidad se encuentra en lo que él llamó la afasia semántica, entendida como la total ausencia de emoción en las conductas personales e interpersonales del psicópata, lo que se deja entrever con relativa facilidad en su incapacidad para reaccionar apropiadamente a las emociones o a las frases o a las reacciones emocionales de quienes le rodean.

Y esto, sin importar en demasía la zona geográfica en la que se encuentre, ya que la psicopatía se ha demostrado estar presente en "toda raza, cultura, sociedad y estilo de vida" (Hare, 2003, p. 19). Además, y, por si fuera poco, bajo una "apariencia externa de normalidad" (Pozueco, 2011, p. 69), lo que inspiró a Cleckley el título de uno de los libros más importantes sobre la psicopatía *La máscara de la cordura* (1941).

En cuanto a la prevalencia de la psicopatía, hay estudios que la sitúan entre el 1,23% y el 3,46% de la población general (citado en Ortega-Escobar y Alcázar-Córcoles, 2019, p. 17), aunque en un metaanálisis realizado por Sanz-García et al. (2012, p. 1) se concluyó que la estimación media en los estudios analizados era del 4,5%, rebajándose esa cifra al 1% cuando se aplicaba el PCL-R como única herramienta diagnóstica.

Datos que deben entenderse como lo que son, estimaciones realizadas sin demasiada consistencia, ya que aún no se ha logrado averiguar una prevalencia real en la sociedad.

Mayor presencia -y mucha mayor consistencia científica- se ha encontrado en la población penitenciaria donde, según Hare, la población reclusa psicópata puede estimarse en el 25%[25], mientras que otros autores la sitúan entre el 15% y el 25% (De Juan, 2013).

Por este dato y por las características descritas podría suponerse que el psicópata está abocado a la violencia y a la delincuencia. Sin embargo, las estadísticas indican que no es así. Para comprobarlo, basta con cruzar los datos estimativos de prevalencia de la psicopatía en la población general ya mencionados con los de prevalencia real en prisiones. El resultado es un desfase de varios cientos de miles de individuos a los que debería considerarse como psicópatas, pero que no están en prisión; la inmensa mayoría de ellos por no haber cometido delitos.

De hecho, la PCL.R ha sido criticada, entre otras cuestiones, por estar muy centrada en la evaluación de la población delincuencial y penitenciaria, con ítems como "revocación de la libertad condicional" o "versatilidad criminal", que es muy difícil que puedan cumplirse en la población general. Esto ha llevado a pedir la eliminación del componente antisocial de la escala PCL.R, por considerarlo no definitorio de la psicopatía y dificultar el diagnóstico de aquellos psicópatas que

---

[25] Hare, R.D. (2011). La naturaleza del psicópata: Algunas observaciones para entender la violencia depredadora humana. En A. Raine., J. Sanmartín (Eds.), *Violencia y psicopatía* (p. 24). Barcelona: Ariel.

no cometen delitos, los conocidos como psicópatas integrados (Benning, Venables y Hall, 2018).

La clave para comprender por qué el psicópata no se dirige habitualmente a la violencia es porque su conducta está orientada mayormente a conseguir el control de las personas para someterlas y conseguir de ellas lo que le interesa. Primero, a través de la manipulación, y si esta no funciona, a través de las amenazas, la intimidación y, ahora sí y en ocasiones extremas, la violencia (Pozueco, 2011).

Es lo que se conoce como violencia instrumental o proactiva, aquella que se emplea para conseguir algo concreto. Lo contrario es la violencia reactiva, ejercida como respuesta a una amenaza o a una provocación percibida (Meloy, 1997). Ya lo dijo Hare, "es más probable que un hábil timador nos robe nuestros ahorros, a que nos quite la vida un asesino de ojos de tiburón" (Hare, 1993, p. 25).

Por todo ello, la equiparación automática entre psicopatía y violencia es errónea, debiéndose revisar la prevalencia de la primera en cada tipo delictivo, especialmente en los delitos contra la libertad sexual por sus especiales connotaciones sociales. No solo eso, también deberá tenerse muy en cuenta si nos encontramos ante un agresor sexual psicópata adulto o menor de edad, ya que entre ambos existen marcadas diferencias.

2. OFENSORES SEXUALES ADULTOS

"La delincuencia sexual es un fenómeno muy complejo, lo que conduce inevitablemente a que los agresores sexuales sean una población altamente heterogénea", señalan Agustino et al. (2012), lo que viene corroborado por otros estudiosos (Porter et al., 2000).

Esto es así porque no todos los agresores sexuales comparten los mismos factores de riesgo, ni las mismas características o motivaciones; siendo definitorios para su evaluación y posterior tratamiento si la persona es consumidora habitual de algún tipo de sustancia, si actúa bajo el influjo de fantasías sexuales, la edad, su situación personal y familiar, la posible presencia de rasgos antisociales... Basta acudir a la descripción de violencia sexual aportada por la Organización Mundial de la Salud (2002, p. 21) para entender que esta, y por ende sus perpetradores, conforman una amplísima realidad con múltiples aristas: "La violencia sexual comprende una gran diversidad de actos, como las relaciones sexuales bajo coacción en el matrimonio y en las citas, las violaciones por parte de extraños, las violaciones sistemáticas durante los conflictos armados, el acoso sexual (incluida la petición de favores sexuales a cambio de trabajo o calificaciones escolares), los abusos sexuales de menores, la prostitución forzada y la trata de personas, los matrimonios precoces y los actos violentos contra la integridad sexual de las mujeres, como la mutilación genital y las inspecciones obligatorias de virginidad".

Sin embargo, la percepción ciudadana es que solo existe una única etiqueta de agresor sexual, como constata la lectura del informe Percepción Social de la Violencia Sexual, elaborado por la Delegación del Gobierno para la Violencia de Género (2018) y cuya principal conclusión fue que casi toda la percepción ciudadana sobre las agresiones sexuales está influenciada por un gran desconocimiento de la realidad.

Parte de esta confusión se debe a que, como consecuencia de la heterogeneidad mencionada, los delitos contra la libertad sexual se clasifican por tipos delictivos para facilitar su tratamiento penal y legal y no por el perfil de sus autores.

Y es en esta heterogeneidad de perfiles donde deberían encuadrarse los psicópatas sexuales, con unas características individuales que los diferencian en aspectos muy señalados del resto de perfiles criminales de tipo sexual.

Comenzando por su prevalencia en el cómputo total de los delitos cometidos contra la libertad sexual, diversos estudios indican que esta es muy escasa (Hare et al., 2000); (Romero, 2006), apenas el 7,5% según un estudio realizado en una prisión norteamericana por Serin, Malcolm, Khanna y Barbaree (citado en Marshall, 2011, p. 107), lo que coincide con otros estudios semejantes también realizados sobre población carcelaria.

Pero estos datos cambian cuando se habla de psicópatas violadores, donde las tasas ya comienzan a ser más altas, como constató Yesuron (2015) en su estudio sobre los agresores sexuales en el Establecimiento Penitenciario Nº2 en Córdoba Capital, Argentina. O Porter et al. (2000), señalando una prevalencia de entre el 25% y el 45% de psicópatas entre los condenados por violación. Tasas que, según Firestone et al. (2000), aumentaron al 97% cuando se estudió a los psicópatas sexuales y homicidas. La conclusión, por tanto, es que cuanto más violenta es la agresión sexual, mayor probabilidad existe de que la haya perpetrado un psicópata, lo que también coincide con los resultados de otros estudios (Barbaree et al., 1994); (Seto y Barbaree, 1999).

Y aún así, tanto los violadores como los asesinos sexuales psicópatas siguen suponiendo una muy pequeña proporción del cómputo total de los agresores sexuales. Entonces, ¿por qué la percepción parece ser que el agresor sexual psicópata es más omnipresente de lo que es en realidad?

Bourk (2009) estudió este extremo, llegando a la conclusión de que fue a partir de la década de 1930 cuando los medios de comunicación norteamericanos comenzaron a exagerar la presencia de los psicópatas en los crímenes sexuales, en especial en las agresiones a niños pequeños, llegando dos décadas después a afirmar diversos periódicos que por el país andaban sueltos "decenas de miles de asesinos sexuales" o que "probablemente no exista hoy en día ningún criminal que constituya un mayor peligro para el público estadounidense que el psicópata sexual" (2009, p. 344). El motivo de este pánico moral fue la difusión de algunos crímenes especialmente violentos en el país y el casi absoluto desconocimiento que entonces se tenía sobre la psicopatía, tanto en círculos académicos como sociales.

A esta distorsión también ayudó que no existieran herramientas fiables para el diagnóstico de psicopatía, lo que dio lugar a que se diagnosticara como psicópata "a los violadores sádicos y a los mirones. Y como había más mirones que violadores (y los mirones y los exhibicionistas tenían índice de reincidencia notablemente superiores), los hospitales se estaban llenando de hombres no violentos a los que se había diagnosticado como psicópatas" (2009, p. 356).

Y así hasta hoy, cuando, afortunadamente, la psicopatía está muchísimo mejor estudiada, al igual que el campo de las agresiones sexuales.

De este modo, hoy sabemos que los agresores sexuales proceden de todas las esferas y que "tienen rasgos demográficos que, en gran medida, son reflejo de la población general", (2001, p. 49). En el caso de los agresores sexuales psicópatas también su procedencia llega de todas las esferas sociales, pero con una mayor presencia da modelos de aprendizaje muy deficientes en la infancia, especialmente entre los psicópatas más violentos (Malizia, 2017) (García et al., 2022).

Ambos tipos de agresores sexuales -psicópatas y no psicópatas- coinciden en mostrar una ausencia de empatía durante la agresión sexual, esto es, no reconocen el sufrimiento que han ocasionado. La diferencia es que los agresores no psicópatas muestran esa ausencia solo hacia sus víctimas, mientras que en los psicópatas la falta de empatía se dirige a todas las personas, no solo a sus víctimas (Fernández y Marshall, 2003).

La gran mayoría de todos ellos saben que sus actos son incorrectos e ilegales, y aquellos que poseen una baja autoestima necesitan apoyar sus agresiones en distorsiones cognitivas y justificaciones para proteger esa frágil autoestima (Marshall, 2001).

En cuanto a la selección de sus víctimas, Porter et al. (2000) descubrieron, tras analizar a 329 delincuentes, que los violadores pederastas presentaban más rasgos psicopáticos que los únicamente pederastas, incidiendo nuevamente en lo ya dicho de que cuanto más violenta es la agresión, mayor probabilidad existe de la presencia de psicopatía en el criminal. Pero el estudio de Porter et al. fue más allá, señalando que los agresores psicópatas no se centran en un único tipo de víctima, sino que tienden a combinar víctimas menores con adultas.

Esto es así porque la motivación principal de los agresores sexuales psicópatas es la búsqueda de sensaciones, la instrumentalización del sexo y la vinculación del placer a la violencia y la dominación (Agustino, Cabrera y Dujo, 2021), a diferencia de los no psicópatas, donde la agresión sexual puede llegar por otras motivaciones como la ira hacia las mujeres, la imposibilidad de establecer relaciones sanas adultas, la necesidad de control, la mera gratificación sexual...

Al mismo tiempo, los agresores sexuales psicópatas son más impulsivos y oportunistas que los no psicópatas y les influye menos el estado negativo emocional previo como desencadenante o facilitador de la acción (Barbaree et al., 1994).

En cuanto a la reincidencia, los delincuentes sexuales mantienen unas tasas menores a los de otras tipologías delincuenciales. Así, Langan y Levin descubrieron que solo el 12% de los 9.691 agresores sexuales analizados habían reincidido tras 3 años de media en libertad. Cifra no muy diferente a la calculada por Schmucker y Lösel (2008), situando en el 17,5% la reincidencia en agresores sexuales sometidos a tratamiento. En España, algunos estudios bajan aún más estas cifras, como el

Estudio de Reincidencia Penitenciaria 2009-2019 (Ministerio del Interior, 2002), donde se señala que 8 de cada 10 agresores sexuales no reincide.

Pero en los agresores sexuales exclusivamente psicópatas los datos difieren en extremo, llegando a cifrarse su reincidencia en el 94% a partir del cuarto y quinto año de su salida de prisión (Kiehl y Hoffman, 2011).

Datos que, sin embargo, deben tomarse siempre con mucha cautela y leerlos correctamente, ya que en su confección influyen diversas circunstancias como el tipo de tratamiento efectuado, si los sujetos se sometieron o no a tratamiento, la confección del grupo terapéutico, la profesionalidad de quienes lo llevaron a cabo, los medios que tuvieron disponibles.

3. LA IMPORTANCIA DEL SADISMO

Ahora bien, ¿por qué los agresores sexuales psicópatas tienden a ser más violentos, poseen peores datos de reincidencia y su agresión es más instrumental que los agresores sexuales no psicópatas?

La clave parece encontrarse en sus especiales rasgos de personalidad. Así, en el estudio de Porter et al., (2000), realizado sobre 329 delincuentes, se constató que elevadas puntuaciones en la escala PCL.R se asociaban con las altas dosis de violencia demostrada por los agresores sexuales, hasta tal punto que "los rasgos relacionados con la psicopatía predicen la agresión sexual y no sexual en muestras no criminales" (p. 219).

Al analizar los dos factores del PCL.R por separado -Ver Tabla 1-, se observó que la generalidad de los agresores sexuales puntuaba alto en el Factor 1, el relacionado con la insensibilidad emocional -callous unemotional-, y que había mayores fluctuaciones en el Factor 2, el relacionado con el comportamiento antisocial, por lo que muchos de ellos no llegaban a ser considerados psicópatas puros. Por lo tanto, cuanto mayor sea la puntuación en el Factor 1 del agresor, mayor será el riesgo de que desarrolle violencia en una agresión sexual y de que reincida si ya fue condenado anteriormente.

Los estudios sobre psicópatas sexuales indican que, en su caso, y por sus puntuaciones tan altas en la escala PCL.R, mayores a los de la población criminal común, es fácil encontrarlos entre los agresores sexuales más peligrosos y violentos, siendo habitual en esos casos la aparición del sadismo, tanto en su modalidad parafílica como en el Trastorno Sádico de la Personalidad[26] (TSP) (Garrido, 2012).

Porque una cuestión es padecer TSP, donde no hay una excitación y disfrute sexual a través del dolor ajeno, y otra muy diferente es la parafilia sádica o el sadismo sexual, entendido como la estimulación o la excitación a través de la producción de dolor ajeno.

El término sadismo fue acuñado por el psiquiatra Richard von Krafft-Ebing en su libro de 1898 Psychopathia Sexualis, relacionándolo con el disfrute sexual a través de la producción de dolor ajeno. Desde entonces, el concepto de sadismo se ha ido ampliando a través de diversos estudios, analizando los rasgos de personalidad y los comportamientos interpersonales del sádico, no solo aquellos relacionados con su esfera sexual.

Como señala Cáceres (2010, p. 27), "la conexión entre la excitación sexual y la agresión y el dolor se hace evidente en la conducta copulatoria de muchas especies". En el caso de los humanos, la actividad sexual suele ir acompañada de muestras leves de dolor, como pequeños mordiscos y arañazos que deben entenderse parte de la excitación sexual del momento.

---

[26] Cooke, D.J. (2011). La psicopatía, el sadismo y el asesinato en serie. En A. Raine., J. Sanmartín (Eds.), *Violencia y psicopatía* (p. 24). Barcelona: Ariel.

Lo que sucede con los psicópatas sexuales sádicos, además de que sus actos no son consentidos por la otra parte, es que su fantasía sexual se dirige a la completa dominación de la víctima. Y en esta se incluyen actos de dolor, humillación, violencia, sufrimiento... incluso de muerte. Sobre la posible presencia de esta, si el agresor sexual sádico obtiene placer con ella, no debe desecharse la posibilidad de que tienda a repetirla, convirtiéndose en un asesino en serie. En ese caso, la tendencia será aumentar la brutalidad cometida en cada crimen, por la necesidad de estimulación presente en estas personalidades (Garrido y Sobral, 2008),

Son fantasías, a menudo muy elaboradas, que comprenden especiales métodos de ataque y control de la víctima, localizaciones concretas, secuencia muy meditada de actos sádicos... (Hazelwood et al., 1992).

Incluso, como parafilia que es, no habría mayor problema si esas fantasías quedaran en la mente de la persona, pero en el caso de los agresores sexuales sádicos su intención es hacerla realidad, lo que la convierte en un trastorno parafílico, definido en el DSM-V como "una parafilia que causar malestar o deterioro en el individuo o una parafilia cuya satisfacción conlleva un perjuicio personal o riesgo de daño a terceros" (American Psychiatric Association, 2014, p. 685). Estaríamos hablando entonces del trastorno de sadismo sexual.

En lo referente a este trastorno, en su estudio sobre asesinos seriales, Michael Stone encontró que, aproximadamente el 90% de los psicópatas analizados ofrecían también presencia de sadismo sexual (citado en Raine y Sanmartín, 2011, p. 194). Parecida conclusión a la que llegaron Woodworth y Porter (2002), cuando, tras analizar a 125 delincuentes homicidas encarcelados, observaron que aquellos diagnosticados como psicópatas mediante la escala PCL.R tenían mucha más probabilidad de verse envueltos en actos que aumentaban el sufrimiento de sus víctimas y que no eran necesarios si lo que se deseaba era matar a la persona. Acotación muy importante, porque, como señalan Hazelwood et al. (1992), hay que diferenciar el sufrimiento intencional de aquel derivado del hecho criminal en sí.

Así, los psicópatas sexuales sádicos suelen estar presentes en muchos de los casos de violaciones, secuestros, retenciones forzosas e, incluso, en asesinatos sexualizados (Pozueco, 2011); (Agustino et al., 2021).

Como dice David J. Cooke (Raine y Sanmartín, 2011, p. 183), tal correlación entre altas puntuaciones en psicopatía y sadismo no debería sorprender, ya que "en ambos casos hay una predisposición a la violencia en general, así como una predisposición a la instrumental en particular".

Como otros muchos trastornos parafílicos, el trastorno de sadismo sexual tiende a manifestarse en la adolescencia o principios de la edad adulta y no es raro que presente comorbilidad con otras parafilias. De hecho, en el estudio realizado por Abel y Osborn (1992) se reflejó que un 46% de los sádicos analizados eran también violadores, un 21% de estos también exhibicionistas y un 25% habían participado en actividades de voyeurismo y froteurismo.

Sin embargo, nuevamente estas cifras deben tomarse con cautela, ya que la investigación sobre las parafilias suele adolecer de muestras especialmente representativas por la dificultad de encontrar a personas que hablen con sinceridad sobre un aspecto tan íntimo como su sexualidad y aún más si esta se considera desviada. Por este motivo, es también muy difícil establecer prevalencias sobre las parafilias en la población general.

Esto con relación a los psicópatas sexuales adultos, ya que en la psicopatía infanto-juvenil los parámetros en los que se mueve son sustancialmente diferentes.

4. LA PSICOPATÍA INFANTO-JUVENIL

La psicopatía, más concretamente en el ámbito infanto-juvenil, ha ido cobrando cada vez más importancia en el ámbito forense y, a su vez, ha generado una gran controversia a la hora de su delimitación conceptual y de la influencia que ejerce sobre la conducta delictiva. Ser capaces de conocer la probabilidad de la emisión de conductas violentas y prevenirlas es un objetivo fundamental a nivel social. Por ello, la investigación reciente en este aspecto trata de identificar aquellos factores que aumentan la probabilidad de que una persona se comporte de una forma violenta en el futuro, teniendo en consideración las características y circunstancias bajo las que esta conducta pueda verse afectada (Echeburúa, 2018); (Halty y Prieto-Ursúa, 2015).

En relación con la psicopatía infanto-juvenil es importante abordar el debate existente para considerar si el concepto de psicopatía es válido a la hora de aplicarlo a población infantil o juvenil. En este sentido, podemos encontrar dos posturas diferenciadas.

Por un lado, encontramos autores que defienden que muchas de las características psicopáticas que tienen lugar en la adolescencia no serían más que características propias de esta etapa evolutiva y que, paulatinamente, van desapareciendo a medida que el individuo alcanza la adultez, como la grandiosidad, falta de empatía, dificultad para reconocer y aceptar las responsabilidades que, si bien son características psicopáticas, también se observan de forma frecuente en esta etapa (Seagrave y Grisso, 2002). Del mismo modo, se pudieran observar rasgos de impulsividad, búsqueda de sensaciones o predilección por situaciones o contextos de riesgo, dificultades en identificación emocional y escasa empatía, egocentrismo, entre otras. Esto no quiere decir que existan determinados adolescentes que, presentando estas características, no lleguen a convertirse en psicópatas adultos, por lo que es importante no confundir entre aquellas características propias de la adolescencia con aquellas que pudieran determinar un desarrollo patológico del menor (Muñoz et al., 2013).

Por otro lado, hay otros autores que defienden la postura de que, pese a que estas características sean propias de la adolescencia, alguna de la sintomatología presente en un diagnóstico de psicopatía es detectable e identificable en menores de edad y que dichas características son algo más que características estándar de la propia adolescencia (Johnstone y Cooke, 2004). Argumentan que estas características en menores podrían predecir la psicopatía ya desde etapas precoces, implicando fallos en las emociones sociales y morales.

Sin embargo, muchos autores prefieren evitar el empleo del concepto de psicopatía infanto-juvenil, utilizando, en su lugar, el término de características o rasgos psicopáticos, con el objetivo de evitar el etiquetado relacionado con la psicopatía, así como el reconocimiento de intratabilidad asociado a la misma. Bajo esta perspectiva, los rasgos psicopáticos en adolescentes han sido estudiados bajo el concepto de insensibilidad emocional (callous-unemotional o CU). Estos rasgos, como la falta de empatía, ausencia de culpa y arrepentimiento, la manipulación de los demás, insensibilidad, afecto superficial o despreocupación por las consecuencias de sus acciones se consideran los principales marcadores que podrían ejercer como precursores del desarrollo de la psicopatía en la edad adulta (Frick et al., 2000). En este aspecto, ser capaces de entender el desarrollo de la personalidad psicopática desde etapas tempranas del desarrollo evolutivo es fundamental para comprender el inicio y el mantenimiento de estos problemas (Pechorro et al., 2017); (Vaughan et al., 2023); (Frick et al., 2003).

Para estos autores, la insensibilidad emocional supone ser el rasgo central de la psicopatía adulta, observándose que, tanto en muestras clínicas como comunitarias, la presencia de estas características es un distintivo fundamental frente a otros rasgos como la impulsividad o el narcisismo.

En relación con ello, se puede destacar que las conductas agresivas y la delincuencia se han relacionado según investigaciones previas con rasgos psicopáticos en menores (Romero et al., 2016); (Frick, 2009); (Frick et al., 2014), observando que estos rasgos suponen ser un factor predictivo del riesgo de violencia general, tanto en menores como en adultos, por lo que se puede deducir que los rasgos psicopáticos están asociados a una mayor probabilidad de la comisión de delitos graves y violentos (Langström y Grann, 2002).

5. OFENSORES SEXUALES JUVENILES

La delincuencia sexual perpetrada por adolescentes constituye un fenómeno social que requiere de una atención importante. En este aspecto, son actos de extrema gravedad y es fundamental abordar terapéuticamente estos hechos, dado que, derivado de la propia etapa evolutiva en la que nos enmarcamos, los adolescentes son muy permeables a la intervención -más que la población adulta-, lo que podría minimizar la probabilidad de reincidir si incidimos en los riesgos generales y específicos a nivel terapéutico (Heighes, 2014); (Andrade et al., 2006).

En el momento de intentar comprender la etiología y las características de los adolescentes implicados en delitos contra la libertad sexual, debemos ser conscientes de que estos presentan características diversas y, aun encontrando algunas similitudes o elementos diferenciadores, no se encuentran en estos menores tipologías idénticas ni definidas, siendo un grupo heterogéneo (Bonifacio, 2019); (Ceballos-Espinoza, 2019). Por lo tanto, dada la escasa homogeneidad del grupo, el tratamiento y el abordaje más eficaz deberá atender necesariamente los elementos comunes identificados, así como las diferencias individuales y diferenciadas a fin de adaptar las actuaciones con estos.

No obstante, pese a no existir un perfil único a la hora de definir al agresor sexual juvenil, estudios demuestran que existen en este tipo de menores y jóvenes ciertos factores de riesgo que pudieran ser comunes (Redondo et al., 2012); (Bartosh et al., 2003).

Por un lado, encontraríamos factores de riesgo estáticos, es decir, las características propias del individuo -principio de riesgo-, como ser varón, haber experimentado victimización y experiencias sexuales antisociales o vivencias de vulnerabilidad durante la infancia.

Por otro lado, tendremos factores de riesgo dinámicos, que son aquellos que pueden ser reducidos y modificados a través de la intervención psicosocioeducativa -necesidades criminógenas-. Estos factores de riesgo son una escasa y distorsionada información acerca de la sexualidad humana, un estilo de vida antisocial, la presencia de distorsiones cognitivas y creencias justificadoras de la agresión, ira descontrolada, escasas habilidades de interacción social, autoestima desajustada, etc.

Finalmente, tendríamos aquellos factores parcialmente modificables -principio de responsabilidad o individualización-. Estos serían los déficits en autocontrol, bajo nivel de empatía o escasas emociones prosociales con los demás, por lo que son aquellos factores sobre los que sería preciso intervenir de la forma más individualizada posible y adaptada a sus circunstancias específicas.

Se han propuesto, durante años de investigaciones, diversas teorías acerca de la etiología de los delitos sexuales cometidos por menores de edad. Por supuesto, el contexto en el que se ha desenvuelto el adolescente y las vivencias experimentadas en etapas iniciales de su desarrollo vital van a tomar una parte importante en la participación en conductas ofensivas a nivel sexual. Entre ellas, se pueden destacar las vivencias traumáticas, los estilos educativos negligentes, la desvinculación emocional de los progenitores con respecto al menor, las carencias afectivas y de comunicación en el contexto familiar, las conductas de hipersexualización o una temprana socialización sexual o la exposición a la violencia, entre otras. En definitiva, va a depender de las experiencias vitales y desarrollo global del adolescente que este mantenga comportamientos adaptativos y flexibles en sus interacciones sexuales o, por el contrario, que desarrolle conductas desadaptativas (Ferragut et al., 2021).

En este sentido, debemos comprender que el comportamiento sexual, del mismo modo que ocurre con otras dimensiones de las personas, tiene que ser socializado, es decir, nadie nace sabiendo cómo va a expresar sus deseos sexuales ni cómo deben transcurrir sus conductas en esta esfera. A partir de la pubertad es en el momento en el que se suele despertar este interés y los adolescentes tienden a recabar información de otras personas, frecuentemente de su grupo de iguales, que serán tan inexpertos como ellos, iniciando una exploración de su sexualidad de forma progresiva y ajustando poco a poco sus comportamientos sexuales.

La generalidad de los menores y jóvenes da lugar a una correcta socialización sexual, aunque, en algunos casos, este proceso de socialización se ve alterado en este plano por experiencias o deseos atípicos, desadaptativos y, en algunas ocasiones, ilícitos. En estos casos, es frecuente encontrar problemas en distintas esferas que se encuentran relacionadas, como pueden ser en las propias conductas sexuales, en la expresión emocional o en sus pensamientos, donde encontramos distorsiones cognitivas en relación con la consideración de sus actos o de determinados grupos poblacionales, como pueden ser las mujeres o los niños, en dificultades para mostrar empatía en relación con el daño ocasionado, en exhibir dificultades a la hora de comunicarse, observándose ansiosos en situaciones sociales, etc. (Sigurdsson et al., 2010).

Algunos pueden exhibir emociones atípicas en relación con sus interacciones sexuales, pudiendo presentar deseos sexuales incontrolados que pudieran derivar en situaciones de fuerza o violencia sobre otras personas, por lo que la ausencia de empatía que muestran muchos de los agresores sexuales en relación con sus propias víctimas refleja la dificultad de tomar en consideración el sufrimiento y daño que pueden ocasionar sobre estas (Brown et al., 2013).

Del mismo modo, la forma en que una adolescente percibe, valora y entiende determinadas situaciones, está estrechamente relacionado con el modo en que esta persona va a interactuar y se va a comportar en contextos sociales. Por ello, en los agresores sexuales juveniles la cognición va a ser un componente central en la etiología. Podemos encontrar múltiples distorsiones cognitivas o errores valorativos sobre los niños o niñas, sobre las mujeres, sobre la sexualidad, sobre las normas y valores sociales acerca del comportamiento sexual que es aceptado y el que no lo es, etc., así como dificultades a la hora de reflexionar acerca de su conducta delictiva (Redondo et al., 2012). Estas distorsiones cognitivas o creencias erróneas van a orientar la conducta sexual del individuo de forma inadecuada, permitiendo justificar, minimizar y racionalizar el comportamiento sexual delictivo que han mantenido.

En cuanto a la psicopatología identificada en los agresores sexuales juveniles, estudios muestran que las principales características asociadas a estos adolescentes son los problemas de conducta, déficits en el control de impulsos o elevada impulsividad, así como trastornos mentales como retraso mental, trastornos evitativos, dependientes o esquizoides. Asimismo, es frecuente encontrar consumo abusivo de sustancias tóxicas, que podría actuar como un desinhibidor del comportamiento sexual desviado, y, en menor medida, la presencia de parafilias (Redondo et al., 2017) (Garrido, 2012).

Una vez expuestos los factores de riesgo y características identificados en este grupo, así como algunas nociones acerca de la etiología del tipo delictivo, cabría preguntarse si existen distintos subtipos de agresores sexuales juveniles en función de algunos criterios, como la relación que mantuvieran agresor y víctima, la existencia de un historial de conducta antisocial previo o la edad de las víctimas. En este sentido, podemos encontrar víctimas conocidas, desconocidas o familiares del ofensor sexual, podemos encontrar adolescentes que presentan un historial delictivo o antisocial más o menos amplio, así como se puede presentar un adolescente agresor de niños o niñas menores o, por el contrario, agresor de iguales o adultos.

A la hora de abordar la clasificación de los agresores sexuales juveniles en función de la edad de la víctima, nos encontramos nuevamente en un debate, dado que no existe consenso acerca de cuándo se considera a una víctima como menor, encontrando discrepancias en función de la investigación que se realice. En algunos estudios se emplea, en términos puros, la edad de la víctima, independientemente de la edad del agresor; en otras investigaciones, en cambio, se toma como referencia la diferencia entre la edad de la víctima y del agresor, encontrando como cifras los 4 o 5 años de diferencia entre ambos, así como se pueden encontrar posturas que ejercen una combinación de ambas propuestas anteriores (Benedicto et al., 2017).

En base a ello, se explicitan algunas diferencias entre los agresores sexuales de menores y los agresores de iguales o adultos. En este aspecto, los agresores de menores pudieran presentar mayores dificultades en su funcionamiento psicosocial, mayores niveles de ansiedad y depresión, mayor aislamiento social, una autoestima devaluada y tendencia a ejercer abuso sobre familiares más que sobre personas desconocidas.

6. INFLUENCIA DE LA PSICOPATÍA INFANTO-JUVENIL EN LA PERPETRACIÓN DE DELITOS CONTRA LA LIBERTAD SEXUAL

Como hemos observado, el debate en cuanto al empleo terminológico de la psicopatía en población infanto-juvenil sigue patente. No obstante, sí podemos afirmar que existen investigaciones que muestran que, en determinados individuos, los rasgos psicopáticos en etapas tempranas del desarrollo se mantienen hasta la adultez, pudiendo actuar como predictores de la psicopatía adulta.

En este sentido, pese a la carencia de estudios relativos a la psicopatía en relación con los delitos de agresión sexual ejercidos por adolescentes, sí que podríamos identificar algunos factores o características específicas que, si bien podrían concluir con un diagnóstico de psicopatía en esta población (o rasgos psicopáticos o de insensibilidad emocional), podrían determinar la presencia de un afrontamiento problemático de situaciones sociales e interacción con los otros, más concretamente en la esfera de la afectividad y la sexualidad.

Como ya hemos abordado, la psicopatía pasa, fundamentalmente y a modo de síntesis, por una escasa capacidad empática, ausencia de arrepentimiento y culpa, manipulación de los demás, despreocupación por las consecuencias de sus actos, afecto superficial, etc., lo que podría estar en consonancia con algunas de las características generales que presentan algunos de los agresores sexuales juveniles, como un bajo nivel de autocontrol o desinhibición, escasa empatía o limitación en emociones prosociales con respecto a los demás.

No podemos determinar que los agresores sexuales juveniles presenten tal etiqueta, aunque sí podemos afirmar que, siempre partiendo de la premisa y la necesidad de basarse en el estudio del caso concreto y específico, pudiera haber determinadas características presentes en algunos agresores sexuales juveniles que pudieran establecer el posible diagnóstico de psicopatía, pudiendo toparnos con adolescentes impulsivos, insensibles, con escasa resonancia emocional, desinhibidos, crueles, despreciativos, etc. (Martin et al., 2019).

Por otro lado, no debemos dejar pasar la idea de control y poder. En cuanto a los delitos de naturaleza sexual, cuando tomamos en consideración la premisa de que uno de los rasgos observados en los agresores sexuales juveniles es el déficit en habilidades sociales, podemos observar que el agresor sexual psicópata tiene la posibilidad de ejercer un control total sobre la víctima, cosificándola y observándola como objeto de placer, pudiendo expresar de forma desinhibida sus deseos y fantasías. En este aspecto, no sería extraño encontrar que, como forma de compensar estas carencias en el plano de la interacción, el delito sexual refuerce esa necesidad de control y poder sobre el otro.

Por ello, es preciso establecer un estudio pormenorizado de las circunstancias y características del menor ya que, además de la necesidad de intervención sobre la conducta delictiva específica, la agresión sexual, también deberemos tomar en consideración las dificultades y déficits personales en cuanto a emocionalidad, cognición, rasgos de personalidad, sociabilización, etc.

Además, como ya se ha visto, no existe un perfil homogéneo de delincuentes sexuales juveniles, por lo que la intervención desarrollada con estos debe ser específica y adaptada a cada caso concreto. Si a esto se le suman rasgos propios de la psicopatía, el enfoque para la intervención se verá modificado indudablemente, tornándose más complejo.

En este aspecto, se debe reseñar que la tasa de reincidencia en delitos sexuales es pequeña en relación con el resto de los tipos delictivos. Y, hablando de psicopatía, determinadas investigaciones afirman que esta actúa como un poderoso predictor de la violencia en términos generales, aunque, cuando debatimos acerca de la reincidencia en delitos de carácter sexual, la capacidad predictora de la psicopatía pierde importancia (Alonso et al., 2022); (Sewall y Olver, 2018); (Zabala-Baños et al., 2019). Por ello, no se puede concluir expresando que la psicopatía ejerza la capacidad para predecir la reincidencia en los delitos sexuales per se, aunque sí se puede determinar que la psicopatía podría predecir la reincidencia en la generalidad de los delitos violentos.

BIBLIOGRAFÍA

Abel, G.G. y Osborn, C. (1992). The Paraphilias: The Extent and Nature of Sexually Deviant and Criminal Behavior. Psychiatric Clinics of North America, 15(3), 675-687. DOI: https//:doi.org/10.1016/50193-953X(18)30231-4

Agustino, M.I., Cabrera, Y.C. y Dujo, V. (2021). Evaluación pericial en prisión: Estudio de un agresor sexual serial con rasgos psicopáticos. Psicología Clínica, Legal y Forense, 21, 61-92.

Alonso, T., Peña, M. E. y Andreu, J. M. (2022). Psicopatía, agresión y violencia: un análisis de la interrelación en una muestra de delincuentes. Anuario de Psicología Jurídica, 32(1), 61-69. DOI: https://doi.org/10.5093/apj2021a25

Andrade, J. T., Vincent, G. M. y Saleh, F. M. (2006). Juvenile sex offenders: A complex population. Journal of Forensic Sciences, 51, 163-167. DOI: http://dx.doi.org/10.1111/j.1556-4029.2005.00010.x

Barbaree, H.E., Seto, M.C, Serin, R.C., Amos, N.L. y Preston, D.L. (1994). Comparison between sexual and nonsexual rapist subtypes. Sexual arousal to rape, offense precursors, and offence characteristics. Criminal Justice and Behavior, 21, 95-114. DOI: https://doi.org/10.1177/0093854894021001007

Bartosh, D. L., Garby, T., Lewis, D. y Gray, S. (2003). Differences in the predictive validity of actuarial risk assessments in relation to sex offender type. International Journal of Offender Therapy and Comparative Criminology, 47, 422-438. DOI: http://dx.doi.org/10.1177/0306624X03253850

Benedicto, C., Roncero, D. y González, L. (2017). Agresores sexuales juveniles: tipología y perfil psicosocial en función de la edad de sus víctimas. Anuario de Psicología Jurídica, 27, 33-42. DOI: http://dx.doi.org/10.1016/j.apj.2016.05.002

Benning, S.D., Venables, N.C. y Hall, J.R. (2018). Successful psychopathy. En Patrick C.J. (Ed)., Handbook of psychopathy pp 585-608. The Guilford Press.

Bonifacio, S. (2019). Patrones de personalidad y asertividad sexual en agresores sexuales recluidos en cuatro centros penitenciarios de Perú. Cultura: Revista de la Asociación de Docentes de la Universidad de San Martín de Porres, 33, 283-305. DOI: https://doi.org/10.24265/cultura.2019.v33.15

Bourke, J. (2009). Los violadores. Madrid: Crítica.

Brown, S. J., Walker, K., Gannon, T. A. y Keown, K. (2013). Creating a psychologically comfortable position: The link between empathy and cognitions in sex offenders. Journal of Sexual Aggression, 19(3), 275-294. DOI: https://doi.org/10.1080/13552600.2012.747223

Cáceres, J. (2010). Parafilias y violación. España: Editorial Síntesis.

Ceballos-Espinoza, F. (2019). El agresor sexual. Actualización bibliográfica y nuevas líneas de investigación – Agresores Sexuales, actualización. Estudios policiales, 14 (1), 22-45.

De Juan, M. (2013). Psicopatía antisocial y neuropsicología. En J. Ortega-Escobar y M.A. Alcázar-Córcoles (eds), Agresión y psicopatía. Madrid: Pirámide.

Delegación del Gobierno para la Violencia de Género. (2018). Percepción Social de la Violencia Sexual. Madrid: Ministerio de Sanidad, Consumo y Bienestar Social.

Echeburúa, E. (2018). Violencia y trastornos mentales. Madrid: Pirámide.

Fernández, Y.M. y Marshall, W.L. (2003). Violence, empathy, social self-esteem and psychopathy in rapists. Sex Abuse, 15(1), 11-26. DOI: 10.1177/107906320301500102

Ferragut, M., Ortiz-Tallo, M. y Blanca, M. (2021). Victims and perpetrators of child sexual abuse: Abusive contact and penetration experiences. International Journal of Environmental Research and Public Health, 18(18), 9593. DOI: https://doi.org/10.3390/ ijerph18189593

Firestone, P., Bradford, J.M., Greenberg, D.M. y Serran, G.A. (2000). The relationship between deviant sexual arousal and psychopathy in incest offenders, extrafamilial child molesters and rapists. Journal of the American Academy of Psychiatry and the Law, 28, 303-308.

Frick, P. J., Bodin, S. D. y Barry, C. T. (2000). Psychopathic traits and conduct problems in community and clinic-referred samples of children: Further development of the psychopathy screening device. Psychological Assessment, 12, 382-393.

Frick, P. J., Cornell, A. H., Barry, C. T., Bodin, S. D. y Dane, H. E. (2003). Callous-unemotional traits and conduct problems in the prediction of conduct problem severity, aggression, and self-report of delinquency. Journal of Abnormal Child Psychology, 31(4), 457-470. DOI: https://doi.org/10.1023/A:1023899703866

Frick, P. J. (2009). Extending the construct of psychopathy to youth: Implications for understanding, diagnosing, and treating antisocial children and adolescents. The Canadian Journal of Psychiatry, 54, 803–812

Frick, P. J., Ray, J. V., Thornton, L. C. y Kahn, R. E. (2014). Can callous-unemotional traits enhance the understanding, diagnosis, and treatment of serious conduct problems in children and adolescents? A comprehensive review. Psychological Bulletin, 140, 1–57.

García, M.E., Blázquez, M., Moreno, J.M., Guerrero, E. y Guerrero, M. (2022). Youth Serial Killers: Psychological and Criminological Profiles. International Journal of Environmental Research and Public Health. 19 (9), 5359. DOI: https://doi.org/10.3390/ijerph19095359

Garrido, V. (2005). El psicópata. (2da ed.) Alzira: Algar Editorial.

Garrido, V. y Sobral, J. (2008). La investigación criminal. Barcelona: Nabla Ediciones.

Garrido, V. (2012). Perfiles criminales. Un recorrido por el lado oscuro del ser humano (2da ed.). Barcelona: Ariel.

Halty, L. y Prieto-Ursúa, M. (2015). Psicopatía infanto-juvenil. Evaluación y tratamiento. Papeles del psicólogo, 36(2), 117–124.

Hare, R.D., Clark, D., Grann, M. y Thornton, D. (2000). Psychopathy and the predictive validity of the PCL.R: An international perspective. Behabioral sciences and the law, 18(5), 623-645. DOI: 10.1002/1099-0798(200010)18:5<623::aid-bsl409>3.0.co;2-w

Hare, R.D. (2003). Sin conciencia. El inquietante mundo de los psicópatas que nos rodean. L´Hospitalet de Llobregat: Paidós.

Hazelwood, R.R., Park, E.D., y Warren, J. (1992). The criminal sexual sadist. FBI Law Enforcement Bulletin, 61 (2), 12-21.

Heighes, C. (2014). Juvenile sex offender subgroups: differences in personality and sexual recidivism [Tesis doctoral, Florida State University].

Johnstone, L. y Cooke, D. J. (2004). Psychopathic-like traits in childhood: Conceptual and measurement concerns. Behavioral Sciences & The Law, 22(1), 103-125. DOI: 10.1002/bsl.577

Kiehl, K.A. y Hoffman, M.B. (2011). The criminal psychopath: History, neuroscience, treatment, and economics. Jurimetrics, 51, 355-397.

Langan, P.A. y Levin, D.J. (2002). Recidivism of Prisoners Released in 1994. Federal Sentencing Reporter, 15(1), 58-65.

Langström, N. y Grann, M. (2002). Psychopathy and violent recidivism among young criminal offenders. Acta Psychiatrica Scandinavica, 106, 86-92.

Malizia, N. (2017). Serial Killer: The Mechanism from Imagination to the Murder Phases. Sociology Mind. Vol 7 (2), 44-59. DOI: 10.4236/sm.2017.72004

Marshall, W.L. (2001). Agresores sexuales. España: Ariel.

Martin, S., Zabala, C., Del-Monte, J., Graziani, P., Aizpurua, E., Barry, T. J. y Ricarte, J. (2019). Examining the relationship between impulsivity, aggression, and recidivism for prisoners with antisocial personality disorder. Aggression and Violent Behavior, 49, 101314. DOI: https://doi.org/10.1016/j.avb.2019.07.009

Meloy, J.R. (1997). The psychology of wickedness: Psychopathy and sadism. Psychiatric Annals, 27(9), 630-633. DOI: 10.3928/0048-5713-19970901-10

Ministerio del Interior. (2022). Estudio de Reincidencia Penitenciaria 2009-2019. Valdemoro: Entidad Estatal Trabajo Penitenciario y Formación para el Empleo.

Muñoz, L. C., Kimonis, E. R., Frisck, P. J. y Aucoin, K. J. (2013). Emotional reactivity and the association between psychopathy-linked narcissism and aggression in detained adolescent boys. Develoment and Psychopathology, 25, 473–485.

Organización Mundial de la Salud. (2002). Informe Mundial sobre Violencia y Salud. Washington D.C: Organización Panamericana de la Salud para la Organización Mundial de la Salud.

Ortega-Escobar, J. y Alcázar-Córcoles, M.A. (2019). Agresión y psicopatía. Madrid: Pirámide.

Pechorro, P., Hawes, S. W., Gonçalves, R. A. y Ray, J. V. (2017). Psychometric properties of the inventory of callous-unemotional traits short version (ICU-12) among detained female juvenile offenders and community youths. Psychology, Crime & Law, 23(3), 221-239.

Porter, S., Fairweather, D., Drudgge, J., Hervé, H., Birt. A. y Boer, D.P. (2000). Profiles of Psychopathy in incarcerated sexual offenders. Criminal Justice and Behavior. 27(2), 216-233. DOI: https://doi.org/10.1177/0093854800027002005

Pozueco, J.M. (2011). Psicopatía, trastorno mental y crimen violento. España: EOS.

Pozueco, J.M., Moreno, J.M., Blázquez, M. y García-Baamonde, M.E. (2013). Psicópatas integrados/ subclínicos en las relaciones de pareja. Perfil, maltrato psicológico y factores de riesgo. Papeles del psicólogo, 34(1), 32-48.

Redondo, S., Pérez, M., Martínez, M., Benedicto, C., Roncero, D. y León, M. (2012). Programa de Tratamiento Educativo y Terapéutico para Agresores Sexuales Juveniles. Agencia de la Comunidad de Madrid para la Reeducación y Reinserción del Menor Infractor. Recuperado de http://www.bit.ly/ARRMI-ProgramaAgresoresSexuales

Redondo, S. y Mangot, A. (2017). Génesis delictiva y tratamiento de los agresores sexuales. Revista Electrónica de Ciencias Criminológicas, 2. Recuperado de: https://ojs.ehu.eus/index.php/eguzkilore/article/download/18132/15699

Romero, J. (2006). Nuestros presos. España: EOS.

Romero, E., Kapralos, P. y Gómez-Fraguela, X. (2016). Rasgos psicopáticos infanto-juveniles: evaluación e implicaciones en un estudio prospectivo. Anuario De Psicología Jurídica, 26(1), 51-59. http://dx.doi.org/10.1016/j.apj.2016.03.002

Sanz-García, A., Gesteira, C., Sanz, J. y García-Vera. M.P. (2021). Prevalence of Psychopathy in the General Adult Population: A Systematic Review and Meta-Analysis. Front. Psychol. 12. DOI: https://doi.org/10.3389/fpsyg.2021.661044

Seagrave, D. y Grisso, T. (2002). Adolescent development and the measurement of juvenile psychopathy. Law and Human Behavior, 26(2), 219-239.

Seto, M.C. y Barbaree, H.E. (1999). Psychopathy, treatment behavior, and sex ofender recidivism. Journal of Interpersonal Violence, 14, 1235-1248.

Schmucker, M. y Lösel, F. (2008). Does sexual ofender treatment work? A systematic review of outcome evaluations. Psicothema, 20(1), 10-19.

Sewall, L. A. y Olver, M. E. (2018). Psychopathy and treatment outcome: Results from a sexual violence reduction program. Personality Disorders: Theory, Research and Treatment, 10(1), 59-69. DOI: https:// doi. org/10.1037/per0000297

Sigurdsson, J.F., Gudjonsson, G., Asgeirsdottir, B.B. & Sigfusdottir, I.D. (2010). Sexually abusive youth: what are the background factors that distinguish them from other youth? Psychology, Crime & Law, 16(4), 289-303.

Vaughan, E. P., Speck, J. S., Frick, P. J., Walker, T. M., Robertson, E. L., Ray, J. V., Wall Myers, T. D., Thornton, L. C., Steinberg, L. y Cauffman, E. (2023). Proactive and reactive aggression: Developmental trajectories and longitudinal associations with callous-unemotional traits, impulsivity, and internalizing emotions. Development and psychopathology, 1–9.

Woodworth, M. y Porter, S. (2002). In cold blood: Characteristics of criminal homicides as a function of psychopathy. Journal of abnormal psychology, 111(3), 436-445. DOI: 10.1037//0021-843x.111.3.436

Yesuron, M. (2015). Perfil psicopatológico de delincuentes sexuales. Anuario de Investigaciones de la Facultad de Psicología, 2(1), 192-2023.

Zabala-Baños, M. C., Criado-Álvarez, J. J., López-Martin, O., Martínez-Lorca, M., Jimeno-Jiménez, M. V. y Ricarte-Trives, J. J. (2019). Functioning of psychopathy and trait aggression as predictive variables of criminal recidivism. Anales de Psicología, 35(3), 364-370. DOI: https:// doi. org/10.6018/analesps.35.3.329131.

Capítulo 4

Violencia sexual: aspectos psicológicos y oportunidades de tratamiento

ÓSCAR HERRERO MEJÍAS
Psicólogo del Cuerpo Superior de Técnicos de Instituciones Penitenciarias.
Centro Penitenciario de Cáceres.

1. INTRODUCCIÓN

Los agresores sexuales son para las sociedades actuales una inmensa fuente de preocupación. Ocupan las noticias, llenan las calles de manifestantes, condicionan el debate político y las campañas electorales. Son la versión contemporánea del monstruo gótico que acechaba a sus víctimas en la noche. La imagen popular de estas personas es la de un individuo con una personalidad y una sexualidad profundamente trastornadas, especialmente por una preferencia exclusiva e inmodificable por el sexo violento. Cuando las víctimas son menores se utilizan de forma indistinta términos como "pedofilia" o "pederastia" para denominar delitos relativos al uso y distribución de materiales de explotación sexual infantil en Internet (lo que comúnmente llamamos pornografía infantil) o al abuso sexual de un menor. En conjunto, el discurso social actual sobre la delincuencia sexual tiende a homogeneizar un fenómeno de enorme complejidad que, cuando se aborda con rigor, es poco susceptible de generalizaciones. La realidad es que la investigación científica nos dice que el fenómeno de la violencia sexual no puede abordarse adecuadamente si no se aceptan unos puntos de partida:

- Los delincuentes sexuales son una población heterogénea, que incluye a personas muy diversas.
- La violencia sexual es un fenómeno que tiende a ser más circunstancial y oportunista que especializado y persistente.
- La edad de las víctimas es una variable que permite diferenciar a grupos de agresores que, aunque no son mutuamente excluyentes, tienden a diferenciarse en variables relevantes para la valoración del riesgo y la intervención.
- La delincuencia sexual está vinculada con algunas alteraciones patológicas del interés sexual, pero no son términos equivalentes. Este hecho es especialmente relevante para la relación entre pedofilia y delincuencia sexual hacia menores.
- Los delincuentes sexuales se diferencian en su nivel de riesgo de reincidencia sexual. Los estudios de reincidencia señalan que una mayoría de ellos no reincide durante periodos prolongados de seguimiento.
- Actualmente los profesionales disponen de un número importante de instrumentos de valoración del riesgo de reincidencia sexual. Si se utilizan adecuadamente permiten emitir juicios sólidos acerca de un agresor concreto y diseñar estrategias de gestión del riesgo.
- Los programas de intervención con agresores sexuales disminuyen su riesgo de reincidencia, y deben ser parte de las políticas públicas de las sociedades modernas.
- Existe un colectivo de agresores de alto riesgo, que supone una amenaza seria para la seguridad de la comunidad,

y que ha de ser objeto de especiales esfuerzos de evaluación y tratamiento.

Este capítulo se basa en estos puntos con el objetivo de ofrecer un retrato breve pero riguroso del problema de la agresión sexual. Tras abordar cuestiones generales del fenómeno, se describirán los programas de intervención que están actualmente implementados en España. Por último, se presentan datos acerca de su efectividad y se plantean algunas recomendaciones para el futuro.

2. ASPECTOS GENERALES

Según la Organización Mundial de la Salud, la violencia sexual comprende una gran diversidad de actos como: las relaciones sexuales bajo coacción en el matrimonio y en las citas, las violaciones por parte de extraños, las violaciones durante conflictos armados, el acoso sexual, los abusos sexuales a menores, la prostitución forzada, la mutilación genital o las pruebas de virginidad (OMS, 2002). Es un concepto amplio, en el que tienen cabida comportamientos muy diversos, aunque no son independientes unos de otros. Por ejemplo, no es infrecuente encontrar casos en los que una mujer explotada sexualmente es además agredida por sus explotadores. Este capítulo se centra en las relaciones sexuales bajo coacción (tanto por parte de conocidos como de extraños) y en el abuso sexual de menores. Aunque el foco sea más concreto, la complejidad de estos problemas y la heterogeneidad de los hombres implicados sigue siendo enorme. Incluso restringiendo el foco de interés, la investigación empírica impone ciertas limitaciones al conocimiento real del que se dispone sobre este fenómeno. La mayor parte de la investigación se ha centrado en muestras masculinas, procedentes de países occidentales, y que han tenido contacto con el sistema de justicia penal. Por ejemplo, el conocimiento acerca de los agresores sexuales en otras culturas es muy limitado. Aquí se analizará la evidencia acerca de las características de personas (principalmente hombres) que han agredido sexualmente a una persona adulta o a un menor. Partiendo de esta definición tan amplia, se pueden definir múltiples poblaciones más específicas. Podemos, por ejemplo, dividir a delincuentes sexuales con víctimas adultas e infantiles. ¿Es posible identificar más grupos con características distintivas? Obviamente sí. Los agresores de personas adultas pueden tener víctimas conocidas (incluso familiares) o desconocidas. Los abusadores de menores pueden presentar o no un trastorno por pedofilia. Pueden ser intra o extrafamiliares. Si han abusado de un familiar existen datos que indican diferencias psicológicas si este familiar presenta consanguineidad con el abusador o no.

El papel de las tecnologías introduce también más complejidad al problema. Hay abusadores que han accedido a sus víctimas a través de redes sociales, y que pueden estar orientados a cometer después un abuso en el mundo real o restringirse a obtener imágenes digitales del menor. Otros hombres además de cometer abusos sobre menores en el mundo real se implican en el uso y distribución de materiales de explotación sexual infantil a través de Internet. La diversidad es enorme. No se puede asumir que el comportamiento de cada uno de estos colectivos responda a los mismos factores. De hecho hay motivos para pensar que hay algunos elementos que tienen mayor peso en la conducta sexual abusiva de unos grupos, mientras que pueden ser menos relevantes en otros. Por ejemplo, la historia de abuso sexual en la infancia parece ser más frecuente en las personas que abusan de un menor que en los agresores con víctimas adultas.

La imagen socialmente compartida del agresor sexual de víctimas adultas es la de un hombre que acecha a personas desconocidas aprovechando la noche o situaciones de soledad. Se trata de un hombre violento, con una preferencia patológica e inmodificable por el sexo coercitivo. Su tendencia natural es acumular víctimas hasta que es finalmente detenido. Tras una condena a prisión su reincidencia es casi segura, independientemente de las actividades rehabilitadoras a las que haya podido ser sometido. Este perfil desgraciadamente existe, pero no es el más común.

Al principio de este capítulo se señalaba como uno de los puntos de partida que la violencia sexual es un fenómeno que tiende a ser transitorio y oportunista. Existen numerosos estudios longitudinales de seguimiento de agresores sexuales. El número y potencia estadística de estos trabajos ha permitido analizarlos conjuntamente en una serie de influyentes metaanálisis que llegan a resultados muy similares con respecto a la reincidencia sexual. En general, aproximadamente un 80% de los agresores sexuales no reinciden durante el periodo de seguimiento. Un 15-20% sí que lo hace, y este es el espacio en el que se manifiesta la efectividad de los programas de intervención (esto se abordará después). Por ejemplo, Hanson y Bussiére (1998) incluyeron en su metaanálisis 61 estudios de seguimiento realizados con agresores sexuales. La muestra incluía 23.393 personas. La tasa de reincidencia sexual al final del seguimiento era del 13,4%. La tasa de reincidencia violenta no sexual fue del 12,2%. La tasa de reincidencia general (cualquier tipo de delito) fue del 36,3%. Hanson y Morton-Bourgon (2005) ampliaron el estudio anterior, analizando datos procedentes de 82 estudios que suponían una muestra total de 29.450 hombres. La tasa de reincidencia sexual fue del 13,7%, la de cualquier tipo de violencia (incluyendo la sexual) del 14,3%, y la de reincidencia en cualquier delito del 36,2%. Hanson y Morton-Bourgon (2009) analizaron los datos procedentes de 118 estudios y de cuarenta y cinco mil hombres. La reincidencia sexual fue del 11%, la violenta (incluyendo sexual) del 19,5%, y la reincidencia en cualquier tipo de delito se dio en el 33,2% de casos.

Estos estudios indican de forma contundente que la creencia en las altas tasas de reincidencia de los agresores sexuales no se apoya en ningún dato empírico. La mayoría de los delincuentes sexuales no reinciden, y si cometen otro delito es más probable que no sea un delito sexual. Este dato, si bien es esperanzador, no ha de servir para ocultar la realidad de la existencia de una población específica de individuos de alto riesgo que estarían incluidos en ese 15-20% de reincidentes. Sus características personales propician un patrón persistente de agresiones que suponen un desafío para las administraciones públicas encargadas de su control y tratamiento. En periodos de seguimiento de diez años, su reincidencia puede llegar al 70% (Beggs y Grace, 2010). Existen diferentes perfiles dentro de la población de agresores de alto riesgo que perpetran una amplia gama de agresiones, sin que exista una preferencia por un tipo concreto de víctima. Es decir, que un perfil de alto riesgo puede darse en agresores con víctimas adultas, infantiles, conocidas, desconocidas o de cualquier otro tipo que se pueda plantear. Woodworth, et al (2013) estudiaron una muestra de 139 agresores de alto riesgo, que incluía agresores de personas adultas y de menores. Encontraron que el 82% de su muestra afirmaban experimentar fantasías sexuales desviadas que reflejaban su comportamiento sexual violento en el mundo real. El 85% de la muestra presentaban al menos un diagnóstico de parafilia, y su nivel de psicopatía era significativamente mayor que el encontrado en muestras normativas de delincuentes masculinos. Este trabajo sugiere que estos agresores son personas con una sexualidad desviada que afecta severamente a su conducta, y con rasgos antisociales prominentes. Brouillette-Alarie y Proulx (2019) propusieron dos conjuntos de factores etiológicos que se asociarían con alto riesgo de reincidencia. Uno de estos caminos etiológicos estaría caracterizado por la historia de victimización sexual, el aislamiento social y las fantasías sexuales desviadas. Estos factores se asociarían con delincuencia sexual hacia menores. El segundo grupo de factores incluía problemas exteriorizadores, promiscuidad sexual e historia de victimización física. Se asociaría con cualquier tipo de delincuencia y con delincuencia sexual grave hacia mujeres. El metaanálisis de Hanson y Morton-Bourgon (2005) apuntaba también a la existencia de dos grandes grupos de factores predictivos de reincidencia sexual, a saber, el interés sexual desviado y los rasgos de antisocialidad. Resulta coherente pensar que una persona con un interés sexual hacia menores o hacia comportamientos sexuales violentos, o que presente rasgos antisociales de personalidad pueda tener un pronóstico negativo de reincidencia. Si se combinan ambos grupos de factores las posibilidades de un nuevo delito sexual se elevan de forma alarmante.

Aun así, es importante resaltar que el nivel de riesgo no es un rasgo individual asimilable a la personalidad o a la inteligencia. El riesgo es un constructo que emerge como resultado de combinar la potencia predictiva de múltiples variables y que tiene utilidad a la hora de la toma de decisiones informada con respecto a una persona concreta en un periodo de tiempo determinado. Un pronóstico de alto riesgo no ha de considerarse como una etiqueta de por vida. Hanson et al., (2014) estudiaron una muestra de 7.740 agresores (procedentes de 21 estudios diferentes) en un periodo de seguimiento que llegaba a los veinte años. En el caso de los agresores de alto riesgo, la reincidencia era del 22% durante los primeros cinco años en libertad. A los diez años de seguimiento la tasa de reincidencia había disminuido al 4,2%. Por lo tanto, incluso en los casos de mayor gravedad el riesgo de reincidencia disminuía a medida que las personas lograban mantenerse en libertad sin cometer delitos. Los primeros cinco años acumulaban la mayor parte de la reincidencia.

3. AGRESORES DE PERSONAS ADULTAS

Mayoritariamente las agresiones sexuales hacia personas adultas no las cometen individuos con una preferencia sexual estable hacia conductas sexuales coercitivas. Existen motivos para pensar que la violencia sexual es un fenómeno larvado en las sociedades occidentales modernas, y que puede surgir en contextos y con personas muy diversas. Como se ha señalado anteriormente, los agresores de alto riesgo (que serían el arquetipo del violador) son una minoría. Existen datos procedentes de muestras comunitarias que apoyan esta idea. Krahé y cols (2015) realizaron una encuesta sobre conductas sexuales en una muestra de 1.169 jóvenes de entre 18 y 27 años procedentes de diez países europeos. El 7,6% de los encuestados reconoció haber utilizado la fuerza para mantener un encuentro sexual que no era deseado por la otra parte. El 10,3% había aprovechado la incapacidad de la víctima para resistirse a un contacto sexual. Se trataba de jóvenes procedentes de muestras comunitarias, personas ajenas al sistema penal o penitenciario.

La violencia sexual no es exclusiva de un grupo reducido de hombres con graves problemas de conducta. Es un fenómeno que puede entenderse como una vulnerabilidad que se distribuye en la población. Esta vulnerabilidad es el resultado de múltiples factores, que en su mayoría (como se verá más adelante) no son exclusivos de la violencia sexual.

El primer factor de riesgo para cometer un delito sexual es ser un hombre. Esto no significa que no existan agresoras sexuales femeninas, pero son una minoría en comparación con los hombres. ¿Qué factores de riesgo presentan estos hombres vulnerables a la violencia sexual? Es frecuente encontrar que han sido objeto de maltrato físico y emocional en su infancia. Esta experiencia adversa parece hacer a las personas más vulnerables a la conducta antisocial y violenta y en general, pero no predispone específicamente a la violencia sexual. Es también muy frecuente el consumo de alcohol y drogas. En el ámbito grupal pueden pertenecer a grupos en los que se apoya de alguna forma la violencia sexual. Esto es algo que podemos encontrar por ejemplo en grupos de delincuentes con valores antisociales e hipermasculinos. En el ámbito individual, son personas con dificultades para la regulación de sus emociones. Esto significa que tienen vidas emocionales un tanto confusas, dominadas por emociones negativas, que ni diferencian, ni entienden de dónde vienen, ni afrontan de una forma efectiva. Esto enlaza con otro factor, la preocupación y el afrontamiento sexuales de los problemas. Un agresor sexual no es por lo general una persona privada de sexo que finalmente opta por una vía agresiva para cubrir esta parcela de su vida. La realidad es que suelen ser personas que piensan con mucha frecuencia en sexo, que experimentan fantasías sexuales absorbentes y autogeneradas. El sexo se eleva a categoría de necesidad, y es un fin en sí mismo. Y también se convierte en una forma de gestionar las emociones negativas. Problemas no sexuales se afrontan mediante el sexo. La pornografía, la prostitución o la masturbación se convierten para estas personas en una forma de contrarrestar la tristeza, la soledad o la ansiedad. Su vida sexual es generalmente impersonal, sin un tono afectivo que acompañe a sus encuentros sexuales. Se trata también de personas con dificultades de relación, que por lo general tienen pocos amigos, una visión escéptica de las relaciones humanas y unas habilidades sociales deficitarias. Su forma de interpretar el mundo está sesgada por esquemas mentales que tienden a considerar a las mujeres de una forma negativa, y las relaciones personales como impredecibles y peligrosas. Sus necesidades son prioritarias sobre las de otras personas, y su comportamiento se autopercibe como impredecible (Herrero, 2018).

4. DELINCUENCIA SEXUAL HACIA MENORES

La delincuencia sexual con víctimas infantiles es un fenómeno especialmente desconcertante desde el punto de vista científico. Se expresa en comportamientos diversos, que en ocasiones se solapan, pero que dibujan un paisaje muy complejo, lleno de particularidades y poco susceptible de generalizaciones. En la última década se ha unido preocupantemente a Internet. La actividad sexual hacia menores *online* ha socavado la tradicional seguridad de los domicilios, y casi ningún padre o madre sospecha que mientras su hijo está en su habitación es objeto del interés sexual de un desconocido. En este epígrafe se presente desenredar al menos parcialmente esta compleja madeja de conceptos.

Un punto de partida en este proceso es definir adecuadamente el término *pedofilia*. Según la quinta edición del Manual Diagnóstico Estadístico de la Asociación Psiquiátrica Americana (DSM5), el trastorno por pedofilia implica la excitación sexual intensa y recurrente derivada de fantasías, deseos sexuales irrefrenables o comportamientos que implican la actividad sexual con uno o más niños prepúberes. A este criterio se une que el individuo ha cumplido estos deseos sexuales, o estos deseos y fantasías le causan un malestar importante o problemas interpersonales. Por lo tanto, una persona que reciba el diagnóstico de trastorno por pedofilia es alguien que se siente atraído de forma muy intensa hacia los menores que aún no han alcanzado la pubertad. Este deseo puede haberse concretado en algún tipo de contacto sexual con un menor, y si no lo ha hecho la experiencia de este interés sexual afecta al bienestar psicológico del individuo. El trastorno por pedofilia puede ser exclusivo o no exclusivo. Esto significa que la persona puede verse atraído sexualmente de forma exclusiva por menores prepúberes, o que este deseo puede convivir con un interés sexual hacia adultos.

Siguiendo la lógica, podrían plantearse las siguientes predicciones acerca de la relación entre este trastorno y la delincuencia sexual hacia menores:

- Todos los pedófilos cometen en algún momento de su vida un delito sexual contra un menor.
- Las personas que abusan sexualmente de un menor lo hacen porque son pedófilos.

La realidad es que la investigación sugiere que estas afirmaciones o bien no son ciertas, o solo son aplicables a una parte de los hombres que cometen delitos hacia menores. Existen motivos para pensar que no todas las personas que presentan un trastorno por pedofilia cometen un delito sexual. Schaefer et al., (2010) estudiaron una muestra de hombres que solicitaban ayuda terapéutica en un proyecto comunitario para el tratamiento de pedófilos (n=160). Se les preguntaba, entre otros datos, acerca de su historia de contacto sexual con menores. El 39,4% había tenido un contacto sexual no detectado con un menor. El 60,6% no había cometido nunca ningún tipo de delito sexual, pese a presentar interés sexual por los menores. Parece por lo tanto que una parte de las personas diagnosticables de trastorno por pedofilia consiguen que su interés sexual no se traduzca en un contacto sexual real con un menor. ¿Qué diferencia a los pedófilos agresores de aquellos que no cometen delitos sexuales? Cohen et al., (2017) compararon dos grupos de hombres con interés sexual hacia menores. Uno de estos grupos estaba compuesto por personas que habían cometido un delito sexual con un menor (*n*=342) y el otro por personas que no habían actuado guiados por su interés sexual (*n*=223). El grupo de agresores era de mayor edad, con una historia más prolongada de atracción pedófila, y más rasgos antisociales. Presentaban además una mayor proporción de interés sexual hacia menores varones, peor autocontrol de su conducta sexual y actitudes positivas hacia las relaciones sexuales entre niños y adultos. Presentaban también más problemas de salud mental, delitos no sexuales e historia de experiencias adversas infantiles.

Parece por lo tanto que no todos los pedófilos cometen abusos sexuales. ¿Pero son todos los abusadores personas con un trastorno por pedofilia? Resulta complejo entender que una persona adulta pueda cometer algún tipo de acto sexual hacia un menor si no existe una alteración severa en su comportamiento sexual. Pero tal y como se ha insistido durante este capítulo, el sentido común es de utilidad limitada cuando se aborda este problema. En términos generales, los estudios que han evaluado la prevalencia de pedofilia en muestras de abusadores de menores encuentran una prevalencia de aproximadamente el 50% o menor. Por ejemplo, Seto et al., (2015) estudiaron una muestra de 950 delincuentes sexuales con víctimas infantiles. En estos hombres, un 34% podía ser considerado pedófilo utilizando una prueba psicofisiológica. Se puede encontrar una revisión más amplia de este tema en Seto (2018). Aunque este asunto en concreto puede ser objeto de una discusión más profunda, lo cierto es que hay motivos para pensar que la pedofilia no es un factor necesario o suficiente para explicar el abuso sexual infantil. Existen factores que pueden hacer que un hombre adulto sin un trastorno por pedofilia abuse sexualmente de un menor.

5. LOS PROGRAMAS DE TRATAMIENTO

De la breve revisión que se ha presentado más arriba se puede concluir que la violencia sexual es un problema que precisa de una respuesta rigurosa por parte de las administraciones, pero también que esta respuesta no va a ser sencilla. El resto del capítulo se va a centrar en las intervenciones que se realizan con agresores sexuales adultos en España. La mayor parte de este trabajo se realiza en el ámbito de las competencias de la Secretaría General de Instituciones Penitenciarias, aunque en muchos casos (principalmente en el medio abierto) se colabora estrechamente con entidades del tercer sector. El trabajo que se realiza en España no es muy diferente de las intervenciones que funcionan actualmente en el ámbito internacional. En términos generales los programas de intervención con agresores sexuales son un conjunto estructurado y ordenado de intervenciones de carácter psicológico que busca mejorar la capacidad de los participantes para afrontar necesidades criminógenas asociadas con la conducta sexual violenta. La mayoría tienen una orientación cognitivo-conductual (aunque hay casos en los que se ha incorporado la terapia de aceptación y compromiso, como por ejemplo el I-SOTP británico). Esto significa que se va a trabajar para modificar pensamientos, emociones y conductas. Lo más habitual es que estos programas estén estructurados en módulos (que abordan distintas áreas) y sesiones. Es habitual que estos programas se desarrollen en formato grupal.

El programa no busca curar un trastorno. Las sesiones van a abordar un amplio abanico de vulnerabilidades que pueden estar presentes en mayor o menor medida en los participantes. Cada persona que pasa por estas intervenciones viene con necesidades diferentes. En general, los programas se basan en los conceptos de riesgo y prevención de recaídas, y están centrados en la conducta delictiva. Esto quiere decir que uno de los objetivos que se persigue es la aceptación de la responsabilidad por la agresión cometida, y la comprensión de la cadena de pensamientos, emociones y conductas que condujo a esta agresión, con el objetivo de tener un mapa individualizado de cómo podría ser el proceso que condujera a una reincidencia futura. Desde hace años, muchos programas están incorporando un abordaje complementario desde el denominado "Modelo de las Buenas Vidas". Este abordaje, de un corte más humanista, no se orienta hacia las vulnerabilidades sino hacia las fortalezas de los participantes. Para este modelo, todos los seres humanos buscamos una serie de objetivos vitales, pero los agresores lo han hecho utilizando medios inadecuados. Parte del tratamiento ha de consistir en ayudarles a elegir formas adecuadas de conseguir una vida más plena (Ward y Gannon, 2006).

6. LA IMPORTANCIA DEL TERAPEUTA

El mejor programa de tratamiento será inefectivo si no es implementado de forma adecuada por los profesionales responsables. Los agresores sexuales son una población muy especial. El hecho de que la mayor parte de este trabajo se realice en el contexto de una condena de prisión o de una suspensión de condena añade más particularidades. Un tratamiento efectivo va a requerir un estilo terapéutico que afronte adecuadamente las resistencias, la negación, la culpa y los remordimientos. El proceso de tratamiento se ve afectado por factores como las características del terapeuta, la percepción de los usuarios, el clima grupal y la alianza terapéutica. La empatía y la calidez, un grado adecuado de directividad y el uso de refuerzos verbales son características deseables en los profesionales que trabajen con agresores sexuales. Por ejemplo, Watson et al., (2015) encontraron que una muestra de agresores incluidos en un programa de tratamiento valoraba que la alianza terapéutica era más positiva en terapeutas que creaban un vínculo personal positivo con los miembros del grupo, en contraste con los que estaban más orientados al control directivo. Un estilo confrontacional (basado en un desafío agresivo y crítico) también afecta negativamente a la participación de los usuarios (Drapeau, 2005). Un estilo confrontacional podría definirse por los siguientes puntos:

- La actitud del profesional ante el agresor es de escepticismo. El participante miente y busca manipularnos intencionadamente.
- La plena aceptación de la responsabilidad delictiva es un objetivo clave de la intervención.
- El relato de la agresión que hace el participante ha de ser exacto a lo recogido en la evidencia documental disponible (por ejemplo los hechos probados de una

sentencia). Cualquier discrepancia es una distorsión cognitiva intencional.

- La metodología adecuada de trabajo es la confrontación directa.

Frente a este abordaje, Marshall et al., (1999) propusieron ya hace más de veinte años el uso de un estilo no confrontativo y de apoyo. Los puntos de partida de este estilo implican un marco mental muy diferente:

- Aceptar que una parte importante de la negación de la responsabilidad en los participantes tiene una motivación de autoprotección. La etiqueta de "agresor sexual" es una carga muy difícil de llevar para la mayoría de ellos.
- La aceptación de la responsabilidad delictiva es un objetivo intermedio para la consecución de otros resultados terapéuticos. Por sí misma, la aceptación no significa nada si no conduce a otros logros personales.
- La desviación del discurso de los participantes con respecto a la evidencia documental son escalones que se han de subir progresivamente.
- La metodología de trabajo ha de basarse en señalar esas discrepancias de forma no agresiva, animando al participante a explorar visiones alternativas y reforzando cualquier avance por mínimo que sea.

Abordar el tratamiento con un estilo no confrontativo implica aceptar que los avances van a ser progresivos, y que ha de dedicarse tiempo a crear un clima grupal positivo y una alianza terapéutica sólida con los participantes. Invertir esfuerzos en crear una relación de calidad con ellos es un paso imprescindible para que la intervención sea efectiva. Evidentemente no toda la responsabilidad de la evolución terapéutica recae en el profesional. Existen características personales de los agresores que pueden moderar o incluso hacer muy difícil el proceso de cambio. Watson et al., (2018) encontraron que los rasgos psicopáticos de personalidad impactaban negativamente en el desarrollo del tratamiento independientemente del estilo terapéutico.

En las próximas páginas se presentarán brevemente los tres programas que actualmente se desarrollan con delincuentes sexuales en el ámbito de la administración penitenciaria española: El Programa para el Control de la Agresión Sexual, Fuera de la Red y Círculos de Apoyo y Responsabilidad.

7. EL PROGRAMA PARA EL CONTROL DE LA AGRESIÓN SEXUAL (PCAS)

El Programa para el Control de la Agresión Sexual (PCAS; Rivera et al., 2006) es la intervención específica que se realiza con agresores sexuales en los centros penitenciarios dependientes de la Secretaría General de Instituciones Penitenciarias del Ministerio del Interior. Se desarrolla en su versión actual desde el año 2006. En el año 2021 estaba implantado en 40 centros penitenciarios y participaban 457 internos (SGIP, 2022).

Se trata de un programa de intervención psicológica con una orientación cognitivo conductual y marcadamente orientado a la prevención de recaída. El concepto de riesgo es clave a lo largo de la intervención, especialmente en los últimos módulos. Se trata de una actividad larga y con un alto grado de compromiso por parte de profesionales y participantes. Aunque el manual establece una duración ideal de entre 9 y 11 meses, la realidad es que no es fácil determinar una duración estándar de esta actividad. Factores como el tamaño del grupo, su grado de colaboración o el número de sesiones semanales que puede desarrollar el profesional condicionan la duración. La experiencia señala que lo más habitual es que se prolongue por encima del año. La fase de tratamiento del PCAS se divide en una fase de toma de conciencia y otra de toma de control. La fase de toma de conciencia incluye los siguientes módulos:

- A0. Planificación del entrenamiento en relajación. El entrenamiento en relajación es un contenido transversal a lo largo del programa. Aparte de los beneficios obvios de la relajación para cualquier participante, su objetivo es que cuando se llegue al módulo de modificación del impulso sexual los participantes sepan relajarse adecuadamente.
- A1. Análisis de la historia personal. Este módulo aborda la vida de los participantes hasta el momento actual. Se busca un análisis de las principales vivencias que han experimentado. La metodología principal que se utiliza es la autobiografía. Los participantes realizan una serie de autobiografías breves (general, familiar, social, sexual y delictiva) que se ponen en común y se analizan en las sesiones. Durante una segunda revisión de estas autobiografías se buscará establecer un vínculo entre pasado y presente.
- A2. Introducción a las distorsiones cognitivas. Aquí se introduce una idea básica para la intervención. Los participantes han de comprender cómo la percepción que cualquier persona tiene del mundo está condicionada por sus propios esquemas mentales. Esta interpretación en ocasiones puede estar sesgada por estilos de pensamiento disfuncionales a los que se denominan distorsiones cognitivas.
- A3. Conciencia emocional. Las dificultades de autoregulación emocional son una característica común en los delincuentes sexuales. Este módulo aborda directamente la vida emocional de los participantes. Se persigue inicialmente aclarar el concepto de emoción (diferenciándolo de pensamiento o de los acontecimientos externos), para

después explorar las emociones que han experimentado durante su vida y cómo las han afrontado.

- A4. Comportamientos violentos. En este módulo se analiza la conducta violenta en general, enfatizando sus distintos componentes (cognitivo, emocional, conductual) y los factores que conducen a estas conductas (aprendizaje social, diferencias individuales).
- A5. Mecanismos de defensa. Este es uno de los módulos de mayor carga emocional en el PCAS. Los mecanismos de defensa son formas de negación de la responsabilidad delictiva, que pueden ir desde negar la intención de agredir hasta negar que la agresión haya tenido lugar en absoluto. Los mecanismos presentes en los participantes se van a abordar durante distintos ejercicios en los que se les pedirá que expliquen por escrito sus agresiones. El papel del terapeuta pasa por ayudarles a identificar estos mecanismos y promover una actitud positiva de aceptación orientada al cambio futuro. El estilo terapéutico tiene en este módulo una importancia máxima.

Idealmente al final de esta primera etapa los participantes son más conscientes de cómo su interpretación personal de los hechos de su vida ha podido influir en su conducta delictiva, y aceptan en mayor medida la responsabilidad por la agresión cometida. La realidad no es siempre así en todos los casos, y la negación se convierte con frecuencia en un molesto compañero de viaje hasta el final del programa. La fase de toma de control incluye los siguientes módulos:

- B1. Empatía hacia la víctima. El PCAS asume un déficit generalizado en la capacidad empática de los agresores, y se trabaja la empatía en general para posteriormente entrar en la empatía con la víctima.
- B0. Prevención de la recaída. En este primer módulo dedicado a la prevención de recaídas se explica a los

participantes el esquema general del modelo, y se abordan las decisiones aparentemente irrelevantes, los factores de riesgo y las respuestas de enfrentamiento.

- B2. Distorsiones cognitivas. Este módulo desarrolla el de introducción a las distorsiones, y se profundiza en los procesos de reestructuración cognitiva.
- B3. Estilo de vida positivo. Aquí se analiza la relación entre un estilo de vida desajustado (en términos de horario, autocuidado, objetivos vitales, hábitos saludables) y conducta violenta. Los participantes se plantean además cómo quieren que sea su vida futura.
- B4. Educación sexual. En esta parte del programa se analizan cuestiones relativas a los aspectos biológicos y afectivos de la sexualidad.
- B5. Modificación del impulso sexual. Este módulo se centra en el uso de técnicas de condicionamiento encubierto para disminuir la intensidad de un posible interés sexual desviado (por ejemplo, de tipo pedófilo).
- B0. Prevención de recaídas (II). En esta última etapa se analizan las siguientes fases del proceso de recaída.

8. FUERA DE LA RED

Fuera de la Red (Herrero et al., 2015) es un programa destinado a penados por delitos relativos al uso de materiales de explotación sexual infantil en Internet. Se diseñó teniendo como guía programas de otros países (como el I-SOTP británico o el BEDIT alemán), la experiencia de sus autores en el tratamiento de delincuentes sexuales en los centros penitenciarios españoles, y la opinión de múltiples expertos del ámbito académico, penitenciario y policial. Su implantación ha permitido dar una respuesta terapéutica a una población de delincuentes para la que no existía una intervención específica.

El programa está divido en tres fases. En la fase de evaluación y motivación se persigue fomentar la adherencia al tratamiento y debilitar las resistencias previas que puede traer el participante al tratamiento.

La fase de intervención se compone de ocho módulos terapéuticos diseñados a partir de una revisión pormenorizada de la literatura científica, así como de programas implantados en otros países para esta misma población, y de otros programas de la administración penitenciaria (especialmente el Programa para el Control de la Agresión Sexual). En esta fase, tras el trabajo motivacional previo, se abordan los distintos factores de riesgo que la literatura resalta para los usuarios de materiales de abuso sexual infantil en Internet. A lo largo de estos módulos se incrementa progresivamente el foco sobre el comportamiento delictivo en internet y la individualización de los contenidos. Esto significa que aunque al principio de la fase se aborden cuestiones generales, progresivamente se tratarán cuestiones más centradas en el papel de los materiales de abuso sexual en la vida de cada participante, en sus motivaciones para utilizarlos y en los factores de riesgo que podrían conducir a la reincidencia futura. El grupo ha de recorrer un camino desde la generalidad hacia la especificidad y la individualización.

El primer módulo, "Mi historia personal" parte de esta premisa, y se plantea como un inicio sencillo, atractivo y poco amenazante para el programa. Sus objetivos son ofrecer un mensaje positivo de cambio a través del tratamiento, y conocer la autobiografía de los participantes. Para ellos, este primer módulo es una oportunidad para hablar sobre sus propias vidas. Para el profesional es una oportunidad para comenzar a explorar las vidas de los participantes en busca de sucesos vitales relevantes que permiten comenzar a conocerlos y a establecer hipótesis sobre su conducta. Es un módulo fuertemente influido por la teoría del apego y su relación con la delincuencia sexual.

El segundo módulo "Entendiendo mi conducta" tiene un papel instrumental para el desarrollo de los contenidos del resto del programa. Los conceptos que se presentan en este punto sirven como marco para abordar posteriormente la conducta relativa al uso de materiales de abuso sexual infantil. Con esto se persigue que los participantes entiendan los aspectos básicos de la dinámica del comportamiento humano, que posteriormente aplicarán a su propia conducta delictiva.

Una vez que se ha trabajado el análisis funcional, los participantes pasan al tercer módulo de la fase de intervención, "Emociones positivas". La desregulación emocional es un problema frecuente en los delincuentes sexuales y también en los usuarios de materiales abusivos. La desregulación emocional implica un rango restringido de experiencias emocionales, dificultades para identificarlas, para entender su origen y finalmente para afrontarlas de manera adecuada.

El módulo 4, "Mi relación con las imágenes" aborda directamente el uso de materiales abusivos y el papel que cumplía esta conducta en la vida de los participantes. El programa asume en este punto la complejidad de este comportamiento, y las diversas motivaciones a las que puede responder.

En el módulo 5, "Las imágenes son niños reales", se abordan los pensamientos que apoyan el uso de materiales de abuso sexual. Uno de los pensamientos que se trata de modificar durante estas sesiones es el de la negación del daño a los menores que aparecen en los materiales.

El siguiente módulo, "Una nueva intimidad", aborda las dificultades en habilidades sociales de los participantes. Es habitual encontrar que la población de usuarios de materiales de abuso sexual infantil nunca ha tenido una relación de pareja estable, carecen de amistades cercanas y en general de relaciones con un grado significativo de intimidad

El siguiente módulo, "Sexualidad positiva", aborda el control de las fantasías sexuales desviadas. Aunque existen diversas motivaciones para el uso de materiales de abuso sexual infantil, existe evidencia experimental de que algo más de la mitad de los usuarios de estos materiales presenta interés sexual por los menores prepúberes. Por lo tanto, es necesario que se aborde la cuestión de las fantasías sexuales desviadas ya que puede ser un factor criminógeno relevante para muchos participantes en el programa.

El último módulo lleva el mismo nombre que el programa. Es un módulo de prevención de recaídas, en el que los participantes encuadran los distintos factores de riesgo de su caso en el esquema del proceso de recaída. Recopilando contenidos de todos los módulos anteriores, deberán identificar sus propias decisiones aparentemente irrelevantes y situaciones de alto riesgo que pueden conducirles a un fallo y finalmente a retomar plenamente el uso de materiales abusivos.

Aquí finaliza la fase de intervención. Por último, Fuera de la Red incluye una fase de seguimiento, consistente en una sesión individual que tiene lugar un mes después de terminar la fase de intervención.

9. CÍRCULOS DE APOYO Y RESPONSABILIDAD

A diferencia de los dos programas anteriores, Círculos o "Circles of Support and Accountability" (COSA utilizando sus siglas en inglés) no es una intervención terapéutica en sentido estricto. COSA es un proyecto internacional para facilitar la reinserción social post penitenciaria de agresores de alto riesgo con una red social deficitaria. El programa proporciona al agresor un círculo de voluntarios que le van a apoyar en distintos aspectos de su reincorporación a la comunidad. Los principales componentes del proyecto son el círculo interno y el círculo externo. El círculo interno está compuesto por:

- El miembro central, que es el agresor sexual que accede a una fase comunitaria del cumplimiento de su condena. Ha de haber realizado un programa específico de intervención y mostrarse dispuesto a participar en COSA.
- Los voluntarios y voluntarias, que han de estar dispuestos a implicarse en el proyecto, con una motivación adecuada para favorecer la reincorporación del miembro central.
- El círculo externo está compuesto por:
- Profesionales que tienen un vínculo con el miembro central derivado del desempeño de sus funciones (personal penitenciario, funcionarios de justicia, policía).
- El coordinador. Se trata de un profesional que sirve como enlace entre los dos círculos. Se encarga también de coordinar a los voluntarios y está muy implicado en el desarrollo del círculo interno.

10. EFECTIVIDAD

Los programas para agresores sexuales han de servir en última instancia para reducir la reincidencia de sus participantes. Se han diseñado como instrumentos para generar sociedades más seguras. También dotan de sentido rehabilitador las penas de prisión para estos delincuentes, y la evolución terapéutica es un factor más a considerar en el momento de valorar medidas de tratamiento que implican excarcelaciones temporales o un régimen de vida en semilibertad. En el ámbito de las medidas alternativas, completar estas intervenciones es en sí mismo el cumplimiento de la condena. Constituyen un ámbito de las ciencias del comportamiento plenamente integrado en la dinámica penitenciaria. Pero todo esto solamente tiene sentido si los programas cumplen con su promesa de disminuir la reincidencia. Lo cierto es que a día de hoy la evidencia de la efectividad de este tipo de intervenciones no es concluyente, aunque existen datos que invitan al optimismo. Por ejemplo Hanson et al., (2009) realizaron un metaanálisis sobre la efectividad del tratamiento. En total, los estudios considerados incluían 3.121 agresores tratados y 3.625 no tratados. La reincidencia sexual media de los agresores tratados fue del 10,9%, y la de los no tratados del 19,2%. Schmucker y Lösel (2015) realizaron también un metaanálisis que incluía 4.939 agresores tratados y 5.448 no tratados. El 10,1% de los agresores tratados reincidía, frente al 13,7% de los que no habían recibido intervención. Gannon et al., (2019) publicaron un metaanálisis que incluía un total de 41.291 agresores con un seguimiento medio en la comunidad de 76 meses. El 9,5% de los individuos tratados reincidía en una nueva agresión sexual, mientras que la reincidencia de los participantes no tratados fue del 14,1%.

No todos los resultados son igual de positivos. Un ejemplo de un estudio con resultados negativos que tuvo una gran repercusión política en Reino Unido es el de Mews et al., (2017). Los autores evaluaron el programa para agresores sexuales que desarrolla la administración británica. Compararon una muestra de 2.572 agresores tratados con 13.219 no tratados. Sorprendentemente la reincidencia del grupo de agresores tratados fue mayor que la de los no tratados (10% frente al 8%). Dado el tamaño de las muestras, la potencia estadística de los contrastes fue muy intensa. Aunque otros autores han señalado algunas debilidades metodológicas del estudio (por ejemplo Lösel et al., 2019) este trabajo señala que aún es necesaria mucha investigación acerca de las características que ha de tener un programa para ser efectivo. Tyler et al., (2021) señalan que han de aclararse aún muchos aspectos acerca de la orientación teórica más adecuada para los programas, su duración, el contenido, las características deseables de los profesionales y el contexto de tratamiento más efectivo.

11. PROPUESTAS PARA EL FUTURO

La Recomendación CM/Rec (2021)6 del Consejo de Europa se centra en la evaluación, manejo y reintegración de personas acusadas o condenadas por un delito sexual. El documento cubre aspectos tan importantes como el tratamiento, la valoración del riesgo o la importancia de las prácticas basadas en la evidencia. Su lectura es muy recomendable para cualquier persona interesada en este campo, y debería ser obligatoria para los responsables de legislar o diseñar políticas públicas que afecten a los agresores sexuales. El texto evita utilizar el término "agresor sexual", que sustituye por "persona acusada o condenada por un delito sexual". Esto es en sí mismo una declaración de intenciones que aleja el foco del delito y pone mayor peso en la persona. A lo largo de las recomendaciones se resalta la importancia de individualizar las intervenciones que se ajusten a las necesidades del individuo, y que no respondan exclusivamente al hecho de pertenecer a un tipo delictivo concreto. El riesgo es otro concepto clave, no solamente para informar decisiones penitenciarias. El tratamiento que reciba la persona ha de estar ajustado a su nivel de riesgo. También se resalta la necesidad de que intervenciones y técnicas de evaluación estén basadas en la mejor evidencia científica disponible en el momento.

Las recomendaciones conducen a algunas reflexiones clave para el futuro del campo. Una primera cuestión es si el tratamiento ha de estar orientado al delito o a las personas. La mayoría de los programas, especialmente aquellos basados en el concepto de riesgo (como el PCAS) plantean intervenciones orientadas al delito. Progresivamente el desarrollo del programa ha de conducir a una aceptación de la responsabilidad delictiva y al análisis de la conducta delictiva en términos de pensamientos, emociones y conductas. Todo el trabajo culmina con la adaptación de los factores de riesgo de los participantes al esquema de prevención de recaídas. Buena parte del éxito terapéutico gira alrededor de la aceptación de la responsabilidad, pese a que la negación es un fenómeno extremadamente común en esta población (Dietz, 2020). La cuestión más preocupante es que la negación de la responsabilidad delictiva no está vinculada empíricamente con la reincidencia sexual (Mann et al., 2010). De hecho existen datos que apuntan a que la reincidencia es menor en aquellos agresores que niegan su responsabilidad (Harkins et al., 2015). Pese a esto se invierten grandes esfuerzos en terapia para alcanzar esta aceptación, que se considera un avance terapéutico clave. Las intervenciones que se desarrollen en el futuro han de plantearse seriamente si depositar tanta importancia en la conducta delictiva es adecuado. Una visión alternativa pondría mayor peso en abordar necesidades criminógenas que estén vinculadas con la reincidencia, independientemente de que el participante reconozca o no su responsabilidad. El reconocimiento no es un problema cuando está presente. Todo lo contrario. La cuestión es valorar adecuadamente su importancia como objetivo terapéutico.

Otra cuestión de futuro es el ajuste entre nivel de riesgo e intervención. Los estudios de reincidencia señalan que una mayoría de agresores sexuales no reincide durante seguimientos muy prolongados. Surge la pregunta de si estas personas han de recibir el mismo tratamiento que aquellas que presentan perfiles de mayor riesgo. La cuestión es que actualmente un interno de una prisión española que cumpla condena por una agresión sexual tiene como opción terapéutica la participación en el PCAS, independientemente de su nivel de riesgo. Esto conduce a una gran inversión de esfuerzo en personas que no necesitan ese nivel de intervención. Una adecuada valoración del riesgo podría ayudar a determinar qué agresores presentan un perfil más preocupante y priorizar a estas personas para participar en una intervención específica adecuada. Perfiles de un riesgo medio o bajo podrían beneficiarse de un programa de menor intensidad.

No es fácil terminar este capítulo con unas conclusiones. Los puntos de partida que se presentaban al inicio del capítulo representan algunos de las certezas más sólidas de las que se dispone sobre el problema de la violencia sexual. Otras cuestiones aún son objeto de investigación y lo seguirán siendo durante mucho tiempo. Desde un punto de vista profesional, el trabajo con agresores sexuales es una actividad demandante, difícil, desconocida para buena parte de la sociedad, y objeto periódicamente de cuestionamientos poco informados. También es una experiencia única de ayuda en condiciones muy difíciles, y una ventana privilegiada a aspectos de la naturaleza humana tan oscuros como comunes.

BIBLIOGRAFÍA

Beggs, S. M., & Grace, R. C. (2010). Assessment of dynamic risk factors: An independent validation study of the Violence Risk Scale: Sexual Offender version. *Sexual Abuse: A Journal of Research and Treatment, 22*, 234-251. doi:10.1177/1079063210369014

Brouillette-Alarie, S., & Proulx, J. (2019). The etiology of risk in sexual offenders: A preliminary model. *Sexual Abuse, 31*(4), 431-455. Doi:10.1177/1079063218759325

Cohen, L., Ndukwe, N., Yaseen, Z., & Galynker, I. (2018). Comparison of self-identified minor-attracted persons who have and have not successfully refrained from sexual activity with children. *Journal of Sex & Marital Therapy*, 44(3), 217-230. doi.org/10.1080/0092623X.2017.1377129

Dietz, P. (2020). Denial and minimization among sex offenders. Behavioral Sciences & the law, 38(6), 571-585. https://doi.org/10.1002/bsl.2493

Drapeau, M. (2005). Research on the processes involved in treating sexual offenders. Sexual Abuse, 17(2), 117-125. https://doi.org/10.1007/s11194-005-4599-5

Gannon, T. A., Olver, M. E., Mallion, J. S., & James, M. (2019). Does specialized psychological treatment for offending reduce recidivism? A meta-analysis examining staff and program variables as predictors of treatment effectiveness. Clinical psychology review, 73, 101752. https://doi.org/10.1016/j.cpr.2019.101752

Hanson, K. R., y Bussiére, M. T. (1998). Predicting relapse: A meta-analysis of sexual offender recidivism studies. *Journal of Consulting and Clinical Psychology, 66,* 348-362. https://doi.org/10.1037/0022-006X.66.2.348

Hanson, K. R., y Morton-Bourgon, K. E. (2005). The characteristics of persistent sexual offenders: A meta-analysis of recidivism studies. *Journal of Consulting and Clinical Psychology, 73,* 1154-1163. http://dx.doi.org/10.1037/0022-006X.73.6.1154

Hanson, K. R., y Morton-Bourgon, K. E. (2009). The accuracy of recidivism risk assessments for sexual offenders: A meta-analysis of 118 prediction studies. *Psychological Assessment, 21,* 1, 1-21. https://doi.org/10.1037/a0014421

Hanson, R. K., Harris, A. J., Helmus, L., & Thornton, D. (2014). High-risk sex offenders may not be high risk forever. *Journal of interpersonal violence, 29*(15), 2792-2813. https://doi.org/10.1177/0886260514526062

Harkins, L., Howard, P., Barnett, G., Wakeling, H., & Miles, C. (2015). Relationships between denial, risk, and recidivism in sexual offenders. *Archives of sexual behavior, 44,* 157-166. https://doi.org/10.1007/s10508-014-0333-z

Herrero, O., Negredo, L., Lila, M., García, A., Pedrón, V., y Terreros, E. (2015). Fuera de la Red: Programa de Intervención frente a la delincuencia sexual con menores en la Red. Ministerio del Inte-rior. Secretaría General Técnica.

Herrero, O. (2018). *Agresores sexuales. Teoría, evaluación y tratamiento.* Madrid: Síntesis.

Krahé, B., Berger, A., Vanwesenbeeck, I., Bianchi, G., Chliaoutakis, J., Fernández-Fuertes, A. A., y Hellemans, S. (2015). Prevalence and correlates of young people's sexual aggression perpetration and victimisation in 10 European countries: a multi-level analysis. Culture, health & sexuality, 17(6), 682-699. https://doi.org/10.1080/13691058.2014.989265

Lösel, F., Link, E., Schmucker, M., Bender, D., Breuer, M., Carl, L., Endres, J., y Lauchs, L. (2020). On the effectiveness of sexual offender treatment in prisons: A comparison of two different evaluation designs in routine practice. *Sexual Abuse, 32*(4), 452-475. https://doi.org/10.1177/1079063219871576

Mann, R. E., Hanson, R.K., y Thorton, D. (2010). Assessing risk for sexual recidivism: some proposals on the nature of psychologically meaningful risk factors. *Sexual Abuse: A journal of research and treatment* 22(2), 191-217. https://doi.org/10.1177/1079063210366039

Marshall, W. L., Anderson, D., y Fernandez, Y. (1999). *Cognitive behavioural treatment of sexual offenders.* John Wiley.

Mews, A., Di Bella, L., y Purver, M. (2017). *Impact evaluation of the prison-based Core Sex Offender Treatment Programme.* Ministry of Justice.

Organización Mundial de la Salud (2002). *Informe mundial sobre la violencia y la salud: resumen.* Washington: OMS.

Rivera, G, Romero, M, Labrador, M. y Serrano, J. (2006). *El control de la agresión sexual: Programa de intervención en el medio penitenciario.* Ministerio del Interior.

Seto, M. C., Stephens, S., Lalumière, M. L., & Cantor, J. M. (2015). The revised screening scale for pedophilic interests (SSPI–2) development and criterion-related validation. *Sexual Abuse: A Journal of Research and Treatment,* 1-17.

Seto, M. C. (2018). *Pedophilia and sexual offending against children: Theory, assessment, and intervention (2º Edición)* . Washington, DC. American Psychological Association.

Schmucker, M., y Lösel, F. (2015). The effects of sexual offender treatment on recidivism: An international meta-analysis of sound quality evaluations. *Journal of Experimental Criminology, 11,* 597-630. https://doi.org/10.1007/s11292-015-9241-z

Schaefer, G. A., Mundt, I. A., Feelgood, S., Hupp, E., Neutze, J., Ahlers, C. J., Goecker, D & Beier, K. M. (2010). Potential and Dunkelfeld offenders: Two neglected target groups for prevention of child sexual abuse. *International Journal of Law and Psychiatry,* 33(3), 154-163. https://doi.org/10.1016/j.ijlp.2010.03.005

Tyler, N., Gannon, T. A., & Olver, M. E. (2021). Does treatment for sexual offending work?. Current Psychiatry Reports, 23(8), 51. https://doi.org/10.1007/s11920-021-01259-3

Ward, T., y Gannon, T. A. (2006). Rehabilitation, etiology, and self-regulation: The comprehensive good lives model of treatment for sexual offenders. Aggression and violent behavior, 11(1), 77-94. https://doi.org/10.1016/j.avb.2005.06.001

Watson, R., Daffern, M., & Thomas, S. (2015). The impact of interpersonal style and interpersonal complementarity on the therapeutic alliance between therapists and offenders in sex offender treatment. Sexual Abuse, 29(2), 107-127. https://doi.org/10.1177/1079063215580969

Watson, R., Daffern, M., & Thomas, S. (2018). The impact of sex offender's interpersonal style, treatment readiness and the therapeutic alliance on treatment gain. The Journal of Forensic Psychiatry & Psychology, 29(4), 635-655. https://doi.org/10.1080/14789949.2018.1432673

Woodworth, M., Freimuth, T., Hutton, E. L., Carpenter, T., Agar, A. D., & Logan, M. (2013). High-risk sexual offenders: An examination of sexual fantasy, sexual paraphilia, psychopathy, and offence characteristics. *International journal of law and psychiatry*, 36(2), 144-156. Doi: 10.1016/j.ijlp.2013.01.007

Capítulo 5

Cuando la sexualidad se aprende desde las violencias: pautas de intervención contra las violencias sexuales en la(s) adolescencia(s)

Mª DE LAS NIEVES LARA PEIRÓ[27]

Psicóloga, sexóloga y traumaterapeuta especializada en violencias machistas y sexuales en población infanto-juvenil

Poder ser violada, posición que es social y no biológica, es lo que define a una mujer

(Catherine MacKinnon, 1995, p.319).

---

27 Mª de las Nieves Lara Peiró (Madrid, 1991), graduada en Psicología, habilitada como sanitaria, sexóloga, mediadora y traumaterapeuta experta en violencias machistas y menores, adolescentes, jóvenes y familias. Cuenta con una trayectoria de 10 años desarrollando su propio proyecto *SexPsualidadES* centrado en la sensibilización, formación a profesionales y coordinación de equipos, prevención e intervención en los ámbitos de la educación integral en sexualidades, igualdad y violencias machistas y sexuales en instituciones educativas y sociales de distintos puntos de España, especialmente de la Comunidad de Madrid. Además, desarrolló su labor como psicóloga responsable durante 5 años de un recurso de atención psicoterapéutica a mujeres adolescentes y jóvenes (y a sus familias) víctimas de violencias en sus relaciones de pareja o ex pareja, y a su vez, en un pionero espacio de atención para hombres adolescentes y jóvenes (y a sus familias) que ejercían violencias en sus relaciones afectivo-sexuales. Forma de contacto: sexpsualidad@gmail.com

1. INTRODUCCIÓN

Cada vez más, las agresiones sexuales en población adolescente y joven inundan los titulares de periódicos y noticias de televisión. Son una expresión más del sistema patriarcal en el que vivimos utilizando sus herramientas (machismo, cultura de la violación, normalización de la violencia…) para mantener la desigualdad de poder entre hombres y mujeres, y recordarnos una y otra vez que las mujeres no sólo son inferiores, si no que "son lo otro", "son eso que no es hombre".

En este capítulo haremos un viaje, un necesario análisis y acercamiento al mundo de las personas adolescentes y jóvenes (sin olvidar las características propias de la adolescencia pero poniendo en valor las diferencias y realidades, *adolescencias,* no la generalización de todos los chicos o todas las chicas adolescentes) de nuestro país tanto en estadísticas oficiales como en experiencias profesionales propias de la autora que, sencillamente, se ha convertido en un altavoz de tantas y tantas voces que, a veces sin saberlo, piden que haya cambios en un mundo donde no están viviendo, si no sobreviviendo.

Nos centraremos en las agresiones sexuales dirigidas a mujeres, concretamente a adolescentes y jóvenes, siendo sus agresores otros iguales (hombres), basándonos en la experiencia profesional de la autora y en la abrumadora cifra de victimizaciones que sufren frente a los hombres y niños, sin obviar que todas las víctimas, independientemente de su identidad sexual o de género, merecen la mejor de las intervenciones.

Por último, este trabajo está realizado con la intención de visibilizar las violencias sexuales que se están detectando, proponer un modelo de trabajo propio que ha resultado ser eficaz en la intervención con adolescentes y jóvenes y, a su vez, redactarlo de tal manera que en sí mismo ya sea didáctico, es decir, que pueda resultar una herramienta para la explicación de la problemática de las agresiones sexuales y el acercamiento a relatos de experiencias reales de otros/as jóvenes[28] que permiten una mayor conexión y empatía que mostrar datos numéricos o estadísticas. Empecemos...

2. VIOLENCIA SEXUAL

Entendemos por violencia sexual:

> Cualquier acto de naturaleza sexual cometido contra la voluntad de otra persona, ya sea que esta no haya otorgado su consentimiento o que no lo pueda otorgar por ser menor de edad, sufrir una discapacidad mental o encontrarse gravemente intoxicada o inconsciente por efecto del alcohol o las drogas (ONU Mujeres, sección preguntas frecuentes: Tipos de violencia contra las mujeres y las niñas).

Por tanto, podemos decir que la violencia sexual ocurre cuando una persona (o más) fuerzan o manipulan a otra (u otras personas) a realizar una actividad sexual no deseada.

Esta violencia puede afectar a mujeres, hombres, niños y niñas, y en todos los casos, es una lacra ante la que debemos actuar y proporcionar los mejores recursos para que las personas supervivientes puedan recibir el apoyo que necesitan.

Dentro de este trabajo hablaremos de violencias sexuales para hacer énfasis en el abanico tan grande de agresiones que pueden ocurrir a una mujer o grupo de mujeres y poniéndolas en el mismo nivel de importancia, por ejemplo:

---

[28] A lo largo del capítulo se muestran frases escuchadas durante nuestras intervenciones, no obstante, las edades son aproximadas ya que no se recogen de manera individual en las sesiones que realizamos.

Tabla 1. Tipos de agresiones sexuales

TIPOS DE AGRESIONES SEXUALES	
• Tocamientos no deseados. • Comentarios o bromas sexuales no deseadas, bromas, burlas sobre la apariencia física para ofender o ridiculizar. • Piropos indeseados e insistencia después de una negativa. • Miradas inapropiadas y lascivas que tienen el objetivo de intimidar a la persona.	• Envío de fotografías o contenido pornográfico no deseado. • Cualquier forma de contacto físico (con o sin acceso carnal, es decir, por vía anal, vaginal u oral o introducción de objetos o partes del cuerpo) en el que no existe violencia física o intimidación y tampoco hay consentimiento (abuso sexual). • Cualquier conducta no deseada en la que se use la fuerza, violencia o intimidación (agresión sexual). • Relaciones sexuales no consentidas con penetración vaginal, anal u oral con el uso de la violencia o amenazas (violación).

Elaboración propia. Madrid 2023.

Retomando la definición, se hace necesario que nos detengamos a definir la palabra consentimiento. Según la web de Planned Parenthood Federation of America (la Federación de Planificación Familiar de América), el consentimiento es "estar de acuerdo activamente con realizar actividades de índole sexual con una persona".

Tiene unas características básicas que debemos resaltar y conocer:

Ilustración 1. Características básicas del consentimiento sexual

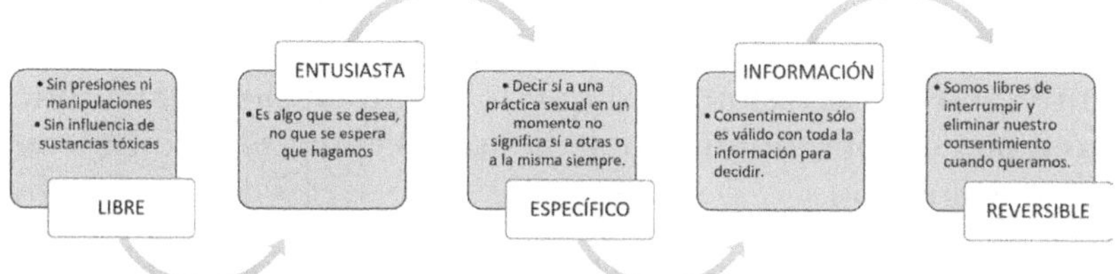

Elaboración propia. Madrid, 2023.

Vamos a profundizar en la cualidad de "entusiasta". ¿Consentir es desear? Observemos con detenimiento la definición de "consentir": "permitir algo o condescender en que se haga"[29].

Si nos quedamos con esta definición, volvemos al pensamiento de que el hombre, como sujeto activo, pide, y la mujer, como sujeto pasivo, permite. Una vez más dentro del sistema patriarcal, se pone el deseo del hombre por encima del de la mujer, pero además, dando a entender que ellas, nosotras, no tenemos deseo sexual (Durá, 2018).

Teniendo en cuenta lo anterior, la "cultura del consentimiento" es una clave para combatir las violencias sexuales. Es decir, frente a la cultura de la violación es necesario instaurar en la sociedad la importancia de que la sexualidad debe ser libre, sin violencias, el placer debe estar en todas las personas que participan en un encuentro erótico y el único límite es la libertad del otro, todo lo que sucede debe ser consentido.

Un gran paso ha sido la aprobación reciente de la conocida popularmente como la "Ley del Solo sí es sí" que gira en

---

[29] (Real Academia Española, s.f., definición 1).

torno al concepto de consentimiento considerando violencias sexuales "los actos de naturaleza sexual no consentidos o que condicionan el libre desarrollo de la vida sexual en cualquier ámbito público o privado" (Ley Orgánica 10/2022, de 6 de septiembre, de Garantía Integral de Libertad Sexual, p. 6). Además, otra novedad que incorpora esta ley es que no distingue entre abuso y agresión, sino que toda interacción sexual que no tenga el consentimiento de la otra persona será considerada una agresión.

Por tanto, una de las claves en la intervención con adolescentes y jóvenes para la prevención de las violencias sexuales va a ser visibilizar y educar en torno a este término pero, en nuestra opinión, ligándolo al de deseo sexual de las mujeres, al de placer mutuo. Destacando que no solamente se puede consentir una relación sexual sino que, además y siempre, se debe desear dicho encuentro. Porque si el consentimiento surge desde la culpa o complacencia, desde "lo debo hacer con él porque si no me dejará de querer o se irá con otra", por rutina... es un consentimiento vacío.

2.1. La violencia sexual en cifras

Según cifras de diferentes estudios que recoge ONU Mujeres (2022, sección Hechos y cifras: Poner fin a la violencia contra las mujeres):

- A nivel global, se estima que 736 millones de mujeres -alrededor de una de cada tres (30% de 15 años o más)- ha experimentado alguna vez en su vida violencia física o sexual por parte de una pareja íntima, o violencia sexual perpetrada por alguien que no era su pareja.
- De las que han mantenido una relación, casi una de cada cuatro adolescentes de 15 a 19 años (24%) ha experimentado violencia física y/o sexual por parte de su pareja o marido.

En España, se registran 400.000 incidentes de violencia sexual cada año, y 100.000 se ejercen contra menores y adolescentes (Pueyo et al., 2020).

Según el Ministerio del Interior (2021), de un total de 16986 agresiones sexuales de todo tipo, 14608 a mujeres y niñas (86%) en el año 2021.

Respecto a la relación victimización de mujeres/autor sobre el total registrado: agresiones por parte de desconocidos (61,6%), con personas con las que tengan una relación familiar (7.0%), siendo la pareja/ex pareja (Violencia de Género 3,8%) y un 13,6% otras relaciones que engloban: conocido/vecindad, amistad, laboral/comercial, escolar, otra relación (p.19).

¿Y qué ocurre con las personas responsables de esas agresiones? Pues según este mismo informe, el 97% (10091 detenciones) de la violencia sexual es ejercida por hombres, y desde los 14 hasta los 30 años se concentran 4184 hombres detenidos (Ministerio del Interior, 2021, p.28).

La relevancia de este Informe radica en que, a pesar de que la violencia sexual "no es algo nuevo", las denuncias han aumentado, los delitos sexuales han experimentado un crecimiento en los últimos años y, a su vez, se ha incrementado el número de hechos cometidos por dos o más responsables. "Algo más de dos tercios de los hechos cometidos por dos o más autores, vienen atribuidos a las agresiones y abusos sexuales sin penetración" (Ministerio del Interior, 2021. p.45).

En 2021, se registraron un total de 573 agresiones por parte de dos o más responsables. No obstante y muy a nuestro pesar, no aparecen datos según la edad de los agresores.

En la actualidad, escuchamos noticias sobre estas agresiones grupales y podemos pensar que han entrado a formar parte de la normalidad, pero resulta imposible leer estas últimas cifras sin recordar uno de los casos más estremecedores y por el que el interés sobre este delito aumentó de manera exponencial. Nos referimos al caso de "La Manada de Pamplona". En las fiestas de San Fermín de 2016 un grupo de 5 jóvenes de Sevilla agredió sexualmente a una mujer de 18 años en un portal, jactándose de ello después en su grupo de WhatsApp.

Fue tal la indignación y protestas colectivas, especialmente dentro de los movimientos feministas, que esta tipología delictiva cobró un mayor interés para la sociedad. Algunos jóvenes y adolescentes se vieron reflejados en ese grupo de amigos considerándolos héroes o referentes, y algunas jóvenes sumaron a su miedo a ser víctimas de una agresión en grupo, la normalización de la violencia sexual.

3. PIEDRAS EN SUS MOCHILAS: REALIDADES

Cuando nacemos, nacemos con una mochila, A veces invisible durante mucho tiempo de nuestra vida, a veces es liviana y sin mucho peso, otras veces es tan grande que no nos permite avanzar e incluso, llega a bloquearnos... En esta mochila desde que nacemos van cayendo piedras o van cayendo plumas. Piedras que al principio serán pequeñas y casi no les daremos importancia, pero puede ser que algún día cuando se junten con otras, se conviertan en losas difíciles de sacar. Plumas que nos aportan libertad, vida, que nos dan aire en esa mochila y que entran en ella para protegernos, para sumar, para ayudarnos a crecer de una forma sana, positiva y recordándonos que la violencia, una gran losa, no debería estar en nuestra mochila.

De esta manera durante nuestra trayectoria en la educación e intervención con adolescentes y jóvenes hemos podido explicar la importancia de conocer la historia de vida y cómo todo nuestro entorno, ha ido impactando en ella, convirtiéndose en factor o indicador de protección (*pluma*) o en factor o indicador de riesgo (*piedra*).

En este apartado queremos acercarnos a las realidades de adolescentes y jóvenes de nuestro país, a esas piedras que soportan día a día, sin olvidar que muchas de ellas son compartidas en el mundo adulto, pero que en su mundo, en su momento de desarrollo vital tienen un impacto aún mayor que puede determinar lo que vendrá después.

3.1. Ni estudios ni investigaciones

La primera gran losa y quizá sorprendente es que la realidad de las violencias sexuales que sufren las mujeres adolescentes y jóvenes de nuestro país a manos de hombres de su misma edad, es decir de iguales, en contexto de una relación afectivo-sexual o no, sigue siendo algo poco explorado.

Podemos encontrar estudios e investigaciones sobre el abuso sexual en la infancia o sobre violencia sexual en mujeres adultas de diferentes tipos (trata y explotación sexual, mutilación genital femenina...). No obstante, seguimos detectando que son poco concisos en variables como por ejemplo, el tipo de relación con el familiar que agrede o si hay diversidad funcional en la mujer víctima.

Por otro lado, como decíamos, son pocos los trabajos que nos ayudan a poner sobre la mesa lo que los equipos profesionales estamos encontrándonos cada día en las aulas o en nuestras consultas. A veces porque no aparecen las edades en las estadísticas y otras porque simplemente hablan de contexto en pareja o expareja. Pero ¿qué es una pareja en el mundo adolescente, cómo se considera si eran pareja o no? En nuestra opinión, es un término alejado de las personas jóvenes y con el que algunas no se sienten identificadas por las características propias de la etapa en la que están viviendo: todo tan fugaz, tan intenso, tan extremo (amor-odio), tan inmediato.

Por eso, se hablará en este trabajo de relaciones afectivo-sexuales para intentar incluir todas esas relaciones entre adolescentes/jóvenes que se gustan, se atraen y se desean sexualmente. Y por eso también trataremos de visibilizar los pocos datos que hay para mostrar una realidad que de verdad existe y a la que debemos atender cuanto antes.

3.2. Sistema cisheteropatriarcal y sus tentáculos

Nuestra sociedad se ha construido en base a un sistema patriarcal y con una estructura sexo/género que genera desigualdad en las relaciones, proporcionando poder y privilegios a las personas pertenecientes a lo que se considera sexo masculino frente a las personas del sexo femenino que soportan y sufren dicha desigualdad.

Se hace necesario definir unos conceptos clave antes de continuar:

Tabla 2. Glosario de conceptos

Sexo biológico	*Características biológicas, anatómicas, fisiológicas y cromosómicas (vulva-vagina, estrógenos, XX, hembra-mujer o pene-testículos, testosterona, XY, macho-hombre).* *La etiqueta que nos ponen cuando nacemos y automáticamente se asigna un género (masculino o femenino).*
Género	*Construcción cultural que todas las sociedades elaboran en relación con el sexo biológico.* *Roles, estereotipos y mandatos que se consideran propios de los hombres y de las mujeres.*
Sistema sexo/género	*Estructura dicotómica, binaria (hombre-mujer) en la que la "categoría hombre" está por encima de la "categoría mujer" y no solo eso, sino que la "categoría mujer" correspondería a todo aquello que "no es hombre", a "lo otro": mujer (y todo lo que no es hombre: colectivo LGTBIAQ+, niños/as, personas racializadas, personas con diversidad funcional…).*

	No sólo dicta el género, sino también identidad y orientación afectivo-sexual. Lo que está fuera de la norma, será castigado y discriminado.
Patriarcado	*"Sistema de dominación masculina que determina la opresión y subordinación de las mujeres" (Varela, 2019).* *Regula las relaciones y las jerarquiza colocando al hombre por encima de la mujer.*
Androcentrismo	*Hombre como el centro del mundo, desde el que se mira todo y se mide todo. Ejemplo: durante siglos hemos venido educando en la "Historia del hombre" para hablar de todos los hechos históricos de los seres humanos.*
Machismo	*Ideología, actitud o creencia en base a la idea de que los hombres son superiores a las mujeres y se transmite a partir de actitudes, conductas, pensamientos, etc.*
Misoginia	*Odio, rechazo y discriminación hacia las mujeres y todo lo relacionado con lo considerado femenino.*
Micromachismos	*Pequeños gestos, actitudes, comentarios y prejuicios machistas que suceden en lo cotidiano y los hacen casi imperceptibles.*
Heteronormatividad	*Dentro del sistema sexo/género, se legitima la heterosexualidad como la única orientación sexual que debe ser aceptada social y culturalmente, y por consiguiente, desde la que se construye todas las demás orientaciones que están fuera de la norma.*
Cisexual/cisgénero	*Se refiere a la persona cuya identidad sexual/de género coincide con el sexo biológico que le asignaron al nacer; por el contrario, si se asignó de manera errónea el sexo a una persona y su identidad no coincide, se llamaría persona trans.* *Para enfatizar aún más sus características de desigualdad, hablamos de sistema cisheteropatriarcal.*

Coitocentrismo/ falocentrismo	*Creencia de que las relaciones sexuales solo son verdaderas y válidas si existe penetración, especialmente vaginal. Esto provoca un falso mito muy arraigado en toda la población y con más fuerza en la adolescente/joven.* *Actitud basada en pensar que el "falo" u órgano sexual masculino (pene) es el centro del mundo y desde el que deben de girar las relaciones sexuales.*
Feminismo	*Movimiento polimorfo (político, social, académico, económico y cultural) cuyo objetivo es concienciar y generar las condiciones adecuadas para transformar las relaciones sociales desde una base igualitaria eliminando cualquier forma de discriminación.*

Elaboración propia. Madrid, 2023.

Estos términos son los ingredientes para el caldo de cultivo en el que crecen los y las adolescentes y jóvenes en España, y solo conociendo realmente lo que son, podríamos avanzar en la lucha contra las violencias. Pero ¿cuál es su percepción?

En la siguiente tabla se recogen datos de los informes más recientes:

Tabla 3. Resumen de estudios recientes sobre violencia sexual y juventud

Barómetro Juventud y Género (2021)	Percepción social de la Violencia Sexual (2018)	Macroencuesta de Violencia contra la Mujer (2019)
7 de cada 10 mujeres considera que las desigualdades de género son elevadas en España, frente a 4 de cada 10 hombres, y 1 de cada 10 hombres considera que no existen.	Entre el 86% y el 99% considera inaceptables los comportamientos sexuales no deseados. Cuando no implican relaciones sexuales o cuando las relaciones se enmarcan en una pareja,	1 de cada 2 mujeres de 16 años o más ha sufrido violencia por ser mujer (cualquier tipo de violencia). Más de 2.800.000 mujeres de 16 años o más han sufrido violencia sexual a lo largo de su vida.

	disminuye de forma sustancial el porcentaje.	
1 de cada 5 hombres cree que la violencia de género no existe y que es un "invento ideológico".	Más de 4 de cada 10 hombres considera aceptable el consumo de la prostitución.	Sufrir una violación multiplica por 6 el riesgo de pensamientos de suicidio.
Barómetro Juventud y Género (2021)	Percepción social de la Violencia Sexual (2018)	Macroencuesta de Violencia contra la Mujer (2019)
También aumenta la opinión de que la violencia es inevitable y que es habitual, y que si es de poca intensidad, no supone un problema.	Más de 8 de cada 10 personas rechazan culpar a la víctima de la agresión sexual si ella había bebido, pero casi 1 de cada 2 exime parcialmente de la culpa al agresor si él había bebido en el momento de la agresión sexual.	El 99,6% de la violencia sexual ha sido ejercida por hombres. Por otro lado, En el caso de las violaciones, solo el 18,8% son por parte de desconocidos, un 49% es por parte de amigos o conocidos.

Elaboración propia. Madrid, 2023.

¿Cómo hemos visto estos datos traducidos en nuestra labor diaria con adolescentes/jóvenes? Algunos ejemplos de literalidades son:

- *En una sesión de prevención de Violencia de Género en un aula universitaria, un estudiante nos dijo: "No sé qué más queréis y de qué os quejáis tanto, si ya podéis estudiar y salir a la calle".* Varón, 28 años aprox.
- *Muchas resistencias tanto de chicos como de chicas: "Está claro que queréis una guerra de sexos, estar por encima; yo ni soy machista, ni feminista, yo también quiero la igualdad pero sin decir que todos los hombres son malos".* Mujer, 16 años aprox.

- *"¿De verdad vas a dejar que tu hijo juegue con muñecas? ¿No te da miedo que se vuelva gay?"*. Varón, 15 años aprox.
- *"¿Y tienes un hijo? ¿Cuántos años tiene? Le encantarán los coches y el fútbol, ¿no?"*. Clase de Educación Primaria, 6 a 8 años.

Pensamos en que como sociedad hemos avanzado, y es así, pero no podemos dejar de tomar en cuenta que nuestras raíces siguen siendo este sistema patriarcal y que, de forma sibilina y casi imperceptible, y sobre todo, de manera normalizada, los mensajes machistas son piedras en las mochilas de menores, adolescentes y jóvenes y, lo más importante, construyen lo que será su ser.

3.3. Cultura de la violación

En un aula de Formación profesional con personas de 16 a 18 años decían: *"Es que depende de cómo vaya vestida porque hay algunas que…"*, a lo que yo respondí con varios ejemplos de vestimenta. Con camisetas con escote y con faldas corta, no dudaban en decir que la responsabilidad de una agresión sexual era de la mujer, pero cuando les dije en tono de broma que quizá deberíamos salir vestidas con un saco, el grupo mixto respondió: *"Bueno, es que en ese caso depende de cómo se mueva, si va provocando o no"*.

"Las mujeres, aunque digan no, todos sabemos que al final es un sí", *"claro, es que hay que saber cómo salir de casa porque luego ya se sabe cómo son ellos…"* o el ya triste famoso *"¿Cerró usted bien las piernas?"* preguntado por un juez a una víctima de violencia sexual. Esto es cultura de la violación. Según ONU Mujeres (2019), es algo "omnipresente y arraigado a nuestro sistema de creencias, poder y control patriarcales".

> Es un sistema que tolera, acepta y reproduce la violencia sexista a través de narrativas que encontramos no sólo en la publicidad, el cine y la literatura, sino también en los aparatos

> del Estado, el sistema judicial, los medios de comunicación, la sanidad, la educación y, por supuesto, la familia, la pareja o las personas que conforman nuestro círculo más cercano (Miralles, 2020, p. 83).

Por lo tanto, siempre, haga lo que haga la mujer, aunque sea víctima de la mayor atrocidad, será la responsable. Negar la gravedad que ocasiona y tener una concepción estereotipada de lo que es una "violación válida" (con penetración, a la fuerza, salvaje, en un descampado y de noche) y quién es un "violador de verdad" (desconocido, loco, depredador, drogado y con necesidad innata de saciar sus deseos sexuales).

Este pensamiento tan afianzado en nuestra vida se traduce en ejemplos cotidianos que, no importa los años que pasen, las chicas jóvenes padecen y los chicos reproducen. Por ejemplo:

- Aún sigue imperante la idea de que un hombre que tiene relaciones sexuales con diferentes mujeres es *"un máquina, un machote, un crack, el puto amo"* mientras que si lo hace una chica, no cabe duda, es *"una puta"*.
- Muchas mujeres, jóvenes, y no tan jóvenes, despliegan una serie de estrategias diarias para evitar ese castigo social: volver a casa acompañadas siempre (si es por un chico, mejor), ir con las llaves como si fueran un arma, hacer llamadas ficticias para hacer creer que están protegidas, no consumir tanto alcohol o cuidarse entre ellas, salir en grupo, cuidar su vestimenta evitando que sea "demasiado provocativa", buscar la mirada cómplice de otra mujer en el metro por sentirse violentada solo con una mirada de un chico o incluso de que esté rozando sus genitales contra ella ante la indiferencia del resto de pasajeros/as, etc.
- Anuncios en los medios de comunicación en el que siguen cosificándose los cuerpos de las mujeres y poniéndolas como si fueran alfombras que pisar, mesas donde

apoyar las piernas o los más recientes colocándolas en ropa interior al lado de una placa solar, simulando una felación con una hamburguesa o directamente anunciando una fiesta en una discoteca poniendo la imagen de una mujer con un plátano y la frase *"La mujer que no cuida de su plátano, viene otra y se lo come"*. Podemos encontrar barbaridades semejantes escritas en merchandising (chapas) que se vendían en San Fermín en los años posteriores al caso de "La Manada": *"tu culo será mío"* o *"chupa y calla"*. Cuando mostramos esta imagen en las aulas, algunos chicos se jactaban entre ellos e incluso algunos nos dijeron: *"Nieves, ¿sabes dónde podemos comprarlas? ¡Son buenísimas!"* y *"No exageréis si es en un contexto de fiesta, ya no se os puede decir nada"*.

De la misma forma, queremos resaltar dos ámbitos importantes relacionados con la cultura de la violación: por un lado, el ámbito hospitalario y la sumisión química, y por otro el ocio nocturno.

Para ello, vamos a apoyarnos en el Informe *Análisis empírico integrado y estimación cuantitativa de los comportamientos sexuales violentos (no consentidos) en España* (Pueyo et al., 2020) donde se resumen los datos de varios estudios relevantes en distintos campos. Uno de ellos, y que resulta clave, es el ámbito clínico y hospitalario. Dentro de él, ponemos el foco en la atención a las agresiones sexuales bajo los efectos de sustancias tóxicas ya que en los últimos años se ha producido un aumento. Primero debemos distinguir entre sumisión química, que se refiere a "la administración intencionada de una sustancia química para violentar sexualmente a la víctima" (Pueyo et al., 2020, p.188), y la vulnerabilidad química que sería "cuando la víctima, de forma espontánea resulta intoxicada por drogas o alcohol y tiene sus capacidades de decisión y control disminuidas o anuladas" (Pueyo et al., 2020, p. 188). Se realizó un estudio durante el año 2011 sobre los casos que acudían al servicio de urgencias del hospital Clínico de Barcelona y los resultados fueron:

- 114 víctimas (mayores de 18) años de las cuales el 30,7% (35 casos) cumplieron los criterios de sumisión química para agresión sexual.
- La agresión fue producida en un 14,8% por un desconocido, un 59,3% un conocido inmediatamente anterior a la agresión y un 25,9% conocido o familiar [...]
- En el 100% de los casos hubo penetración (principalmente vaginal) y en el 25 % intimidación previa al delito de violación. En un 41,7% participaron más de un perpetrador, pero sin uso de armas u objetos peligrosos (Pueyo et al., 2020, p. 190).

En el verano del 2022 la prensa, medios de comunicación y redes sociales se llenaron con titulares sobre el terror y la psicosis de "los pinchazos" que estaban sufriendo muchas mujeres jóvenes en contextos de ocio nocturno. Tiempo después parece que se probó que la sumisión química no estaba detrás de este fenómeno, pero la gravedad es que solo se convirtió en una práctica macabra llevada a cabo por algunos hombres jóvenes que lo único que querían conseguir era provocar pánico e inseguridad en las mujeres, y así fue, puesto que se instauró el terror y el miedo a salir a espacios públicos. Era una forma más del adoctrinamiento y de la pedagogía del miedo en los que las mujeres vivimos (Borraz, 2022).

Detengámonos un poco más en este ámbito ya que resulta especialmente importante en este trabajo: los espacios de ocio nocturno. Quizá nos resulte más que conocido ese "ten cuidado" o "avísame tan pronto llegues" cuando salíamos con nuestro grupo de amistades siendo jóvenes, pues siguen estando vigentes. Pero esas frases tenían diferentes significados si éramos hombres o mujeres. En el caso de los hombres, tiene que ver con el riesgo a verse involucrado en alguna pelea o que se sea víctima de un robo. Pero en el caso de las mujeres nos advertían de un peligro ya incorporado en el imaginario colectivo y social: la violencia sexual en el ocio nocturno ejercida por algunos hombres especialmente contra mujeres jóvenes. Cultura de la violación, como mencionamos anteriormente.

A pesar de los pocos estudios relacionados con este ámbito, podemos destacar el *5º Informe* del *Observatorio Noctámbul@s* presentado en 2019 que nos advierte que el 97% de las mujeres españolas encuestadas (el total eran 1129 mujeres) han soportado comentarios incómodos de carácter sexual por parte de hombres, el 87% ha padecido insistencia ante la negativa de ellas, el casi 45% se ha visto acorralada y el 22.5% ha manifestado haber sido víctima de una agresión sexual con penetración (violación) con y sin uso de la fuerza física (p.106-107).

Por todos los lados, de miles de formas y todo el tiempo. Así es la cultura de la violación, esa creencia de poder acceder a los cuerpos de las mujeres (a veces sólo de forma verbal con los mal llamados *piropos*) en el momento y de la forma en que quieran ellos, porque creen que les pertenecen y porque creen que tienen derecho sobre nosotras. Sin más.

3.3. ¿Educación integral en sexualidades?

Según la UNESCO, la Educación Integral en Sexualidad (EIS):

> Es un proceso basado en un currículo para enseñar y aprender sobre los aspectos cognitivos, emocionales, físicos y sociales de la sexualidad. Su objetivo es preparar a los niños, las niñas y los y las jóvenes con conocimientos, habilidades, actitudes y valores que los empoderarán para: realzar su salud, bienestar y dignidad; desarrollar relaciones sociales y sexuales respetuosas; considerar cómo sus decisiones afectan su bienestar y el de los demás; y entender cuáles son sus derechos a lo largo de sus vidas y asegurarse de protegerlos (UNESCO, 2018, p. 16-17)

Por tanto, a pesar de que la creencia más extendida relacionada con la EIS, o la conocida como educación afectivo-sexual o, como nosotras lo llamamos, Educación Integral en Sexualidades para enfatizar la pluralidad del ser sexuado, es pensar que solo consiste en enseñar prácticas sexuales como la penetración vaginal, hablar de los preservativos y de Infecciones de Transmisión Genital o Sexual (ITSs), por ejemplo, vemos que este es un enfoque erróneo, al menos parcialmente puesto que la EIS es mucho más y abarca muchos más campos, ya que:

> Nuestra sexualidad cambia y crece a lo largo de nuestras vidas. La sexualidad incluye comportamientos sexuales, las relaciones sexuales, y la intimidad; cómo elegimos expresarnos como hombres y mujeres (incluyendo la forma en que hablamos, vestirnos y relacionarnos con los demás); orientación sexual (heterosexual, homosexual, bisexual), valores, creencias y actitudes como se relacionan con ser barrón o hembra; cambios que pasan a nuestros cuerpos como las etapas de la pubertad, el embarazo o la menopausia; si y cómo escogemos tener niños; el tipo de amigos que tenemos; cómo sentimos con respecto a la manera en que vemos; quienes somos como persona; y la forma en que tratamos a los demás (Planned Parenthood, s.f).

Y lo que es más importante, simplemente es un derecho sexual y reproductivo incluido en los Derechos Humanos mencionados en diferentes Conferencias de las Naciones Unidas (ONU) y de la Organización Mundial de la Salud (OMS) desde 1969. En el XIII Congreso Mundial de la Sexología de 1997 se formuló la *Declaración Universal de los Derechos Sexuales* (posteriormente revisado en 1999) que recoge los Derechos Sexuales y Reproductivos.

A pesar de su relevancia mundial y de tener en nuestro país leyes específicas que ordenan la ejecución de prácticas relacionadas con la EIS adaptada a todas las edades y llevada a cabo en contextos de educación formal y no formal, su existencia es (casi) nula.

En nuestro país no existe una EIS científicamente rigurosa, transversal y progresiva, basada en el currículo, integral. En todo caso existen "talleres" de prevención de ITSs y embarazos no planificados/no deseados, en ocasiones llevados a cabo por personas sin la cualificación adecuada, sesgados y que no tienen en cuenta ni las necesidades e inquietudes de los grupos ni la diversidad dentro de las sexualidades.

Esto se traduce en que, especialmente entre las personas adolescentes y jóvenes, pero también desde la infancia, las preguntas, curiosidades, duda, etc. no se resuelven de forma adecuada. Por consiguiente, los niños y niñas, chicos y chicas se ven obligados/as a buscar esa información donde sea: *"A mí no me expliques nada (del sexo). Yo con 'La que se avecina' y el porno ya he aprendido todo lo que necesito" (varón, 14 años).* Como vemos, los principales "educadores" sobre sexualidad son programas de televisión (aparentemente inofensivos cuando no lo son) y páginas pornográficas, a lo que habría que añadir que la mayoría de ellas (las que son gratis y de libre acceso) contienen material sumamente violento, machista/misógino, y por ende, coito-falo-heterocentrista.

¿El resultado? Los/as jóvenes construyen su sexualidad normalizando una violencia implícita en sus relaciones, midiendo la satisfacción o la validez de sus relaciones en torno a la existencia o no del coito (*coitocentrismo*), ligado directamente con la obligatoriedad de que se produzca placer y/o eyaculación masculina (*falocentrismo*) para determinar si dicho encuentro erótico ha sido auténtico o no. Y por supuesto, si no lo ha sido, la culpa y la responsabilidad caerá sobre las mujeres.

En el informe *Desinformación sexual: pornografía y adolescencia* (Save the Children, 2020) se explicaba que, en cuanto al primer acceso a contenido pornográfico: "Mientras que los chicos consumen una pornografía que está diseñada para ellos, a través de la que satisfacen «necesidades instintivas», las chicas se adentran en la pornografía como método para «aprender» qué se espera de ellas (gestos, posturas, etc.)" (p. 25).

Además, la edad media del primer acceso a la pornografía según la Agencia Española de Protección de Datos (AEPD) es de 8 años, de manera accidental. ¿Cómo ocurre esto? Animamos al lector o lectora a que haga búsquedas en la Red con palabras como "hombre", "mujer", o "culo" o "tetas" que son muy comunes a esas edades y observe con sus propios ojos el contenido que está libre.

Por último, también debemos destacar que, tal es la normalización y enraizamiento de la cultura de la violación reflejada también en la construcción y educación de la sexualidad, que ha habido un aumento del 88% en el 2022 de las búsquedas de contenido pornográfico relacionado con la etiqueta "violaciones grupales" según el informe de 2022 de Pornhub (una de las grandes webs de porno, ¿no resulta irónico?). Incluso otra de las páginas, xHamster, alertó en 2018 de que había crecido exponencialmente búsquedas con el término "La Manada" en su página, a raíz del caso de San Fermín.

Por tanto, podemos observar como disponemos del caldo de cultivo perfecto para que las violencias sexuales se desarrollen y normalicen, mientras el principal "educador" sea el porno con su tremendo poder de deshumanizar las relaciones, manteniendo activa la cultura de la violación, las creencias erróneas en torno a la sexualidad, los placeres y el machismo más extremo.

4. LA MOCHILA DE ELLAS: CONSECUENCIAS

Después de observar las *piedras* que diariamente están cayendo en las mochilas de los/as adolescentes y jóvenes de nuestro país, es necesario detenernos a mirar por dentro y por separado, para entender qué consecuencias están teniendo en su vida, en sus relaciones y en su ser, según nuestra experiencia.

En el caso de las chicas, que resultan ser las mayores protagonistas de estudios, investigaciones y de atención en los recursos ya que son las principales víctimas del sistema y necesitan todos los apoyos para su total recuperación, elaboraremos con sus voces una radiografía de lo que estamos detectando:

- *"¿Cómo me ha podido pasar a mi si soy feminista?"*. Mujer, 20 años.

  Actualmente y fruto de la fuerza de los movimientos feministas, las chicas adolescentes y jóvenes reciben mensajes igualitarios y de empoderamiento que entienden, defienden y comparten. Son muchas las jóvenes que están comprometidas, poniendo en valorar la sororidad, aportando verdaderas maravillas al mundo y haciendo eco de los derechos de las mujeres, y esto es digno de aplaudir de forma incansable. No obstante, hay otras chicas que, en ocasiones, no tienen una comprensión total del fondo del asunto o hay una confusión en cómo se ejerce ese feminismo, llegando incluso a traspasar su esencia y "*ahora me volveré como los chicos y haré lo que nos hacen a nosotras, pero con ellos*". Es como les explicamos, un "feminismo de cabeza, pero no de tripa". Entienden que son libres en todos los sentidos, tienen deseo y placer sexual y pueden conocerlo, defenderlo y vivirlo como quieran. Pero a algunas chicas si chicos concretos les hablan de determinada manera o las manipulan dentro del amor romántico, siguen creyendo en ello sin dudarlo. Incluso, llegan a tener una "sensación de falso control" en el que, creyéndose empoderadas, terminan viéndose envueltas en situaciones de riesgo con fenómenos como los *Sugardaddys-Sugarbabies*: aplicaciones o páginas web en las que hombres con un alto poder adquisitivo (también hay *sugarmomys* que son mujeres buscando chicos jóvenes, pero es una minoría) buscan "chicas de compañía" a las que ofrecer su estatus y calidad de vida a cambio de mantener relaciones afectivo-sexuales. Esta práctica cumple con los valores de la actualidad: inmediatismo, anonimato, dinero fácil. Por ello es fácil que chicas jóvenes se vean envueltas en ese mundo y que no vean realmente el trasfondo que tiene. Es un ejemplo más del sistema patriarcal en el que la culpa y la responsabilidad la tiene la persona que agrede o se aprovecha, esos hombres.

- *"Al embarazo no le tengo miedo porque era la primera vez y además lo hicimos de pie y así no te quedas, eso me ha dicho él que tiene más experiencia"*. Mujer, 13 años.

En muchas chicas detectamos un desconocimiento total de su propia anatomía, erótica y sexualidad. Siguen viéndose desde un segundo plano, como sujetos pasivos hasta el punto de no saber cómo son sus vulvas y las partes que la componen, de no saber qué es el clítoris, cómo se produce un embarazo, por qué es importante ponerse un preservativo, etc. Y esto se traduce en que, cuando hay sesiones de EIS, ni siquiera se atreven a hablar u opinar. Dejan su sexualidad y cuerpos en manos de otros, incluyendo su salud, como ocurre con los métodos anticonceptivos. Algunas chicas empiezan a tomar métodos hormonales para protegerse del embarazo y, en la mayoría de los casos sin pensar en las ITSs, todo por ceder a los deseos de ellos: *"llevamos unos meses y a él no le gusta el condón, así que yo me tomaré la pastilla"*. A su vez, limitan su erótica al coito-falocentrismo porque los mensajes que reciben de la sociedad y de ellos sigue siendo que el coito y el placer de los chicos es lo único válido.

- *"No me apetecía mucho pero para que se callara... además me agarró del pelo y el cuello que casi me ahoga"*. Mujer, 17 años.

Cada vez son más los discursos de muchas chicas jóvenes que comentan preocupadas el nivel de violencia que están soportando en sus relaciones sexuales. Siguen sintiendo ese continuo de extremos en el que las mujeres deben colocarse, es decir, "esposa vs. puta", pero además son conscientes de que hagan lo que hagan serán juzgadas y acosadas, aunque sean las víctimas. Muchas de ellas sostienen la idea de que "*ellos son así*", que tienen instintos diferentes a ellas y que por ello deben aguantarlo todo.-Muchos de ellos construyen su sexualidad en torno al porno, así que ellas entienden que deben comportarse como lo que ven en ese contenido e incorporar a sus encuentros eróticos miles de prácticas violentas y no consentidas como agarrar del pelo, apretar el cuello, realizar felaciones hasta tener arcadas o vomitar, tener que tragarse el semen aunque no quieran, realizar sexo anal aunque les duela, tener penetración vaginal aún sin estar excitadas y sentir dolor y miedo, verse involucradas en prácticas como tríos que no deseaban… Por ejemplo, en contextos de terapia sexual o asesoramiento, nos encontramos con muchas chicas adolescentes y jóvenes con disfunciones sexuales como vaginismo (contracción involuntaria de los músculos de la vagina impidiendo la penetración y, si esta llega a ocurrir, será dolorosa) o anorgasmia (la poca frecuencia o inexistencia de orgasmos) que tienen su origen en estas primeras relaciones sexuales. Todo este caos además las inunda de una tremenda culpa, inseguridad, miedo, asco y vergüenza, que las paraliza, las bloquea y que no les permite buscar ayuda, muchas veces porque entienden que es lo normal. La violencia sexual es de las últimas agresiones que se reconocen dentro de una mujer superviviente, aunque a su forma y a su ritmo, estén pidiendo ayuda todo el tiempo. Sólo hay que tener la sensibilidad y saber mirar, entender que esto ocurre y no minimizar los abusos que esta sufriendo en sus encuentros eróticos.

- *"Si no lo hago con él, lo buscará fuera…"*. Mujer, 15 años.

Aunque hay muchas chicas jóvenes que ya han entendido las trampas del amor romántico, muchas otras aún entendiendo lo que suponen y siendo conscientes, al final se ven envueltas en pensamientos así. Siguen siendo las salvadoras que con su amor harán que ellos las traten bien; cuidadoras de todo el mundo y no de ellas; servidoras y siempre disponibles. Y por supuesto, siguen entendiendo que las enemigas son las otras mujeres y por ello, acatan y hacen lo que sea para no perderles. Ellos son los que completan sus vidas y las llenan de sentido.

5. LA MOCHILA DE ELLOS: CONSECUENCIAS

Como ya hemos explicado, las medidas relacionadas con políticas de igualdad y violencia machista (incluida la sexual) en la mayoría de las ocasiones sólo están dirigidas a las mujeres, a las chicas adolescentes y jóvenes. Y esto debe seguir así.

No obstante, a nuestro parecer y fruto de la experiencia trabajando con chicos que ejercen violencia en sus relaciones afectivo-sexuales o en riesgo de agredir por las piedras que componen sus mochilas, entendemos que hay una gran parte del problema de la violencia sexual que no se está abordando: la intervención con ellos. Es necesario, aunque reconocemos que también una dura labor, conocer y escuchar a esos chicos que maltratan para elaborar intervenciones efectivas con ellos. Pero también es vital escuchar a esos otros chicos que no agreden, sino que se sienten fuera de "ese hombre que deberían ser", que quieren cambios, pero tienen miedo porque saben las consecuencias.

Al igual que con ellas, nos ayudaremos de sus voces para entender lo que estamos detectando en nuestro trabajo:

- *"Yo eso no lo hago, os pensáis que somos todos iguales". Varón, 19 años.* Muchos chicos muestran una gran resistencia y rechazo ante discursos y sesiones de trabajo en las que se tratan temas relacionados con la igualdad, feminismo y violencia de género, violencias machistas y sexuales. Incluso en las sesiones de EIS que tienen una base de derechos humanos y una perspectiva de género y de diversidad. En muchos de ellos se sigue detectando un fuerte arraigo a los roles y estereotipos machistas, ven los avances feministas como algo propio de "unas pocas histéricas" con un gran calado en algunos mensajes políticos actuales. A su vez, algunos chicos sienten un fuerte rechazo al colectivo LGTBIAQ+, en concreto a los chicos homosexuales por entender que "esos no son chicos de verdad" y reafirmarse en que no tienen nada que ver con esos colectivos porque ellos "son chicos reales".

- *"Profe, es que nosotros tenemos ganas todo el rato, no podemos controlarnos y nos vale cualquiera"*. Varones, 16-18 años.

Algunos chicos se auto perciben como animales insaciables que no pueden decir nunca que no a una relación sexual. Entienden que disponen de unos instintos naturales fuera de su control y que por eso se comportan de esa manera de la que muchas chicas se quejan. Son más promiscuos, más infieles, dejan de lado el valor de la afectividad en sus relaciones eróticas porque lo perciben como un "aspecto femenino", algo que *"a ellas les gusta y debemos hacerlo antes de la penetración, que es lo que mola"*, es decir, la antesala a lo que de verdad importa: el falo-coitocentrismo. Además, esta sensación se construye y se retroalimenta con todos los mitos fruto del sistema patriarcal y, aún más, cuando en la base de su desarrollo afectivo-sexual únicamente (o en su mayoría) están los contenidos pornográficos. Poco a poco van elaborando una forma de ser sexuado desde la violencia, entendiendo que el papel que deben cumplir es ese y que ellas deben comportarse como las actrices que salen en los vídeos. Este hecho está teniendo grandes costes para su vida personal y relacional puesto que, en la actualidad, cada vez tenemos más chicos jóvenes con una alta adicción al porno, ejerciendo mucha violencia en sus encuentros, dependiendo del visionado de esos contenidos para poder excitarse y sentir placer (no hay imaginación sin porno) y, como resultado total, con graves disfunciones sexuales a una corta edad a la hora de tener relaciones sexuales reales con una pareja como por ejemplo, disfunción eréctil (dificultades para conseguir o mantener una erección). No obstante, y quizá lo más grave, es que el nivel de desconocimiento sobre su propio cuerpo, sobre el de ellas, métodos anticonceptivos, ITSs, etc. es enorme y muchos no se permiten reconocer que realmente "no controlan" tanto del tema.

- *"Prefiero ligar por Instagram porque imagínate que me dice que no..."*. Varón, 17 años.

  Este hecho es el ejemplo más claro de que la EIS empieza desde lo más básico: la inteligencia emocional y las habilidades sociales. Fruto del sistema patriarcal y del machismo, seguimos dejando de lado a los chicos en lo que a educación emocional y social se refiere. Por eso, muchos desconocen totalmente lo que les ocurre en su interior: su autoestima, sus emociones y su gestión, sus sentimientos. Y lo que es más grave, perciben que la única manera válida y reforzada de expresar todo ese mundo interior es la violencia. Mientras ellas pueden tener un caos emocional pero reconocen qué emociones hay, ellos tienen ese maremágnum en su mente pero no pueden reconocer las emociones o no pueden permitirse algunas, como la tristeza, que automáticamente se transforma en ira o rabia. Todo esto se refleja en la falta de habilidades para construir relaciones *offline*, tolerar la frustración y decepción cuando los vínculos amorosos no salen tan bien como esperaban, invertir tiempo en relaciones más duraderas prefiriendo tener otras más superficiales, fugaces o incluso donde entienden que tienen el control, como recurriendo al consumo de la prostitución.

- *"Es que a muchas les debe molar eso del sado, ¿no?"*. Varón, 18 años.

  Cuando hablamos de violencia sexual o de relaciones sexuales violentas, muchos de los chicos normalizan y minimizan esos hechos. Transforman la violencia que ellas sufren en prácticas eróticas como el BDSM[30] para así entender que no es ni su responsabilidad ni su culpa, sino una condición de ellas. Otros, con la influencia de la cultura de la violación, entienden que no forman parte de "esos otros que violan" que son hombres locos, psicópatas, que están al acecho por la noche, sin tener en cuenta que a veces un simple manoseo no consentido o un comentario subido de tono a una de sus amigas forma parte de lo que es la violencia sexual.

- "¿Cómo puedo decirle a un amigo que lo está haciendo mal? Luego van a ir a por mí...". Varón, 17 años.

  Chicos feministas, chicos que quieren elaborar otras maneras de "ser hombre", chicos que rechazan abiertamente el machismo. Esto también está ocurriendo y debemos darles espacio. Trabajando con ellos hemos podido reflexionar sobre el peso tan grande que soportan a lo largo de su vida por llevar *máscaras*: de machotes, de chicos malos, de delincuentes, de violentos, de miembros de bandas, de consumidores de sustancias, etc. Cuando nos detenemos a conocerlos, a mirarlos de otra forma, a escucharlos desde otro lado sin juzgar (aunque por dentro estemos revueltas), podemos entender que desde que nacemos, igual que nos ponen una mochila, también nos colocan una máscara. En el caso de los hombres hemos podido ver en

30 BDSM: término que abarca una serie de prácticas eróticas y fantasías donde sus siglas significan Bondage, Disciplina, Dominación, Sumisión, Sadismo y Masoquismo.

muchos de los chicos a los que hemos acompañado que esa careta o traje escondía mucha tristeza y sufrimiento, y sobre todo muchos duelos y pérdidas no gestionadas (entendidas en su mayor abanico posible). No es cuestión de pensar quién es más víctima si ellas o ellos, sino de pararnos también a observar a esos chicos que ya están haciendo un auto análisis de su condición masculina y que quieren deconstruirse para reconstruirse de una manera igualitaria y libre de violencias.

1. Pautas de intervención

A continuación, proponemos pautas de intervención con ellas y con ellos. Tanto con chicas supervivientes de violencias sexuales como con aquellas en riesgo de sufrirlas (ámbitos de la prevención y sensibilización), como con chicos que ejercen esas violencias o que tienen riesgo de acabar haciéndolas. A pesar de que quizá estos indicadores que proponemos no sean grandes descubrimientos, podemos decir que nos han permitido contribuir de manera positiva en sus vidas, incorporar mensajes significativos que les permitirán construir o al menos pararse a pensar en cómo quieren y no quieren construir sus relaciones afectivo-sexuales.

Tabla 4. Pautas propuestas de intervención con jóvenes

PARA EL TRABAJO CON ELLAS	PARA EL TRABAJO CON ELLOS
Escucha activa, empatía y mostrar que las creemos desde el inicio.	Entorno seguro donde no se sientan juzgado.
Ayudarlas a comprender la magnitud de las violencias sexuales como lacra de una estructura más grande. No es algo personal, es algo estructural contra todas las mujeres.	Si vemos resistencias en un inicio, no hablar directamente de feminismo, machismo, Violencia de género, etc. Entrar por temas relacionados con la sexualidad o el amor, por ejemplo, y que sean ellos los que vayan viendo los mitos y desigualdades.

Ofrecer espacios seguros, empoderadores y feministas grupales donde todos esos temas tabú tienen cabida y donde pueden escuchar otras realidades, reforzando apoyos sociales.	Con el anterior, pararnos a conocerlos, a buscar conexión común de intereses o hobbies para construir el vínculo y el espacio de confianza. Estar pendientes de su estado de ánimo, cambios, etc.
Ellas son protagonistas de sus procesos. No tomaremos decisiones sin ellas.	Ellos son protagonistas de sus procesos, pero no toleraremos violencia.
Recordarles que son más que el suceso de violencia. Su identidad no es solo eso y que tenemos interés en conocerlas más allá.	Si reconocen los hechos de violencia, reforzar, validar y devolver que es su responsabilidad el cambio y la reparación del daño. Para ello, pueden contar con nosotros/as siempre.
PARA EL TRABAJO CON ELLAS	**PARA EL TRABAJO CON ELLOS**
Reforzar valentía de empezar el proceso, aunque todavía no haya podido verbalizar.	Poner el foco en los costes del sistema patriarcal en la construcción de la masculinidad para que entiendan que el proceso no va contra ellos personalmente, sino que es una lacra que han heredado de un sistema más grande.
Si hay relación con el agresor: no centrarnos en la crítica a él, poner el foco en ella, en visibilizar lo que ha perdido y en su recuperación.	Iniciar el trabajo con temas como las emociones, habilidades sociales, identidad...
Estar pendientes de los mínimos cambios y/o mejoras en su estado de ánimo, comportamientos, etc.	Si hay relación con la víctima: analizar cómo se comporta y las consecuencias que tienen para ella y para él, ayudarle a empatizar.
Si no es capaz de visibilizar la violencia: estar a su lado conociéndola, y si en algún momento se muestra receptiva, ofrecerle ayuda desde el respeto a sus tiempos.	Ofrecer espacios grupales seguros donde escuchen a otros chicos, otras posibilidades de ser hombre. Funcionan mejor si "hacen cosas, no solo hablar" (al contrario que ellas).

PARA EL TRABAJO CON AMBOS: MODELO DE INTERVENCIÓN
El poder del vínculo y base resiliente: trabajar desde una base de apego seguro y con ese objetivo, ayudándoles a conocer lo que eso significa y reforzándoles en el hecho de que pueden y saben construirlo (a pesar de que quizá jamás pudieron tenerlo). Creemos firmemente en las fortalezas de las personas (resiliencia).
Mostrarnos incondicionales y disponibles: dentro de lo posible, dedicarles tiempo de calidad y dejarles claro que nos tendrán siempre, a pesar de lo que ocurra. A veces temen defraudarnos o que nos enfademos, pero que entiendan que lo primero es que podrán contar con nosotros/as y luego ya podremos gestionar lo que haya pasado.
Espacios seguros y sin juicio: construir lugares donde no se sienten juzgados, pueden expresarse como quieran, aunque luego podamos debatir distintas opiniones. Además, adaptando todo a su lenguaje y mundo (uso de audiovisuales, arte, por ejemplo).
Respeto a sus tiempos, silencios y ritmos: no apresurarnos en conseguir nuestros objetivos, sino dedicar tiempo a conocerlos y abrir espacios donde podrá contarnos lo que ocurrido, cuando esté preparado/a y cuando pueda permitírselo.
Respeto y admiración: disfrutar del trabajo con ellos/as, alejando pensamientos muy comunes socialmente que penalizan a la adolescencia y a los/as jóvenes.
Imaginación: por un lado, no son los/as jóvenes quienes deben encajar en las etiquetas de diagnóstico o de trabajo, sino que debemos pararnos a conocerlos primero, teniendo la mente abierta. Y, por otro lado, dedicar tiempo a la creatividad para desarrollar materiales y contenidos de intervención atractivos para ellos/as.
Diversidad del ser: partir de la base de que la sexualidad(es) es una forma de ser, es algo único e irrepetible y vivido por cada persona de una manera. No es dicotómica, sino que cada persona se construye en base a "continuos de posibilidad de ser" de cada aspecto (sexo biológico, identidad, orientación, expresión de género), siempre desde una base de derechos y feminismo, libre de violencias e inclusiva.

Autocuidado profesional y/o familiar: debemos cuidarnos para poder intervenir de una forma eficaz. Para ello, es recomendable pararnos a revisar y a analizar nuestra construcción de lo que somos y del impacto que ha tenido en nosotros/as la socialización de género y el vivir en una sociedad patriarcal e impregnada de la cultura de la violación. Saber cuáles son nuestros puntos débiles o a mejorar, nuestros límites y permitirnos no saberlo todo, necesitar a un equipo o a otros/as profesionales. Y por supuesto y aunque sabemos que a veces cuesta, buscar ratos para "solo ser", sin una finalidad laboral, simplemente dedicarnos tiempo a nosotros/as.

Elaboración propia. Madrid, 2023.

6. CONCLUSIONES

Siempre que en nuestro trabajo hablamos de este tema, debatimos, participamos con otros equipos profesionales, aparece en nuestra cabeza la misma pregunta: si cada segundo, estamos educando en la desigualdad, en la sexualidad desde la violencia, en la normalización de las violencias, ¿cómo podemos escandalizarnos de lo que vemos en la punta del iceberg si no estamos invirtiendo en la base, en las raíces?

Sea como sea, las violencias sexuales en adolescentes y jóvenes son una realidad y un enorme fallo de nuestra sociedad. Mientras sigamos demonizando a las personas adolescentes y jóvenes, viéndolos como algo lejano a nosotros/as y a lo que fuimos o hicimos a su edad; mientras sigamos teniendo miedo a garantizar lo que son por ley con derechos como la Educación Integral en Sexualidad(es) incluyendo la prevención de las violencias machistas; y mientras sigamos buscando chivos expiatorios (aunque sí tengan mucha parte de la responsabilidad) como el porno, esta realidad tan horrible de agresiones sexuales entre adolescentes seguirá ocurriendo.

Tenemos las razones, las causas y lo más importante, tenemos las claves y tenemos las voces pidiendo ayuda de los/as jóvenes, cada vez a edades más tempranas. Todo nos está pidiendo un cambio inmediato: podemos quedarnos sólo en mirar desde fuera o podemos atrevernos a mirar y a actuar.

Esperamos que, con este capítulo como nuestro granito de arena en la construcción de un mundo más igualitario y justo, hayamos podido acompañar al lector o lectora al menos en el inicio de un valiente camino de conocer a las maravillosas personas que existen debajo de la etiqueta de "rebeldes adolescentes" y de empezar a generar cambios hacia una vida, relaciones y ser sin violencias.

BIBLIOGRAFÍA

Agencia Española de Protección de Datos (AEPD). www.aepd.es

Bonino, L. (2004). Los micromachismos. Revista La Cibeles, 2(1), 1-6. www.mpdl.org/sites/default/files/micromachismos.pdf>

Borraz, M. (2022, agosto 3). El relato del terror tras los pinchazos en discotecas que busca "disciplinar" a las mujeres. El diario.es. https://www.eldiario.es/sociedad/relato-terror-pinchazos-discotecas-busca-disciplinar-mujeres_1_9220335.html

Centro Nacional de Recursos sobre Violencia Sexual (2012). Qué es la violencia sexual [Hoja informativa]. https://www.nsvrc.org/sites/default/files/2012-03/Publications_NSVRC_Overview_Que-es-la-Violencia-Sexual.pdf

Delegación del Gobierno para la Violencia de Género (2020). Macroencuesta de Violencia contra la Mujer 2019. Madrid: Ministerio de Igualdad. https://violenciagenero.igualdad.gob.es/violenciaEnCifras/macroencuesta2015/pdf/Macroencuesta_2019_estudio_investigacion.pdf

Delegación del Gobierno para la Violencia de Género (2016). Macroencuesta de Violencia contra la Mujer 2015. Madrid: Ministerio de Igualdad. https://violenciagenero.igualdad.gob.es/violenciaEnCifras/estudios/colecciones/pdf/Libro_22_Macroencuesta2015.pdf

Delegación del Gobierno para la Violencia de Género (2018). Percepción social de la violencia sexual. Madrid: Ministerio de la Presidencia, Relaciones con las Cortes e Igualdad. https://violenciagenero.igualdad.gob.es/violenciaEnCifras/estudios/colecciones/pdf/Libro_25_Violencia_Sexual.pdf

Durá, J. A. (2018, Julio). ¿Consentimiento? Mejor hablemos de deseo... Hablemos de feminismo. https://hablemosdefeminismo.com

García, M. A., Ruíz, C. & Romo, N. (2019). Acoso sexual juvenil en los espacios de ocio nocturno: Doble vulnerabilidad femenina. Lectora (25), 329- 348. http://www.publicacions.ub.edu/doi/documents/5514.pdf

García Burgos, Ana (coord.) (2018). 5º Informe anual 2017-2018. Observatorio Noctámbul@s. Observatorio sobre la relación entre el consumo de drogas y las violencias sexuales en contextos de ocio. Barcelona: Fundación Salud y Comunidad. Disponible en https://www.drogasgenero.info/wp-content/uploads/5InformeNoctambulas_2017-18.pdf

International Planned Parenthood Federation. (2008). Derechos sexuales. Una declaración de IPPF (Guía de bolsillo). Poder decidir abre un mundo de posibilidades (59). https://www.ippf.org/sites/default/files/ippf_sexual_rights_declaration_pocket_guide_spanish.pdf

MacKinnon, C. (1995). Hacia una teoría feminista del Estado. Madrid: Cátedra.

Medina, M., Gómez, N. & Gámez, M.J (2021). Mujeres y resistencias en tiempos de manadas. Publicacions de la Universitat Jaume I- Col·lecció Àgora feminista 1. http://digital.casalini.it/9788418432613

Ministerio del Interior (2021). Informe sobre delitos contra la libertad e indemnidad sexual. https://www.interior.gob.es/opencms/pdf/prensa/balances-e-informes/2021/Informe-delitos-contra-la-libertad-e-indemnidad-sexual-2021.pdf

Miralles, R. (2020). Cultura de la violación: una cuestión política. Libre pensamiento, (102), 82-87. https://www.archivo.librepensamiento.org/wp-content/uploads/2020/05/LP-102.pdf

ONU Mujeres (2019, noviembre 18). Dieciséis maneras de enfrentarte a la cultura de la violación. ONU Mujeres. https://www.unwomen.org/es/news/stories/2019/11/compilation-ways-you-can-stand-against-rape-culture

Planned Parenthood Federation of America. www.plannedparenthood.org

Pueyo, A., Nguyen Vo, A., Rayó, A. & Redondo, S. (2020). Análisis empírico integrado y estimación cuantitativa de los comportamientos sexuales violentos (no consentidos) en España. Madrid: Ministerio del Interior del Gobierno de España. Recuperado de https://www.interior.gob.es/opencms/pdf/archivos-y-documentacion/documentacion-y-publicaciones/publicaciones-descargables/seguridad-ciudadana/Analisis-empirico-integrado-y-estimacion-cuantitativa-de-los-comportamientos-sexuales-violentos-no-consentidos-en-Espana_126210120.pdf

Rodríguez, E., Calderón, D., Kuric, S., Sanmartín, A., (2021). Barómetro Juventud y Género 2021. Identidades, representaciones y experiencias en una realidad social compleja. Madrid. Centro Reina Sofía sobre Adolescencia y Juventud, FAD. DOI: 10.5281/zenodo.5205628

Save the Children (2020). Desinformación sexual: pornografía y adolescencia (informe). Recuperado de: https://www.savethechildren.es/sites/default/files/2020-11/Informe_Desinformacion_sexual-Pornografia_y_adolescencia.pdf

UNESCO (2018). Orientaciones técnicas internacionales sobre educación en sexualidad: un enfoque basado en la evidencia. Recuperado de: https://unesdoc.unesco.org/ark:/48223/pf0000265335

Varela, N. (2019). Feminismo para principiantes (edición actualizada). Barcelona: EDICIONES B.

Capítulo 6

La violencia autoinfligida en la mujer millennials. Una forma de responder a las presiones del grupo

DRA. R. REBECA CORDERO VERDUGO
Profesora Titular en Sociología Aplicada
Universidad Europea de Madrid

DRA. AIDA FONSECA DÍAZ
Profesora Asociada en Derecho
Universidad Europea de Madrid

ADÁN ARSUAGA MENDEZ
Profesor Adjunto en Gestión de Riesgos Tecnológicos
Universidad Europea de Madrid

DR. JORGE RAMIRO PÉREZ SUÁREZ
Profesor Titular en Criminología Aplicada a Espacios Digitales
Universidad Europea de Madrid

1. INTRODUCCIÓN

Las redes sociales (*internet*, en general) deberían haber permitido un acceso democrático al conocimiento, un desarrollo libre de nuestra identidad personal y una capacidad de forjar lazos sociales profundos, duraderos y omnipresentes: la utopía (Yar, 2014). Incluso, una ruptura de las limitaciones de la carne para abrazar la trascendencia de los datos (Pérez, 2016), liberándonos de las construcciones del género (Haraway, 1991), de las orientaciones sexuales, etc. Derribar el tiempo y el espacio y tantas otras fronteras, ¿tal vez? Sin embargo, no debemos olvidar que las redes sociales son productos de consumo fabricados para el deseo, para el hambre y para el atracón. Consumimos contenido (pero también consumen horas), devoramos perfiles, anhelamos experiencias, exponemos emociones. La manzana nos ha mordisqueado.

El presente capítulo se enmarca en los resultados extraídos del proyecto *Enrolla2. Percepciones de seguridad y actitudes de riesgo en millennials vinculadas al uso de aplicaciones informáticas afectivo-sexuales"* (en adelante, proyecto *Enrolla2*), con el código *2018/ UEM34*, desarrollado por el Grupo de Conocimiento e Investigación en Problemáticas Sociales (en, adelante GCIPS) de la Universidad Europea.

El objetivo general de dicha investigación buscaba: estudiar la percepción de la seguridad, su incidencia en el nivel de victimización y los riesgos para la salud pública. Estudio del caso de los *millennials* (hombres y mujeres entre 18 y 35 años) y las aplicaciones geosociales, mediante un el uso de los métodos mixtos (Creswell, 2015).

Será objeto de este texto únicamente el análisis de los grupos de discusión realizados a profesionales de la psicología, sexología, policía y medicina, pero no otras cuestiones relevantes dimanantes de la etnografía digital (Pink et al., 2016), entrevistas o encuestas. En este sentido, se reflexiona de manera crítica y con perspectiva de género sobre la violencia autoinfligida, la libertad sexual y la construcción de la femineidad en las aplicaciones afectivo-sexuales. Con la finalidad de poner de manifiesto los riesgos personales y sociales para las mujeres *millennials*, así como las victimizaciones que puedan sufrir.

2. EL GRAN HERMANO DIGITAL: DE LA MEDIATIZACIÓN DEL SER HACIA LA VIOLENCIA AUTOINFLIGIDA

En un contexto de modernidad líquida (Bauman, 2000) el establecimiento de la cultura del consumo (Featherstone, 2000) consiguió poner a la masa social al servicio del capitalismo. Un sofisticado control, fruto de las "decisiones" mediatizadas que toman los consumidores. Smith (2012) las denominará elecciones libres, sin embargo, no son más que una toma de decisiones centradas en lograr la aceptación de grupo y la reproducción de los estándares sociales (Bauman, 2003).

La industria se afana por transformar en necesidades puros anhelos (Briggs, 2013), haciendo del entorno digital su gran canal de comunicación. Convirtiendo a los dispositivos digitales en un gran ejército de dominancia y control, emulando al Gran Hermano (Orwell, 1984). Será el propio Han (2021) el que nos hable del teléfono móvil como una herramienta de dominación.

Para Bauman (2000) la evolución de la sociedad ha ido de la mano del desarrollo de las computadoras, saltamos de una sociedad «pesada» y «sólida» basada en lo físico (*hardware*), a otra "líquida" y "ligera" fundamentada en la programación informática (*software*), que ha trastocado todo nivel social, incluyendo las relaciones sociales las cuales se convierten en efímeras y cambiantes en el entorno virtual. Valores en sí mismos propios de la sociedad de consumo (Featherstone, 2000) y con gran impacto positivo en el mercado, resultado de los efectos de la digitalización y la globalización en combinación con el neoliberalismo (Castells, 2001).

Aplicaciones como Instagram, *TikTok, Facebook, BeReal,* etc., y mucho más las afectivo-sexuales (*Tinder, Grindr, Badoo, Lovoo, Wapo* y *Wapa,* objeto de nuestra investigación), exigen de un uso continuado, incluso enfermizo en algunos usuarios, para alcanzar la satisfacción y la gratificación, sentimientos que cumplen con la lógica de la utopía de consumo (Žižek, 2009). Según Han (2017)

> Hoy en día, toda gira en torno al *me gusta*. La ausencia de opuestos no es un estado ideal sino todo lo contrario porque uno sufre una fuerte caída en colisión con uno mismo. Es esta ausencia la que nos lleva a la auto-erosión. (2017, p. 71).

Una Era del Vacío (Lipovetsky, 1986) caracterizada por el hiperindividualismo, hiperhedonismo y el hipernarcisismo (Lipovetsky, 1986), donde lo colectivo cede terreno a lo individual, el "nosotros" tiene menos peso que el "yo", aunque curiosamente el "yo" necesita del otro para diferenciarse y distinguirse, lo que nos sitúa en la estandarización del colectivo, mediante una suma de invidualismo. Según Žižek:

> Todo sucede ahí fuera [en línea]. ¿La gente es consciente de cómo esto estandarizará todo? Solo estaremos conectados a un único proveedor, como Google o iTunes, pero estamos limitados a sus opciones. [...]. Parte de este impulso general hacia la privatización del "intelecto general" es la tendencia reciente en la organización del ciberespacio " (2009, 6 -7).

Para Pérez (2016) estamos protagonizando la convergencia entre el ser humano y la máquina en una "súper-modernidad" (Lipovetsky, 2003) donde las redes sociales de cualquier tipo facilitan la profusión de información "todos nuestros recuerdos, nuestras emociones, conversaciones y momentos profundos o superficialidades absurdas se depositan en un mosaico redundante que se yuxtaponen y difunden a través de una eternidad de *selfies, Instagrams,* 'me gusta' y *retweets*" (Pérez, 2016, p. 88).

No obstante, para Han (2021) este individualismo promovido por las redes sociales nos lleva paradójicamente a una homogeneización de la sociedad global siguiendo la línea planteada anteriormente por Žižek (2009). Las redes sociales, en tanto que operan en un ciberespacio en el que las fronteras y diferencias se diluyen, tienden precisamente a homogeneizar la conformidad con el estilo de vida, gustos (im)personales, cánones de belleza y opiniones expresadas a través de determinados discursos preestablecidos (Han, 2017). Para Han (2017), la sociedad actual se caracteriza por la eliminación de la alteridad, mediante la expulsión de lo distinto. La diferencia, la diversidad y la alteridad se ven progresivamente excluidos y desplazados del espacio público (sea este virtual o real), en favor de la homogeneización y la conformidad a lo normativamente aceptable. Las redes sociales tratan pues de fomentar esta conformidad con las normas establecidas que anulan toda muestra de pensamiento independiente.

La búsqueda de la aceptación y de la conectividad expansiva (Keen, 2012) atrae a los individuos a exponerse a situaciones de riesgo mediante una continua autoexhibición de lo privado. Incluso la cotidianeidad es foco de interés siempre que éste sea capaz de retener a sus seguidores, deslizando la huella del otro sobre sus imágenes y su historia. Sibilia (2017), se pregunta "¿Qué significa esta repentina exaltación de lo banal, esta especie de satisfacción al constatar la mediocridad propia y ajena?" (p. 12). Y la respuesta parece clara, no es más que la evidencia de la existencia social en la actualidad. Necesitamos contar que estamos aquí, en este momento. Necesitamos ser visibles y reconocidos.

Esta (auto) producción constante de relatos (*stories*) e instantáneas, puede conllevar a que el individuo asuma el daño como una forma más para expandir sus conexiones, ganar seguidores y *likes*. Hablamos de la violencia autoinflingida o autoinferida que la persona se infiere para alcanzar el deseado reconocimiento. Entendiendo como violencia autoinflingida: "las acciones que provocan daño en las personas, pero que han sido producidos por ellas mismas, o cuando el agente y el paciente son la misma persona" (Arévalo-Mila, 2011, p. 1).

Este contexto digital actual permite que la violencia sea percibida como algo natural, en la superación del reto (*challenge*) o en la exhibición de las propias cualidades[31], lo que contribuye a generar una peligrosa dependencia en la que ni el individuo se percibirá como "víctima", ni los espectadores como "testigos" y mucho menos ambos como victimarios en cuanto que propiciadores del daño; el primero a sí mismo y los segundos hacia los otros.

En este contexto, el individuo es esencialmente vulnerable mediante actos de violencia autoinferidos y difícilmente perceptibles, incluso invisibles para ellos mismos, generados desde la autocensura, la sobreexposición, el autocontrol y el lenguaje. La violencia en el entorno digital no se expresa como otras formas (un robo o un atentado terrorista), sino a través del discurso, normalizándolo y contribuyendo en consecuencia al mantenimiento de las estructuras de poder (Recuero, 2015). En este discurso autorreferencial, el sujeto exhibe su experiencia vital a través de una narración que solo puede modelarse mediante el lenguaje o a través de fotografías, en las que la propia imagen se traga al referente, con el fin de hacer ostensible lo que de verdad un día ocurrió, registrando la vida como vivida y la experiencia de verse viviendo (Sibilia, 2017, pp. 38-40).

En esta suerte de intercambios y de demostraciones la mujer es la que sale peor parada. Para el neoliberalismo sexual, la representación de la mujer como un ser vulnerable y cuyo poder solo es alcanzado mediante la represión de su propia sexualidad la limita como ser humano, impidiendo que esta pueda considerarse como un ser sexual pleno (Glick, 2000). Sin embargo, Vance (1989) entiende que "las mujeres (a quienes sus

---

31 A estos efectos, véase la investigación realizada por Ferreira-Deslandes *et al.* (2020) en la que se analizaron 12 tipos de desafíos en 122 vídeos recuperados de la plataforma YouTube, videos en portugués realizados por niñas, niños y adolescentes brasileños de los cuales se seleccionaron y transcribieron 35 videos.

madres enseñaron a tener la falda bajada, las bragas subidas y el cuerpo lejos de extraños) llegan a vivir sus propios impulsos como algo peligroso que les impulsa a aventurarse más allá de la esfera protegida" (pág. 14), encaminándolas a un resultado profundamente inmerecido, vivir en una constante ambivalencia con resultado siempre desfavorable. Tomemos como ejemplo la autocosificación y la sobrexposición, tanto tiene consecuencias hacerlo (fundamentalmente emocionales), como no hacerlo, ya que no cumplir con las normas o los constructos que las redes sociales identifican como válidos las convierte en la alteridad (Han, 2017) prestándose a la exclusión.

El autodominio y la vigilancia se convierten en una virtud necesaria para las mujeres (Vance, 1989). Sin embargo, en su necesidad de mantenerse a salvo, palabras como "perra", "coño" y "zorra" se recuperan con el fin de eliminar la connotación negativa que tienen las mismas, terminando, siendo utilizadas por ellas mismas con el objetivo de que sean menos lesivas.

No obstante, en la era de la igualdad formal, la desigualdad ya no emana de la norma, sino del mito de la libre elección (Smith, 2012). El creciente protagonismo de la sexualidad como identidad personal y la industria del sexo se expanden de forma simultánea: trabajar en el negocio del sexo se percibe ahora como algo transgresor, pero el uso del cuerpo de la mujer como elemento lucrativo, es un viejo dogma del sistema patriarcal (De Miguel, 2015). El entorno virtual estaría no solo perpetuando la desigualdad entre hombres y mujeres desde un modelo de masculinidad tóxica heteropatriarcal, sino que estaría fomentando su expansión, a través de la cosificación y de la autocosificación, aceptando así las reglas del mercado: cuerpo por *likes*.

3. METODOLOGÍA

El proyecto *Enrolla2. Percepciones de seguridad y actitudes de riesgo en millennials vinculadas al uso de aplicaciones informáticas afectivo-sexuales"* (en adelante, proyecto *Enrolla2*), con el código *2018/UEM34*, desarrollado por el Grupo de Conocimiento e Investigación en Problemáticas Sociales (en, adelante GCIPS) de la Universidad Europea y del que resulta este capítulo planteó el siguiente objetivo general de dicha investigación buscaba: estudiar la percepción de la seguridad, su incidencia en el nivel de victimización y los riesgos para la salud pública. Estudio del caso de los *millennials* (hombres y mujeres entre 18 y 35 años) y las aplicaciones geo-sociales.

Siendo los objetivos específicos los siguientes: (1) Estudiar la percepción de la seguridad, su incidencia en el nivel de victimización y los riesgos para la salud pública. Estudio del caso de los «millennials» y las aplicaciones afectivo-sexuales. (2) Conocer y analizar la percepción de seguridad de los «millennials» en el mundo offline y online. (3) Estudiar los patrones de utilizaciones de las diferentes aplicaciones geo-sociales por rangos de edad y tendencia sexual. (4) Medir los niveles de victimización entre los diferentes perfiles según patrones de comportamiento. (5) Diagnosticar los peligros que para la salud pública pudieran acarrearse de los diferentes comportamientos de riesgo de la población objeto de estudio.

Se trató de un estudio de métodos mixtos de tipo exploratorio (Creswell, 2015), en el que se utilizan instrumentos cuantitativos y cualitativos como entrevistas en profundidad, los grupos de discusión y la etnografía digital (Pink *et al.*, 2016). Las entrevistas semiestructuradas en profundidad se realizaron a hombres y mujeres de entre 18 y 35 años de todo tipo de orientación sexual y de todo tipo de género (incluyendo género no binario). Al mismo tiempo, en fase de etnografía digital se generaron diversos perfiles en 6 aplicaciones: *Tinder, Grindr, Badoo, Lovoo, Wapo* y *Wapa.* Estableciéndose 310 contactos directos y hasta un total de 800 interacciones, también con sujetos de todo tipo de orientación sexual y de todo tipo de género. Llevamos a cabo la investigación en cuatro fases principales, en cada una de las cuales utilizamos diferentes métodos para profundizar en nuestra comprensión del objeto de estudio:

Tabla 1. Fases de la investigación

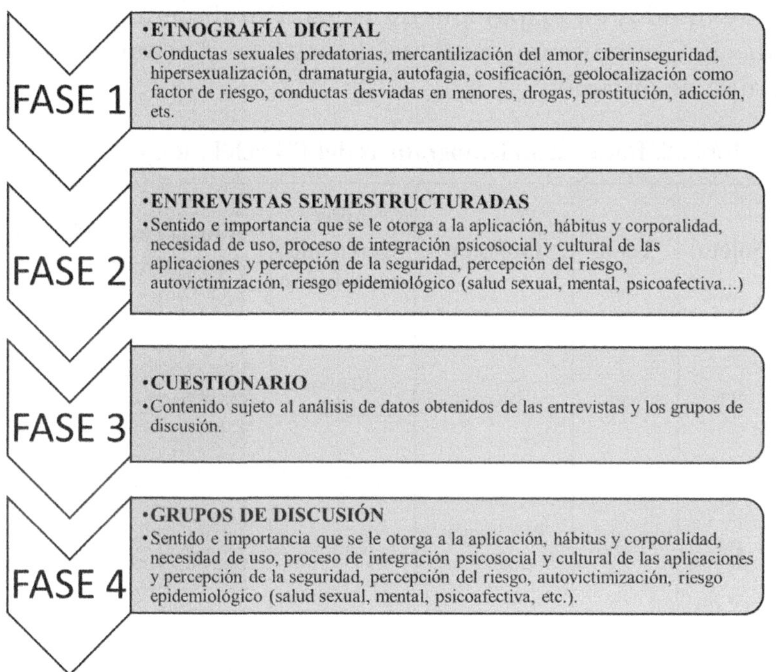

Fuente. Elaboración propia, 2023.

Para la realización de este capítulo nos centraremos en los resultados extraídos de los grupos de discusión, motivo que nos lleva a explicar únicamente este método y las intenciones que se perseguían con su uso.

El propósito de los grupos de discusión era doble: en primer lugar, hacer preguntas a los profesionales sobre los temas que surgieron en los datos y buscar sus opiniones y experiencias para, en segundo lugar, explorar aquellas cuestiones que se habían extraído del resto de instrumentos utilizados. La idea fue preguntar a profesionales que tenían relación con la generación *millennials* cuál era -desde su experiencia profesional- el impacto de las aplicaciones afectivo-sexuales en los jóvenes de la generación ya referida. Realizamos grupos de discusión en dos ciudades, Madrid y Sevilla, habiendo tenido en cuenta datos extraídos en etapas anteriores para su discusión. A continuación, se muestran los datos demográficos adjuntos a cada grupo de discusión:

Tabla 2. Datos sociodemográficos del FG celebrado en Madrid

Sujeto	Edad	Profesión	Años ejerciendo su profesión	Trabaja con población entre 18 y 35 años
P1	47 años	Psicóloga	20 años aprox.	A veces trabaja con menores, pero es una franja con la que suele trabajar
P2	27 años	Psicóloga y sexóloga	5 años	Trabaja a diario con adolescentes hasta los 20 años
P3	47 años	Médico de familia	20 años	Últimos 11 años más dedicada a esta franja edad
P4	41 años	Policía municipal	13 años	Últimos 8 años trabajando en la unidad de atención al menor (hasta 20 años)

Fuente. Elaboración propia, 2023.

Tabla 3. Datos sociodemográficos del FG celebrado en Sevilla

Sujeto	Edad	Profesión	Años ejerciendo su profesión	Trabaja con población entre 18 y 35 años
M	35 años	Psicóloga	10 años	Habitualmente, también contacto con adolescentes y por encima de 35
R	26 años	Psicólogo y sexólogo	Menos de un año	Tiene más contacto con ellos por coincidencia generacional
Ana	25 años	Pediatra	6 meses	Adolescentes y madres que dan a luz.
D	+50 años	Policía municipal	30 años de ejercicio	Habituado a trabajar con adolescentes y con mayores de 18 años

Fuente. Elaboración propia, 2023.

Los grupos de discusión se realizaron en entornos neutrales donde los participantes podían sentirse cómodos compartiendo sus experiencias y prácticas dentro de sus respectivas profesiones. Las discusiones duraron de 90 a 120 minutos y se registraron para fines de transcripción. Se diseñaron una serie de preguntas abiertas a partir de los temas emergentes de las tres fases previas y se diseñaron en una serie de 12 preguntas que, cuando se dirigieron a los participantes, no solo dieron lugar a un debate profundo, sino a desviaciones conversacionales hacia otras áreas de interés para el estudio.

Descubrimos que nuestros participantes profesionales de este estudio fueron muy generosos con la información sobre sus experiencias y opiniones y, a este respecto, no podemos encontrar muchas limitaciones relacionadas con el contenido. Sin embargo, una desventaja típica del método de los grupos de discusión es administrar adecuadamente las discusiones para que todos los participantes tengan el mismo tiempo y espacio para que sus opiniones sean escuchadas.

4. ANÁLISIS

4.1. Entorno digital: socializar desde el riesgo

Ignorar el papel central que tienen las aplicaciones y más concretamente las redes sociales en la actualidad, sería un craso error. La población en general, pero mayoritariamente los jóvenes, encuentran en ellas el lugar para socializar, una realidad que se viene manifestando desde la generación *Millennials.*

> Es donde socializan ahora. Antes solo socializabas en el parque en otros lugares del espacio público y ellos ahora no, no sienten además la necesidad de estar en la calle, de estar en contacto directo lo que sí que necesitan es estar en contacto a través de internet. (GD. Madrid).[32]

Sus canales de información, expresión, e interrelación concurren en un mismo espacio-tiempo con una percepción elevada de la seguridad y una consideración limitada del riesgo lo que aumenta su vulnerabilidad, al creerse plenamente seguros, facilitan su victimización:

---

[32] En los *verbatims* no se identificará la profesión del participante para preservar su anonimato ya que en ocasiones nos revelaron información sensible, reservada a su puesto de trabajo.

> A nivel policial se nota muchísimo en el sentido que se ha convertido en un canal en el que se cometen muchísimos delitos y es súper fácil porque hay un supuesto anonimato que luego no es así y no es real. (...) Pero vamos ellos perciben como que están bajo ese anonimato y que pueden hacer lo que les da la gana y luego ser objeto de muchos delitos inconscientemente entonces a nivel nuestro, es un pilar fundamental en nuestro trabajo hoy en día a nivel policial. (GD. Madrid).

La propia naturaleza de las aplicaciones y los valores de la sociedad del mercado, que además de vender felicidad, ofrecen una supuesta perfección y belleza, les induce a construir un imaginario en el que no hay espacio para el daño, por lo que terminan asumiendo comportamientos riesgosos que racionalizan como válidos.

> No son conscientes de las consecuencias y de los riesgos de sus actos, lo saben tú se lo cuentas, pero como que a ellos no les va a pasar, no es va a tocar... Lo que han comentado ellas. (GD. Madrid)

Este credo es mucho más riesgoso para la mujer que para el hombre en cuanto que aumenta su nivel de victimización.

Los profesionales identifican la asunción de riesgos, por parte de la población objeto de estudio, como una realidad construida sobre tres pilares, claramente diferenciados:

1. Comportamientos antinormativos aceptados como válidos, "son anti-normas les cuesta mucho cumplir las normas es como que están hechas, pero para ellos no, yo hago lo que me da la gana eh..." (GD. Madrid), y no se trata de una falta de respeto ante la norma social y/o jurídica, sino de un comportamiento contrario ante todo lo recomendado o sugerido como beneficioso para ellos y que le suponga un cuestionamiento en sus formas de hacer.
2. Valores sustentados en el *carpe diem*, atrapados en la mercadotecnia y en la autocosificación, han asumido la

obsolescencia programada como una situación inevitable en sus vidas, convirtiéndose en agentes del imperio de la caducidad. Se ha de vivir el hoy y el ahora el resto no importan:

> Claro, porque es que, además, incluso hay algunos temas que interseccionan con el capitalismo, la cultura de la inmediatez, antes, pues eso, antes para conseguir porno tenías que irte a no sé dónde, jajaja, y, o la cultura de la inmediatez de que cualquier cosa se consiga rápido. (GD. Sevilla).

3. Supuesta inmortalidad, vivir por y para el presente hace que los jóvenes se consideren imbatibles, asumiendo que el riesgo forma parte de la vida. El pasado no es añorado y al futuro no se le espera. "Entonces esa cosa de pues eso de inmortalidad, de a mí no me va a pasar, de inmediatez, de todo está ahí" (GD. Madrid) una especie de "sentimiento como de inmortalidad de no me va a pasar nada" (GD. Madrid).

> No tienen el concepto yo creo que se pueden morir y de que puede haber algo peligroso y cuando les diagnosticas un VIH ay es que yo no sabía que podía ser y que podía pasar... pero bueno alma cántaro si lo sabemos todos... (GD. Madrid).

En realidad, una forma de vivir alojados en el hedonismo que les hace abrazar el riesgo "más conductas de riesgo porque es como a ver si así satisfago o me siento mejor" (GD. Madrid).

4.2. La violencia como comportamiento normativo

Una de las características de la interactuación de los usuarios de las aplicaciones es la asunción de comportamientos antinormativos como normativos. La extensión por la red, y más concretamente en estas aplicaciones, de interactuaciones con cargas de lenguaje mal sonante, agresivo y grosero, hace que el usuario termine asumiendo que forma parte de las «reglas» del juego, normalizando este tipo de comunicación dentro del contexto. Sin embargo, para los profesionales, estas formas de relación transcienden lo digital para instalarse en lo analógico tomando diferentes formas:

Una violencia verbal que no distingue de género, llegando a convertirse en una forma de relación entre el grupo de iguales. Y que les avoca a convivir en contexto agresivos continuos:

> En plan de venga puta vámonos al baño, no sé qué, vale chocho, no sé qué. Oye venga tú hija de puta dámelos... Y es como..., no sé, ¿puedes llamar? Yo qué sé..., aunque la llames... no sé ese nivel de agresividad todo el rato y que encima te lo pintan como no te preocupes, es como no te preocupes tú que esto somos amigas que yo la quiero esto es así joe no sé la podrías hablar de otra manera que a lo mejor en algún día la pillas mal y no te va a reaccionar muy bien a como la estás llamando ¿no? pero es como un nivel de agresividad continuo, con todo tanto físico como verbal o emocional o psicológica y demás y me llama muchísimo la atención y en chicas claro... (GD. Madrid).

Pareciera incluso que la sororidad femenina desaparece, dando espacio a las descalificaciones empleadas con frecuencia por el otro sexo, como forma de identificación y reconocimiento del propio grupo. Responder al apelativo de «puta» y hacerlo extensible al resto de las mujeres de su grupo de iguales logrando que todas se reconozcan como «putas» de manera generalizada hace que caigan en el juego de la violencia autoinfligida. La identidad propia desaparece. El "yo" queda diluido abrazando la minusvaloración como una forma de ser y estar en sociedad.

Y aunque habrá quien pudiera asumir que esta violencia verbal forma parte de una moda pasajera e inocua, lo cierto es que llega a encerrar manifestaciones propias de violencia de género.

> Ahora se ponen agresivos es su forma de reaccionar ante cualquier circunstancia incluso posiblemente el tema o temas con

violencia de género vaya a más u otro tipo de delitos por eso precisamente, esa forma de no tolerar la frustración[33] cuando no consiguen algo. (GD. Madrid).

4.3. Falso empoderamiento de la mujer: mecanismo de perpetuación heteropatriarcal

La intolerancia a la frustración ante la no posesión de las personas aumenta en cuanto que no sólo viene condicionado por la perpetuación del modelo heteropatriarcal, sino también por la incorporación de unos valores propios del mercado por parte de la sociedad. Todo se puede comprar o vender. La población más joven educada en el hiperconsumismo, acepta las reglas de mercado, la autocosificación para obtener un *like*, cosificando también a otros.

Un modelo bicéfalo (mercado y heteropatriarcado) que es asumido tanto por mujeres como por hombres: "Yo estoy de acuerdo, claramente que cada vez este tipo de roles y de estereotipos se están dando en la mujer de una manera mucho más firme, mucho más peligrosa y además lo tienen muy asumido". (GD. Madrid).

Mujeres falsamente empoderadas, presas de una libertad sexual supuestamente elegida, que en multitud de ocasiones responden a las exigencias de un mercado en el que actúas bajo sus reglas o te expulsa. La autoexposición en las aplicaciones, amparada en la libertad individual, trunca de manera inmediata en autocosificación. Las consecuencias sobrevenidas serán el resultado inicial de una violencia autoinfligida sin que sean conscientes de ello: "Más guay y voy a tener más seguidores, voy a tener más eh…, rolletes, voy a ligar con más chicos, lo que

---

33 No se hacen más referencias a esta competencia específica al estar vinculada a la salud emocional, para no duplicar información.

sea al final les importa tanto que acaban sometiéndose en ese sentido ". (GD. Madrid).

> La cosificación es absoluta. Volviendo al tema del capitalismo que estabais diciendo antes, ahora mismo la sociedad está hipersexualizada por el tema de la sociedad de consumo, y es que ahora se piensa que la libertad sexual es follar con mucha gente, cuando es follar con quien quieres, esa es la gran confusión, y la sociedad de consumo también ha inculcado que hay que consumir personas. (GD. Sevilla).

La necesidad de responder a las expectativas sociales, centradas en lo que mi grupo de iguales espera de mí hace que sea muy complejo escapar de esta realidad. Los jóvenes en general y en particular las mujeres jóvenes, están expuestas a multitud de mensajes contradictorios que les llegan a través de las aplicaciones, la escuela, la familia, etc., donde se plantea, aunque sea de manera transversal, cómo actuar para alcanzar el supuesto éxito social: cumplir con los estándares de belleza, la forma de comportamiento social, la asimilación de gustos y aficiones, los estilos de vida; un único objetivo, destacar a toda costa: "Todos esos valores son competitividad, yo tengo que ser el número 1 en todo, en tener más amigos, en tener más corazones, más likes" (GD. Madrid). Una suerte de pulso de entre quien quiero ser, quien soy y qué esperan de mí. Ganando sin duda alguna, esta última circunstancia.

> No entiendo lo que es el feminismo y la igualdad me están diciendo que la compañera que tengo al lado la tengo que tratar con respeto y me está diciendo mi padre que no, que soy un machote porque me he tirado a tres este finde. (...) Mensajes muy contradictorios y venidos desde muy diferentes ámbitos y a chicas que claro que es eso están muy solitas muy cuelgo fotos de tal manera para que tenga más *likes* porque tengo la autoestima muy baja porque encima adolescencia o esa edad 18 años o tal todo es la como la figura que yo quiera vender de mí, como es el perfil que yo quiera vender de mi..., todo depende que digan de mi allí y todo eso lo juntas y es que es una bomba, es una bomba. (GD. Madrid)

Una perpetuación del modelo heteropatriarcal puro donde los hombres han de lidiar con la masculinidad tóxica y las mujeres con los estereotipos de género.

4.4. La salud mental condicionada la más afectada

Ante la exigencia de que los jóvenes, más si cabe las mujeres jóvenes, deban responder ante las presiones sociales (masculinidades tóxicas o estereotipos de género) a la que son sometidas, nos planteamos: ¿es posible hacerlo con una salud mental muy precaria?

Nuestra población objeto de estudio adolece en gran medida de "abandono emocional", muchos de los jóvenes manifiestan carencias afectivas y falta de tiempo con los progenitores, a los que acusan de no haber sabido cubrir sus necesidades afectivas.

> La niña te dice si yo lo que necesito es, bueno la niña, la chica, si yo no necesito que me regales el último *iPhone* lo que te pido es ir contigo al *Primark* a dar a una vuelta, pero claro la familia es como Jo necesito que vea que soy una buena mamá o un buen papá y por eso te compro esto... Es como eso ¿no? como que tiene ese sentimiento ahí de abandono y en verdad es un abandono emocional..., no es un abandono... (GD. Madrid).

Este abandono emocional se trata de resolver a través de las aplicaciones, al menos de manera temporal, asumiendo, como vimos con anterioridad, todos los riesgos que sean necesarios.

> La autoestima con el tema de los *likes* de las distintas redes... yo tenía una niña hace poquito me decía: es que, si bloqueo a esta persona que me está acosando mal, o sea que la estaba acosando mucho, es que si la bloqueo me quedo sin un *follower* en el Instagram. Un *follower* bajo de 200 a 199 es como bueno... (GD. Madrid)

El resultado, una narrativa dramatúrgica soportada en la competitividad respecto a su grupo de iguales que puede desembocar en depresión ante la carencia de sentimientos auténticos:

> De ahí vienen las grandes desesperaciones como no tienen 14 dieces o 14 *likes* o lo que ellos quieren en ese momento es que ya no hay mundo vamos caen en depresiones profundas, o sea, grado de frustración cero. Yo les digo si es que hay plan A, plan B, plan Z, plan AB, o sea, hay millones de planes en la vida tienes que ampliar el espectro de tu abanico de planes porque como no le salga el plan les tienes en consulta y dale y dale y dale y medicación brutal de antidepresivos, ansiolíticos, y vamos anfetaminas y derivados para el estudio a niveles alucinantes. Muy preocupantes. (GD. Madrid).
>
> Yo creo que genera mucha ansiedad, las redes sociales generan muchísima ansiedad. Porque a lo mejor tú tienes que cumplir con unos cánones que a lo mejor no se corresponden con tu vida, pero tú es que estás obligado y forzado a subirlo para que todos lo vean. Si tú no tienes redes sociales, tu ansiedad se... se... No sé, yo pienso que generan muchos trastornos las redes sociales." (GD. Sevilla).

Una intensificación emocional fruto de una inadecuada formación en inteligencia emocional, del abandono y de la necesidad de reconocimiento social. Un modo de paliar los vacíos que hace que la vida del joven se complejice mediante manifestaciones de violencia autoinfligida invisibles y constantes. Me exijo y me expongo, a pesar del daño que me suponga, con tal de estar.

Sin duda, el joven puede tener a su alcance alternativas para sanarse, pero el tiempo juega en su contra. Educado en la «búsqueda de lo inmediato», todas aquellas fórmulas que requieran tiempo para la obtención de un mejor resultado se descartan. Prefieren un parche temporal que una solución a largo plazo que requiera de tiempo "la red les viene genial porque es una pantalla en la cual yo no me tengo que mostrar. Muestro el interés" (GD. Madrid).

Los profesionales nos indican que la «búsqueda del inmediato» posiblemente tenga que ver con la sobreprotección de los progenitores como forma de aliviar el abono emocional:

> De esa sobre protección que tienen desde pequeños, se les ha dado todo a cambio de nada muchas veces y ellos van creciendo así por eso lo que buscan es el beneficio inmediato porque siempre lo han tenido realmente y no han tenido que hacer nada para conseguirlo. (GD. Madrid)

Toda esta mochila emocional se podría compensar con unas adecuadas habilidades sociales y comunicativas, pero la escasa formación en inteligencia emocional que queda demostrada en su volubilidad emocional.

> Si queréis lo digo, ya lo tengo un poco pensado, la falta un poco de habilidades de comunicación, la emmm, ha influido en que las relaciones no sean tan sinceras como antes, que son más superficiales con la superficialidad. (GD. Madrid)

Una superficialidad que los lleva a no establecer vínculos fuertes por "miedo a que me abandonen" (GD. Madrid). En realidad, una manifestación de la supervivencia, en cuanto que se evidencia que los *millennials*, tienen más capacidad al cambio "sea lo que es vivir ahora es muy difícil. Entonces... creo que tienen esa capacidad de adaptarse y de resiliencia y de salir de cosas" (GD. Madrid), ahora bien, sin valorar las consecuencias.

4.5. Salud afectiva. Un gran condicionante

Los expertos indican que parte de los comportamientos de los individuos objeto de estudio son la manifestación de una salud afectiva muy precaria y pobre, con dificultades para reconocer sus emociones y mucho más para expresarlas: "Incluso gente pues eso rondando los 30 treinta y tantos... personas que por ejemplo tienen buen trabajo ingenieros una buena posición y emocionalmente descompensados muy descompensados" (GD. Madrid).

La sensación de vacío es constante y la necesidad de suplir esa necesidad los lleva a manifestar comportamientos *impulsivos,* "me compro no sé cuántos zapatos, mañana me voy al bingo, pasado me voy haciendo cosas yo creo ajenas por impulsividad muchas veces según les salga" (GD. Madrid).

Una compulsividad que se traslada a todos los ámbitos de su vida: el *amistoso* "tener 500 amigos que no conozco..." (GD. Madrid) o el monetario:

> No puedo dejar de comprar, compulsividad, porque al final piensas ¿necesitan 500 pantalones? Pues no los necesitas, necesitas uno y eso se extiende a muchos contextos claro que hablamos de la ropa, pero hablamos de necesito estar conectado a internet 24 horas sin parar. (GD. Madrid)

Esa debilidad los lleva a *evadirse de los problemas,* buscando alternativas que mitiguen su desasosiego. Esta evitación en los problemas los lleva también a asumir situaciones de riesgo. "Más conductas de riesgo porque es como a ver si así satisfago o me siento mejor" (GD. Madrid), lo que nos devuelve al inicio del análisis.

> Se piensan que se va a pasar solo, que bueno que ya se pasará o tal...eh... les cuesta afrontar un problema enfrentarse a él y decir: esto tengo que solucionarlo. Es como que lo voy dejando a ver si se pasa y no, no se pasa, sino que al contrario va a peor. (GD. Madrid)

La búsqueda del placer inmediato es su forma de evasión, una dinámica que los lleva a desarrollar comportamientos adictivos justificados desde el *hiperhedonismo* en el plano sexual: "Desinhibición para tener 25 parejas en dos minutos, liarme con lo más grande y no enterarme ni de lo que estoy haciendo simplemente es por el placer y el placer" (GD. Madrid).

Y desde el plano mercadotécnico, "es increíble que en ese descanso del recreo se vayan en esos 20 minutos a apostar o a jugar a la ruleta. En definitiva, intentar ganar dinero, placer inmediato " (GD. Madrid).

Podríamos llegar a afirmar que nuestros jóvenes están enganchados a la vida mediante la búsqueda del placer constante debido a que en muchas ocasiones son incapaces de enfrentarse a sí mismos y a sus medios.

De hecho, uno de los aspectos más reseñables dentro del colectivo es la crisis de identidad en la que están sumidos. Construyen y se filian a tantas etiquetas como sean necesarias con tal de generar sentido de pertenencia grupal. La pretensión es dejar de ser un joven más a ser uno reconocido por el colectivo. Aparecen como puertas de acceso al prestigio social.

> Están como poniendo etiquetas a muchas cosas que antes no y me sentía rarísima entonces ahora es como, jo qué bien, porque pertenezco a algo, pero por otra parte es como uf y ¿ahora yo qué soy? Porque si me tengo que definir con todas etiquetas que hay en el mundo lo mismo no soy nada y encima no estoy en la onda de ahora. (GD. Madrid)

Y como era de esperar, el mercado aprovecha y explota al máximo todo aquel recurso del que se puede generar negocio, incluyendo la sexualidad, las identidades de género o las orientaciones sexuales.

> Me he encontrado con chicas que están que vienen mal a consulta diciendo es que tengo que ser bisexual, es que sino no voy a destacar en mi grupo de amigos porque todos son bisexuales y me dicen que por qué no lo he probado. (GD. Madrid).

El problema no reside en experimentar con diferentes identidades si no en la autoimposición de las mismas por parte de los jóvenes, mayormente mujeres, con el único fin de ser aceptadas. Otra manifestación de la violencia autoinfligida invisible con consecuencias futuras, "la red permite tener, todo el rato, identidades y hoy me apetece ser de un lado y ponerme rubia con ojos azules y mañana morena y con barba pues..." (GD. Madrid), pero tras esto queda el vacío y la imposibilidad de ser ese avatar diseñado en el plano analógico generando más tiempo de exposición en la red. *Millennials* que construyen su propia identidad según lo que la sociedad quiere de ellos, prevaleciendo la imagen externa sobre la interna, "prima lo externo no lo interno. Esa es la clave. Vivimos en un mundo donde lo que importa es lo externo, lo que se ve no lo que no se ve y entonces..." (GD. Madrid).

4.6. Salud sexual precaria, química y falocéntrica

Estamos ante una salud sexual riesgosa por parte de la población objeto de estudio, la sensación de imbatibilidad, la desconexión con la realidad, la mal entendida «libertad sexual» y los principios de la sociedad de consumo no han favorecido un entorno sexual sano.

Se enfrentan en muchos casos a las enfermedades de transmisión sexual de una manera antinormativa. Los expertos nos hablan de una realidad muy diferente a la que nos cuentan los medios de comunicación "se diagnostica en niños de 20-23 años VIH " (GD. Madrid), "el papiloma es una epidemia " (GD. Madrid), etc.

Para estos el gran problema reside en la pornografía, una equívoca fuente de «educación sexual», "influye la gran cantidad de pornografía que ven por internet que lo hacen sin métodos anticonceptivos y al final normalizan " (GD. Madrid).

> Mi mayor enemigo es el porno, pero vamos el porno ya no la peli, sino el vídeo que te mando de para que este fin de semana lo hagas o no hagas porque vayas a contraer alguna infección, pero sí hazlo, porque mira éste que lo hizo y mira que bien le ha ido y se había enrollado con tres o lo que sea

> ¿no? Entonces yo mi mayor enemigo es el porno y alguna serie de televisión por no decir nombres. (GD. Madrid).

> Yo sí que creo que ha habido un aumento de las conductas machistas, porque ahora mismo, con el porno es lo que estamos mamando, y se ha creado una generación que se ha criado con el porno, porque ahora lo tienes en todos los lados. Había una investigación que decía que el noventaitantos porciento de los adolescentes, no sé si el setentaitantos de las chicas en la adolescencia cuando veía porno se sentía culpable, y lo malo es que los contenidos pornográficos son lo peor. (GD. Sevilla).

De hecho, como si de un bucle cósmico se tratase, la búsqueda de experiencias de las que extraer fuertes emociones, alineadas con el hiperhedonismo, hace que se vea en las drogas una forma de intensificar el "placer" de las relaciones sexuales sin medir las consecuencias:

> Ya no sirve tener una relación sexual que dure x minutos si no que necesito estar muchas horas o si pueden ser muchos días y eso me lo proporcionan las sustancias y en ese caso tienden a mezclar drogas de diferentes tipos. Ahora me meto la metanfetamina que me mete un subidón y luego me meto el GHD que me lo va a producir la relajación, el éxtasis líquido, entonces juegan buscando diferentes estados emocionales y diferentes momentos de euroforización. (GD. Madrid).

> Cultura de la violación. Y además hay estudios que explican cómo la exposición masiva y cada vez más temprana a la pornografía cambia de manera permanente en la conducta sexual y el deseo, nos lleva a buscar ese tipo de experiencias y, y exposiciones para conseguir la excitación sexual. (GD. Sevilla).

En el terreno sexual también se evidencia una enorme desconexión del joven con la realidad "se sorprendía cuando les dije que condón tenía fecha de caducidad" (GD. Madrid), pero no es plenamente culpa del *millennials,* pues recordemos que "la información que hay en internet no la podemos controlar. Hay fuentes que son fiables, hay fuentes que no lo son " (GD. Madrid), por lo que terminan generando argumentos para explicar sus acciones.

> Encuentran argumentos para justificarte que no se puede quedar embarazada la primera vez o que si lo hacen de pie tampoco se puede quedar embarazada o porque cae claro, por gravedad es en plan ya física te hacen ahí la sí. (GD. Madrid)

En cuanto a la sexualidad falocéntrica y coitocéntrica, nuestra investigación demuestra que los *millennials* no han roto con el paradigma del falocentrismo, o lo que es lo mismo, considerar que el falo (pene) es el núcleo de la relación sexual basada en el poder, la dominación y el control del hombre y su pene en el centro del coito. Una reducción del sexo a la cópula del macho en el cuerpo de la hembra.

Esta forma de entender el sexo responde a estereotipos masculinos dejando los intereses de la mujer en un segundo plano. Este falocentrismo fue cuestionado por generaciones como la *babyboomer* o la «generación X», quienes comenzaron a reivindicar otras formas de sexualidad, en la que la mujer también debía obtener el placer. Sin embargo, la influencia de la pornografía y los estereotipos de género parecen hacer revertido esta situación, volviendo a dar protagonismo al coito y al falo, convirtiéndola en falocéntrica y coitocéntrica:

> Coitocéntrica y falocéntrica son e inmediata y mmm.... Puf yo que sé es que es muy centrada en el eso en el placer inmediato y encima en hacer veinte mil posturas que porque mi colega me va a preguntar que qué he hecho con esta chica y le tengo que decir que he hecho la postura del columpio haciendo un triple salto. No sé si... es como sí, está esa competitividad también ahí. (GD. Madrid)

> Pero yo lo que más me encuentro, o sea, coitocéntrica seguro porque tenía uno en terapia y chicas a las que atiendo que venían preocupadas porque creían que tenían una enfermedad porque no disfrutan con las relaciones sexuales con penetración vaginal y claro cuando yo les explico que no tienen por qué disfrutar con una penetración vaginal es como si la mochila que traen es como si uf que alivio es que mi chico me estaba diciendo que tenía un problema seguro que tenía algo ahí o que estaba rota o algo de eso. (GD. Madrid)

> Yo quiero tirármela en qué momento se habla, porque ahora me lo dices, pero en qué momento se habla ellos lo ven como una necesidad o sea en plan de esto se mete aquí y punto me quedo bien y no le meto el rollazo de... (GD. Madrid)

Un coitocentrismo falocéntrico tiene como efectos dolencias o daños derivados un «mal sexo», por ejemplo, "desgarros vaginales" *(GD. Madrid).* Un sexo inmediato, no reflexionado, que busca cumplir con los estándares y responder a las presiones del grupo. Es más, en un ejercicio de violencia autoinfligida muchas mujeres participan de estas relaciones sin sentirse cómodas, desde la angustia e incluso desde el miedo, "Buscan relaciones sin afecto. O sea, es en plan instinto tengo una necesidad que se calma con un placer con una eyaculación no sé qué acabo eso y punto y ya ni me centro en." (GD. Madrid).

> O sea en plan que ellos están educados en penetrar en meterla meterla meterla y nosotras es ostras que miedo que me la van a meter no me la van a meter no sé si voy a sangrar o si voy a hacer todo el rato eso claro como ellos están educados en penetrar, penetrar a lo mejor estás metiéndola cuando yo no estoy de acuerdo en que la metas o cuando yo no estoy preparada, entonces esa es mi primera relación sexual la relaciono con un dolor o con un escozor que luego encima se mantiene porque no me conoces no sabes lo que me gusta no me estás tocando donde quiero ella encima no se ve en esa seguridad de decirle oye lo que me gusta es esto deja de tocarme en no sé dónde porque no me gusta y claro se desarrolla al final una disfunción que puede ser un vaginismo [...] el vaginismo sí que lo he visto muchas veces y es que el vaginismo viene de eso, es que todas te dicen es que no sabe tocarme es que el clítoris para él es como el enemigo el desconocido como si viniera de marte, es que no sabe qué es eso. (GD. Madrid).

> A mí, chicas también me han contado [...] de no querer gustarle un chico, por ejemplo, pero enterarse que es virgen y decirle imposible yo no puedo estar contigo, vete mantén relaciones sexuales y cuando estés experimentado vuelves que puedo ser tu pareja". (GD. Madrid)

Llegados a este punto, es evidente que existe un falso empoderamiento sexual de las mujeres *millennials*, que no es más que una construcción de cómo el entorno señala y marca qué debe ser el sexo. La asunción de este constructo, además de costoso a nivel físico, resulta a su vez pesada a nivel emocional, en cuanto que ellas mismas se dejan de lado en muchas ocasiones con tal de obtener un supuesto reconocimiento social de su entorno. Un entorno, en el que expresan sus «hazañas», aunque son los chicos los que, según nuestros expertos, tienen menos reticencias a la hora de hablar de sexo: "que las chicas puedan hablar de sexo se sigue viendo como mal y que puedan decir que se masturban o lo que sea" *(GD. Madrid).*

5. CONCLUSIONES

Este estudio evidencia cómo los rápidos avances del capitalismo de consumo resultan en la comercialización de la vida cotidiana y respaldan la individualidad descarada, elevan las actitudes frente a la toma de riesgos y promueven la auto-gratificación como modo de ser en el mundo. Los datos empíricos muestran cómo estas condiciones culturales se fabrican y diseñan cada vez más a través de potentes plataformas tecnológicas y digitales, como las aplicaciones de teléfonos móviles en línea que pretenden ser un tipo de servicio de citas que ofrece una supuesta libertad de expresión y exploración sexual.

No obstante, la calidad de las citas, la facilidad para ligar y el desarrollo de la propia sexualidad, resultan fundamentales para entender la satisfacción con este tipo de aplicaciones. Si bien, hasta cierto punto, esto puede ocurrir, es decir, hay gente joven que obtiene algunos beneficios positivos del uso de las aplicaciones, su uso en su mayoría representa el asalto mercantilizado en aspectos centrales de nuestras interacciones, identidad e intimidad.

En estos foros se dan interacciones con guiones compuestos de deseos fabricados ideológicamente que reflejan una sumisión a una cultura comercial de indulgencia personal, riesgo individualizado y búsqueda de placer. La ideología comercial detrás de las aplicaciones, por lo tanto, diluye las nociones de género y difumina la orientación sexual, ya que un estatus socio-sexual predomina en la propia mercantilización del usuario en lo que se denomina una «autofagia hipernarcisista». Como medio de resumir nuestro estudio, podemos concluir lo siguiente:

- La joven soporta el peso de la aceptación social en los procesos vitales que asume resultado de una violencia autoinfligida de carácter invisible. Esto aumenta el nivel de lo que para ella es violencia contra la mujer, estando muy expuesta a padecerla, aumentando su vulnerabilidad.
- La mujer vive un falso empoderamiento sexual, en cuanto que su supuesta libertad sexual, no es más que un servicio hacia el heteropatriarcado.
- La desigualdad entre ambos sexos continúa siendo un hecho. La supuesta libertad sexual que aparentemente empodera a la mujer no deja de ser más que una mala interpretación de esta, dado que no se mueven por deseos sino por consentimientos. Y lo peor de todo: es que no lo saben.
- Los daños para la salud física o mental derivados de una sexualidad inmediatista, falocéntrica y coitocéntrica son asumidos como el peaje que se ha de pagar para ser deseada y aceptada. Se acepta como el comportamiento normativo.
- Ellas asumen sexualmente los roles que la pornografía les designó. Recordemos que para los jóvenes la industria del porno es fuente de inspiración por la falta de educación sexual.

- La normalización de actitudes agresivas y violentas presentes en la forma de generar acercamiento, contacto y relaciones expone a los individuos a situaciones controvertidas que no toleraría en el mundo offline.
- El abandono emocional sufrido por estos jóvenes en su infancia genera un vacío que es resuelto mediante actitudes y relaciones tóxicas o superficiales.

La pregunta es, por tanto, ¿acaso el hecho de asumir la denigración, mediante un ejercicio de violencia autoinfligida no avoca a la mujer a vivir en un indestructible modelo de dominación y sometimiento compatible con el heteropatriarcado?[34]

Reflexiones aparte, de nuestra investigación se extraen una serie de recomendaciones que tratar de prevenir la violencia autoinfligida en las jóvenes.

Primera, ha de incrementarse el esfuerzo para superar los roles y los estereotipos de género desde lo dicotómico: lo femenino frente a lo masculino. Sin la adecuada comprensión de la amplitud del género seguirán perpetuándose entre la población más joven estereotipos y roles asociados a la feminidad o a la masculinidad, y ello a pesar del esfuerzo que pongan las instituciones o parte de la sociedad en erradicarlos. Dicho de otro modo, no se puede destruir un modelo que ha fomentado

---

34 Los resultados de nuestra investigación reflejan resultados similares al último barómetro «juventud y género. Ideas, representaciones y experiencias en una realidad compleja» publicado en 2021 por el Centro Reina Sofía sobre Adolescencia y Juventud, Fad. El Barómetro Juventud y Género es una herramienta propia de consulta periódica (bianual), que recoge la percepción de adolescentes y jóvenes entre 15 y 29 años en ámbitos relacionados con las diferencias y desigualdades de género, las identidades, experiencias afectivas y percepciones sobre la desigualdad entre hombres y mujeres. Con la edición de 2021 culmina la tercera oleada del barómetro, tras las realizadas en 2017 y 2019.

la desigualdad durante siglos solo con lo que es aparentemente sencillo de ejemplificar («ni el rosa es de niñas ni el azul de niños») sino explicando e interiorizando los fundamentos básicos que lo sostienen. Indudablemente el esfuerzo ha de ser compartido (Estado, sociedad e individuo), superando el discurso de dominación, cuidado y complacencia cuyo único propósito es perpetuar el sistema y mantener los privilegios de las estructuras de poder.

Segunda, la educación sexual a los jóvenes debe ir acompañada de una óptima orientación a las familias. Es necesario romper con tabúes sexuales y que en los hogares se pueda acompañar al joven en la construcción de su sexualidad en tiempo líquidos, digitalmente complejos.

Y tercera, es prioritario trabajar la salud afectivo-sexual no tóxica desde el autorrespeto, la empatía y el cuidado a la salud mental y física. Solo así podremos alejar la violencia de los comportamientos individuales y/o colectivos.

BIBLIOGRAFÍA

Arévalo-Mira, D. M. (2011). Aproximación multidisciplinar a la violencia autoinfligida. Revista de Psicología GEPU, 2(2), 19–50.

Bauman, Z. (2000). Liquid Modernity. Polity Press.

Bauman, Z. (2003). Liquid love: On the fragility of the human bond. Polity Press

Briggs, D. (2013). Deviance and risk on holiday: An ethnography of British tourists in Ibiza. Palgrave Macmillan.

De Miguel, A. (2015). Neoliberalismo sexual. El mito de la libre elección. Ediciones Cátedra.

Castells, M. (2001). The rise of network society. Blackwell Publishing.

Creswell, J. (2015). A Concise Introduction to Mixed Methods Research. SAGE.

Featherstone, M. (2013). Cultura de Consumo y Posmodernismo. Amorrortu.

Fonseca, A., Cordero, R. R., Silva, A, Pérez, J. R. (2022). Violencia de género y otros fenómenos delictivos en el contexto de las aplicaciones afectivo-sexuales. Diario La Ley, 10150(1) http://hdl.handle.net/11268/11629.

Glick, E. (2000). Sex positive: Feminism, queer theory, and the politics of transgression. Feminist review, 64(1), 19-45. https://doi.org/10.1080/0141778003389.

Han, B. (2017). La expulsión de lo distinto. Herder.

Han, B. (2021). No cosas: quiebras del mundo de hoy. Taurus.

Haraway, D. (1991). Simians, cyborgs and women: the reinvention of nature. Free Association.

Keen A. (2012). Digital vertigo: How today's online social revolution is dividing, diminishing, and disorienting us. St Martins´s Press.

Lipovetsky, G. (1986). La era del vacío. Ensayos sobre el individualismo contemporáneo. Anagrama.

Orwell, G. (2013). 1984. Debolsillo.

Pérez, J. R. (2016). Cyborgs del espacio/tiempo. En Briggs, D., Rámila, N. J., & Pérez, J. R. (Eds.), La Criminología del Hoy y del Mañana. Dykinson. (129–149).

Pérez, J. R., Cordero, R. R., Silva, A. y Briggs, D. (2020). Mercado mecánico de la carne: análisis integrado del proyecto "Enrolla2", sobre aplicaciones afectivo-sexuales. En Ríos, G. y Silva, A. (eds) Nuevos Horizontes en la investigación criminológica. Ultra-realismo. Fondo editorial Universidad de San Martín de Porres.

Pink, S., Horst, H., Postill, J., Hjorth, L., Lewis, T., & Tacchi, J. (2016). Digital Ethnography: Principles and practice. Sage.

Recuero, R. (2015). Social media and symbolic violence. Social media & society, 1(1). https://doi.org/10.1177/2056305115580332.

Rodríguez, E., Calderón, D., Kuric, S., Sanmartín, A., (2021). Barómetro Juventud y Género 2021. Identidades, representaciones y experiencias en una realidad social compleja. Madrid. Centro Reina Sofía sobre Adolescencia y Juventud, Fad. DOI: 10.5281/zenodo.520562. https://www.centroreinasofia.org/publicacion/barometro-juventud-genero-2021/

Sibilia, P. (2017). La intimidad como espectáculo. Fondo de Cultura Económica.

Smith, O. (2012). Easy Money: Cultural Narcissism and the Criminogenic Markets of the Night Time Economy. En S. Winlow y R. Atkinson (Eds). New Directions in Crime and Deviancy. Routledge.

Stokel-Walker, C. (29 de septiembre, 2018). Why is it OK for online daters to block whole ethnic groups? The Guardian. https://www.theguardian.com/technology/2018/sep/29/wltm-colour-blind-dating-app-racial-discrimination-grindr-tinder-algorithm-racism

Vance, C. S. (1989). Placer y peligro: explorando la sexualidad femenina. Talasa Ediciones.

Yar, M. (2014). The cultural imaginary of the internet: virtual utopias and dystopias. Palgrave Macmillan.

Yar, M. y Styeinmetz, K. F. (2006). Cybercrime and Society. Sage

Young, K. S. (2005). Profiling online sex offenders, cyber-predators, and pedophiles. JPB, vol. 5, número 1.

Žižek, S. (2009). The Plague of Fantasies. Verso.

Capítulo 7

Menores y agresiones sexuales: realidad o distorsión

DRA. CARLA DE PAREDES GALLARDO
Directora de la Facultad de Ciencias Sociales
Profesora de Derecho Penal.
Universidad Europea de Valencia

DRA. SUSANA BERROCAL DÍAZ
Profesora de Derecho Penal.
Universidad Europea de Valencia

Los juegos de los muchachos no son tales juegos; antes bien, deben considerarse como sus acciones más serias.

Michel de Montaigne

1. INTRODUCCIÓN

En los últimos años, la problemática vinculada a los menores que cometen delitos, especialmente aquellos relacionados con la libertad sexual, ha generado una creciente preocupación en relación con el incremento de criminalidad. Esta preocupación se manifiesta de manera evidente a través de la cobertura mediática en periódicos y la difusión constante en las redes sociales donde se exponen de manera constante y abrumadora casos de menores, tanto imputables como inimputables que han sido acusados de cometer delitos sexuales contra otros menores.

La situación de la comisión del delito entre menores puede desbordarnos como comunidad, sin embargo, el problema jurídico y social es doble: por una parte, cada vez se hace más evidente la imperativa necesidad de concebir estrategias de prevención orientadas a la inhibición de la comisión de actos ilícitos. Es necesario dirigirse a los individuos susceptibles incurrir en conductas delictivas y fomentar en ellos él una serie de factores que los proteja de las influencias que puedan llevar su involucramiento en actividades criminales. Por otra parte, surge una cuestión de gran envergadura en cuanto a cómo tratar a aquellos menores que ya han cometido el delito. Se plantea la tarea de lograr que comprendan la inadmisibilidad de sus acciones dentro del marco de la convención social y que tomen conciencia de su condición como sujetos que han quebrantado las normas aceptadas por la sociedad en su conjunto.

En esta compleja ecuación, es importante considerar tanto el papel de las víctimas como el de la sociedad en general. Es fundamental abordar la prevención de agresiones sexuales sin generar miedo en aquellos que pueden ser víctimas. Asimismo, resulta crucial educar a la sociedad en pensamiento crítico para evitar que los medios de comunicación y las redes sociales difundan una imagen errónea de la realidad y den la falsa impresión de que vivimos en una sociedad sin leyes.

En nuestra opinión, es especialmente importante dado que el artículo 20[35] de la Constitución Española, en su apartado

---

[35] Artículo 20.1 CE: 1. Se reconocen y protegen los derechos:

a) A expresar y difundir libremente los pensamientos, ideas y opiniones mediante la palabra, el escrito o cualquier otro medio de reproducción.

b) A la producción y creación literaria, artística, científica y técnica.

c) A la libertad de cátedra.

d) A comunicar o recibir libremente información veraz por cualquier medio de difusión. La ley regulará el derecho a la cláusula primero, letra d) reconoce y protege el derecho a comunicar o recibir libremente información veraz por cualquier medio de difusión. No obstante, en muchos casos la veracidad de la información es cuestionable tanto desde el punto de vista jurídica como moral.

Dada la complejidad de la situación expuesta y los diferentes puntos de vista a considerar, la Criminología se presenta como una ciencia empírica y transdisciplinar que ostenta un potencial importante en el contexto de las labores de prevención y reeducación al que nos hemos referido anteriormente. La realidad descrita demanda un análisis desde múltiples perspectivas, lo que, a su vez, requiere la adopción de un enfoque interdisciplinario que permita comprender las causas del comportamiento criminal y desarrollar estrategias efectivas para su prevención y la rehabilitación de los delincuentes. En este sentido, la Criminología se convierte en una herramienta clave para abordar este problema de manera integral y colaborativa, involucrando a expertos en áreas como la psicología, el derecho, la sociología entre otras.

En primer lugar, habría que determinar el marco jurídico en el que nos movemos. Para poder conocer un delito y su evolución normativa, es necesario tener una visión panorámica que abarque su desarrollo histórico y las circunstancias que han influenciado su actual configuración legal.

En segundo lugar y en respuesta a las preocupaciones anteriormente mencionadas, se requiere un análisis detallado de la problemática relacionada los delitos contra la libertad sexual en el contexto de los menores. Una vez que hemos identificado las figuras de agresor y víctima, es esencial encaminar nuestros esfuerzos hacia estrategias de prevención y, posteriormente,

---

de conciencia y al secreto profesional en el ejercicio de estas libertades.

abordar programas para la reeducación que se adapten a las circunstancias específicas de cada caso.

2. EL MARCO JURÍDICO DE LOS DELITOS CONTRA LA LIBERTAD SEXUAL

Los delitos contra la libertad sexual han experimentado numerosas modificaciones, especialmente durante las últimas dos décadas, en consonancia, con las demandas emanadas de la sociedad española y las enmiendas realizadas por el Legislador. La consideración de la liberta sexual como un bien jurídico tutelado se consolido a partir de las reformas del Código Penal de 1980.

Actualmente, la regulación de estos delitos se encuentra dispuesta en el Titulo VIII del Libro II del Código Penal, que abarca los delitos contra la libertad e indemnidad sexual. Esta sección se, encuentra estructurado en seis capítulos, englobando los artículos del 178 al 194.

Como bien se ha señalado, las figuras delictivas comprendidas bajo esta rúbrica del Código Penal han sufrido una evolución constante, Una de las reformas más importantes se produjo en el año 1995, con la promulgación de la Ley Orgánica 11/1995, que introdujo modificaciones sustanciales en el Código Penal, estableciendo una definición más precisa de los delitos sexuales y una mayor protección de los derechos de las víctimas. En particular, esta reforma amplió la tipificación de las agresiones sexuales y se introdujeron nuevas figuras delictivas, como el acoso sexual o el abuso sexual, con el fin de abordar de manera mas exhaustiva y efectiva las distintas manifestaciones de la violencia sexual en la sociedad.

En el año 2003, se llevo a cabo una importante reforma legislativa de relevancia significativa mediante la promulgación de la Ley Orgánica 1/2003. Esta reforma conllevo la determinación de una edad mínima de consentimiento fijada en 13 años y una modificación en las penas previstas para los delitos de naturaleza sexual. Además, introdujo la figura del delito continuado en el ámbito de los delitos sexuales, lo cual redundo en un incremento de las salvaguardias para las víctimas en casos de abusos reiterados.

Posteriormente, en el año 2015, se materializo una nueva reforma relevante a través de la Ley Orgánica 1/2015, que incorporo sustanciales innovaciones en la normativa que regula los delitos sexuales. En concreto, se eliminó la distinción entre abuso y agresión sexual y se estableció la necesidad de obtener un consentimiento libre y expreso para llevar a cabo cualquier acto de naturaleza sexual. Asimismo, se establecieron medidas de protección adicionales en favor de las víctimas, como la posibilidad de declarar por videoconferencia o la restricción de acceso a su historial sexual.

Estas reformas reflejan el continuo compromiso del legislador por mejorar la protección de los derechos de las víctimas y la adecuación de la legislación a las demandas y valores cambiantes de la sociedad en lo que respecta a los delitos sexuales.

En el transcurso del presente año, se ha producido una nueva evolución en el marco jurídico relacionado con los delitos sexuales, con la implementación de lo que se ha denominado la "Ley del solo sí es sí"[36]. Esta ley aborda la agresión sexual con violencia e intimidación desde la óptica del consentimiento, a la vez que elimina la distinción previamente existente hasta entonces entre agresión sexual y abuso sexual aglutinando ambas figuras bajo un mismo tipo penal. Es importante destacar que esta normativa ha sido complementada por la Ley Orgánica 4/2023, de 27 de abril, que introduce modificaciones en la Ley

---

36 Ley Orgánica 10/2022, de 6 de septiembre, de garantía integral de la libertad sexual.

Orgánica 10/1995, de 23 de noviembre, del Código Penal, en relación a los delitos contra la libertad sexual, así como la Ley de Enjuiciamiento Criminal y la Ley Orgánica 5/2000, de 12 de enero, que regula la responsabilidad penal de los menores. Estas adaptaciones normativas resultaron necesarias debido a las diferencias surgidas en las sentencias con posterioridad a la promulgación de la primera ley mencionada, y tienen por objetivo garantizar la coherencia y la adecuación del marco legal a las cambiantes realidades y demandas en el ámbito de los delitos sexuales.

En la actualidad, la agresión sexual se encuentra tipificada como un delito contra la libertad sexual que se comete mediante el empleo de violencia, intimidación o cualquier otra forma de coacción. La configuración de este delito esta sujeta a la ausencia de consentimiento de la persona afectada, con la condición de que al menos una de las circunstancias previstas en el artículo 178 del Código Penal este presente. Las penas varían en función de la gravedad de la agresión y de las circunstancias que concurran en cada caso específico.

Los tipos básicos de las agresiones sexuales vienen configurados en los artículos 178 y 179 del Código Penal. En particular, el articulo 179 recupera el término "violación" para denotar una mayor gravedad de los actos ilícitos cuando se cumplan los elementos del tipo penal. Para una comprensión más precisa del marco legal en torno a la figura de la agresión sexual, se hace necesario diferenciar entre aquellas agresiones sexuales que no involucran penetración y aquellas en las que se configura el delito de violación.

Las agresiones sexuales sin introducción del artículo 178 del Código Penal, se refieren a aquellas situaciones tasadas en la Ley caracterizados por la ausencia consentimiento por parte de la víctima. La conducta típica en este contexto abarca una variedad de acciones, como tocamientos impúdicos o contacto corporal de distintos tipos que implique una connotación sexual. Cabe destacar que esta tipificación no distingue entre los géneros de los sujetos activo y pasivo. En el análisis de este tipo penal se deben tener en cuenta una serie de consideraciones:

- La cláusula de consentimiento que contiene el tipo penal y que se concreta en la Ley Orgánica 10/2022, de 6 de septiembre, de garantía integral de la libertad sexual. El consentimiento en este caso debe basarse en indicios objetivamente razonables, determinando la Sala Segunda del Tribunal Supremo al respecto que el "consentimiento se construye como positivo y concluyente"[37]sin que sea necesario que sea expreso.
- La violencia ha de ser suficiente para que sea capaz de doblegar la voluntad de la víctima siendo necesario que sea grave e inminente, de modo que tenga un impacto efectivo en la capacidad de elección de la víctima.
- Existencia de una situación de superioridad o de vulnerabilidad, teniendo en cuenta la especial situación de la víctima lo que se deriva en la necesidad de poder entender que el consentimiento no ha sido libremente prestado por la víctima.
- La situación de privación de sentido, situación mental o anulación de la voluntad de la víctima.

Junto al tipo de la agresión sexual, se encuentra tipificado el supuesto de violación. En este caso, el tipo queda conformado por la introducción del órgano genital masculino por vía vaginal, anal o bucal y también por la introducción de miembros corporales o de objetos por vía vaginal o anal no siendo necesaria la falta de consentimiento independientemente si se ejerce o no violencia o intimidación.

---

[37] STS 196/2023.

Igualmente existen en nuestro Código Penal una serie de subtipos agravados y atenuado, sin embargo, resulta de especial interés el supuesto de delitos sexuales cuyo sujeto pasivo es un menor por ser un supuesto en el que no solo queda agredida la libertad sexual sino también el desarrollo de la personalidad del menor. Estos tipos delictuales abren el Capítulo II, del Título VIII del Libro II del Código Penal con el artículo 181.

Conforme al artículo anterior, el primer apartado establece una sanción de carácter genérico aplicable a cualquier situación que involucre la realización de actos sexuales con un menor de dieciséis años o que implique su participación en tales actos. Los apartados 2, 4 y 5 representan modalidades agravadas del delito, haciendo referencia al delito de violación y estableciendo una serie de agravantes específicas, respectivamente. Por su parte, el apartado tercero del artículo establece la atenuante.

Además de ello, el artículo 183 incorpora las nociones de *grooming* y *sexting*. El primero de estos conceptos penaliza las acciones de aquellos individuos que, empleando medios de comunicación electrónica o cualquier forma de nueva tecnología contacte con un menor con la finalidad de materializar las conductas descritas en los artículos 181, ut supra, y 189 del Código Penal. Por su parte, el *sexting* se refiere a la conducta de embaucar sexualmente a un menor para que facilite material pornográfico o bien de mostrar este tipo de material pornográfico en el que aparezcan menores a un menor.

Descrito el tipo penal y la situación evolutiva en el que se encuentra el mismo, la cuestión que actualmente se suma a aquellas ya existentes, es el número de agresiones sexuales perpetradas por menores con la que nos despiertan los medios de comunicación y los motivos que han podido llevar a esta aparente escalada.

3. AGRESIONES SEXUALES EN CIFRAS: UNA REALIDAD OBJETIVA

En cuanto a la realidad de cualquier delito, es importante destacar que esta puede variar significativamente dependiendo de si se analiza desde la óptica de las condenas judiciales o desde el punto de vista de las denuncias presentadas ante las autoridades.

Al profundizar en el análisis de las denuncias presentadas, se evidencia que la mayoría de los casos registrados, concretamente 7.218 de 9.468 hechos denunciados, representan el 76.23% del total. Estas denuncias abarcan una variedad de delitos sexuales, que incluyen agresiones sexuales (delitos sexuales con fuerza y violencia sobre la víctima, pero sin penetración), abusos sexuales, acoso sexual, exhibicionismo y provocación sexual, y delitos relacionados con la prostitución y la explotación sexual. En segundo lugar, el delito más recurrente, con 1.239 denuncias, corresponde al 13.08% del total de los delitos sexuales. Este delito especifico hacer referencia a las agresiones sexuales con penetración, o violaciones. Le siguen en frecuencia, 625 casos por pornografía infantil, representado el 6.60% y, finalmente, se registraron 386 denuncias por corrupción de menores o incapacitados, constituyendo el 4.07% del conjunto de delitos sexuales reportados (Instituto Nacional de Estadística).

Los datos que se presentan corresponden exclusivamente a cifras oficiales. Sin embargo, es importante reconocer que en el ámbito de la delincuencia sexual existe, una significativa "cifra negra", de delitos ocultos, ya que muchas víctimas de abusos o agresiones sexuales se abstienen de denunciar los delitos sufridos (Pereda et, 2018). A este respecto, diversos estudios internacionales estimaron décadas atrás que solamente llegarían a denunciarse entre el 6% y el 20% del conjunto de los delitos sexuales que realmente se producen (Mayhew, 1989).

Tal porcentaje de denuncia es variable dependiendo de la tipología específica de delitos de que se trate. Por ejemplo, en algunos estudios europeos se ha constatado que mientras que se denunciarían alrededor del 50% de las violaciones, los abusos a menores solo se denunciarían en un 10% de los casos. Esta escasa frecuencia de denuncia de los abusos infantiles podría deberse en muchos casos a la proximidad física y emocional entre víctimas y agresores, en la medida en que muchos de estos delitos acontecen en el marco familiar o de relaciones íntimas (Martínez-Catena y Redondo, 2016), lo que promovería la ocultación del delito.

Por otra parte, al considerar el recuento de individuos penados en nuestro país por delitos relacionados con la libertad sexual, se puede observar en la gráfica nombrada como Figura 1 el importante repunte que estas condenas sufre a partir de 2020.

Figura 1. Fuente Instituto Nacional de Estadística. Gráfica de condenados en España por delitos sexuales en el año 2021

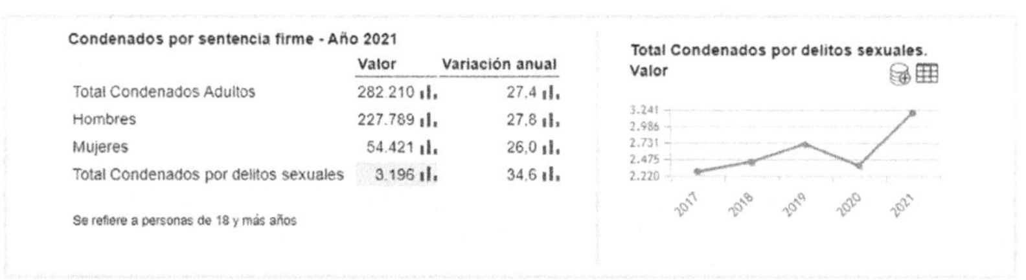

Condenados por sentencia firme - Año 2021

	Valor	Variación anual
Total Condenados Adultos	282.210	27,4
Hombres	227.789	27,8
Mujeres	54.421	26,0
Total Condenados por delitos sexuales	3.196	34,6

Se refiere a personas de 18 y más años

Esta situación de repunte debe llevar a poner el ojo en la reeducación, resocialización y reinserción de los sujetos autores de esta tipología de delitos y sobre todo en la cuestión del tratamiento dentro del sistema penitenciario.

Efectivamente, los tratamientos aplicados a los delincuentes sexuales buscan favorecer cambios personales significativos en valores, actitudes y comportamientos, para que puedan reintegrases en la sociedad de manera adecuada y evitar que vuelvan a cometer delitos sexuales. Los tratamientos buscan, entre otras cosas, modificar y eliminar los factores de riesgo individuales y sociales que han influido negativamente en sus relaciones personales y contribuido a favorecer la comisión de delitos sexuales. Estos factores pueden ser diversos, como, por ejemplo, patrones de pensamientos distorsionados, problemas emocionales, baja autoestima, dificultades para establecer relaciones interpersonales adecuadas, entre otros. (Martínez-Catena y Redondo, 2016).

Para promover los cambios personales que pretende el tratamiento es necesario tomar en consideración que sobre la conducta delictiva confluyen tres grandes dimensiones del comportamiento:

a) los hábitos o rutinas cotidianas de los individuos, incluidas sus conductas sexuales; b) las cogniciones, o pensamientos que amparan y favorecen dichos hábitos; y, c) las emociones, que, como una alta excitación sexual, la ira o la falta de empatía con posibles víctimas, pueden estimular las conductas de abuso y agresión sexual.

Estos tratamientos, se realizan en nuestros centros penitenciarios desde 1998 abordando cuestiones como la historia personal del sujeto, sus posibles distorsiones cognitivas, su conciencia emocional, la capacidad de empatía, la existencia de comportamientos violentos, la modificación del impulso sexual…entre otros. Solo con los datos de reincidencia podemos conocer la funcionalidad de estos programas y dada la cifra negra de estos delitos a la que ya hicimos referencia, se torna complejo conocer la realidad de la misma.

4. MENORES Y DELITOS CONTRA LA LIBERTAD SEXUAL EN CIFRAS

Cuando se habla de cifras, siempre acudiendo a estadísticas oficiales y no a las que en muchas ocasiones se publican en redes sociales o medios de comunicación retorcidas de mil formas para provocar mayor impacto en la población, encontramos el primer escollo: su actualización.

Las cifras más recientes en cuanto a comisión de delitos por parte de menores corresponden al año 2021, no obstante, no es posible anticipar mejorar significativas para el año 2022. Si atendemos a lo publicado, 2023 ha comenzado con una buena cantidad de noticias de menores que comenten ilícitos; sin embargo, ¿estas noticias son realmente ciertas?, ¿delinquen los menores en nuestro país tanto como parece según la prensa y las redes sociales?

Que nuestros menores delinquen es un hecho tan antiguo como la propia sociedad. No existe la situación de inseguridad cero ni puede existir en las sociedades actuales. Si atendemos a las cifras publicadas por el Consejo General del Poder Judicial del año 2021, los delitos condenados en España en materia de menores quedarían configurados como se expone en la Figura 2:

Figura 2. Fuente: Consejo General del Poder Judicial. Menores (explotación estadística del Registro Central de Sentencias de Responsabilidad Penal del Menores)

	Total edad	14 años	15 años	16 años	17 años
Total Infracciones	26.349	4.110	5.859	8.089	8.291
A Delitos	26.349	4.110	5.859	8.089	8.291
1 Homicidio y sus formas	63	2	15	19	27
3 Lesiones	8.917	1.450	1.734	3.091	2.642
6 Contra la libertad	2.422	430	645	691	656
6.1 Detenciones ilegales y secuestro	19	3	3	4	9
6.2 Amenazas	2.156	376	578	611	591
6.3 Coacciones	247	51	64	76	56
7 Torturas e integridad moral	1.471	327	393	423	328
8 Contra la libertad e indemnidad sexuales	609	177	181	134	117
8.1 Agresiones sexuales	55	10	7	24	14
8.2 Abusos sexuales	176	75	37	30	34
8.99 Otros delitos contra la libertad e indemnidad sexuales	378	92	137	80	69
10 Contra la intimidad, derecho a la propia imagen	230	58	68	58	46
10.1 Descubrimiento y revelación de secretos	166	51	53	40	22
10.2 Allanamiento de morada	64	7	15	18	24
13 Contra el patrimonio y el orden socioeconómico	9.277	10.638	3.529	4.854	5.748
13.1 Hurtos	2.038	284	466	568	720
13.2 Robos	4.794	706	1.114	1.421	1.553
13.2.1 Robo con violencia	2.952	456	724	876	896
13.2.2 Robo con fuerza	1.842	250	390	545	657
13.4 Robo y hurto de uso de vehículo	478	64	136	148	130
13.5 Usurpación	47	3	8	18	18
13.6 Defraudaciones	358	42	64	110	142
13.9 Daños	1.407	226	352	380	449
13.14 Receptación y blanqueo de capitales	129	27	24	35	43
13.99 Otros delitos contra el patrimonio y orden socioeconómico	26	9	4	6	7
17 Contra la seguridad colectiva	1.413	134	269	420	590
17.3 Contra la salud pública	352	26	58	99	169
17.4 Contra la seguridad vial	1.041	103	207	317	414
17.99 Otros delitos contra la seguridad colectiva	20	5	4	4	7
18 Falsedades	65	7	9	15	34
18.2 Falsedades documentales	40	4	5	9	22
18.99 Otros delitos de las falsedades	25	3	4	6	12
20 Contra la Administración de Justicia	484	45	103	140	196
20.5 Acusación y denuncia falsa	24	6	3	8	7
20.7 Obstrucción a la justicia	95	18	26	28	23
20.8 Quebrantamiento de condena	345	16	70	98	161
20.99 Otros delitos contra la Administración de Justicia	20	5	4	6	5
22 Contra el orden público	1.327	115	255	395	562
22.2 Atentados contra la autoridad y de la resistencia y desobediencia	1.183	102	223	339	519
22.2.1 Atentados contra la autoridad	792	65	157	233	337
22.2.2 Resistencia y desobediencia	391	37	66	106	182
22.5 Tenencia, tráfico, depósito de armas y explosivos	39	4	6	14	15
22.99 Otros delitos contra el orden público	105	9	26	42	28
R Resto de delitos	71	4	19	17	31

Con relación a los delitos contra la libertad sexual, podemos observar en la siguiente gráfica (Figura 3) que en el pasado 2021 hubo 439 menores condenados por delitos sexuales, un 12,6% más que el año anterior y un 5,5% más que en 2019. En 96,8% fueron varones y el 3,2% mujeres. El total de condenados menores fueron 13.595, de los cuales 11.016 fueron hombres y 2.579 mujeres.

Figura 3. Fuente: Instituto Nacional de Estadística. Menores condenados por delitos sexuales

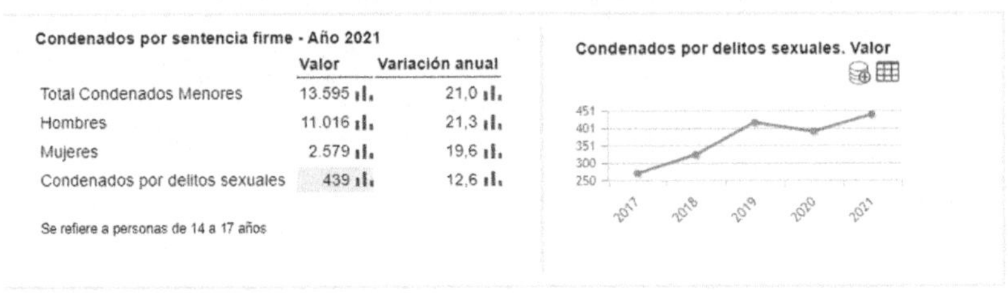

Condenados por sentencia firme - Año 2021

	Valor	Variación anual
Total Condenados Menores	13.595	21,0
Hombres	11.016	21,3
Mujeres	2.579	19,6
Condenados por delitos sexuales	439	12,6

Se refiere a personas de 14 a 17 años

En la representación gráfica que se expone a continuación como Figura 4, se observa una escalada gradual en los últimos años en lo que concierne a la comisión de delitos relacionados con la libertad sexual, con un énfasis particular en la implicación de menores en dichos actos delictivos.

Figura 4. Fuente Instituto Nacional de Estadística. Infracciones penales en materia de delitos contra la libertad sexual por edad

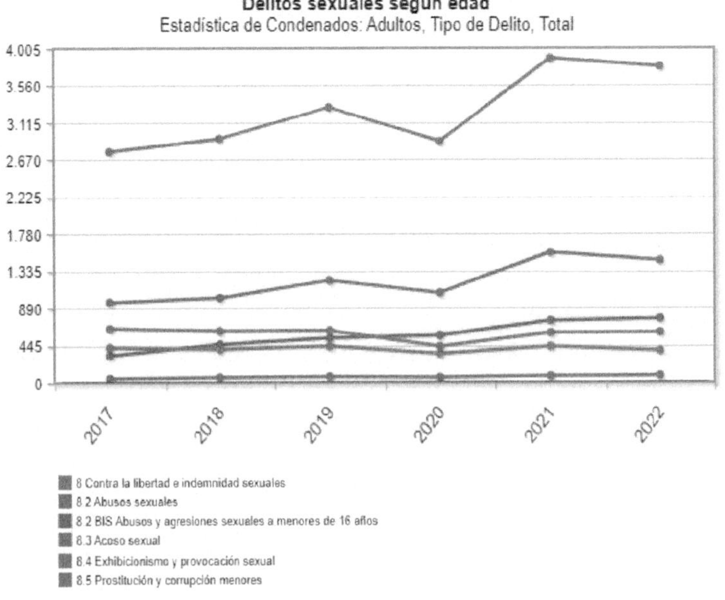

A la luz de estas cifras es plausible inferir, como indicamos anteriormente, que los datos correspondientes a 2022 no experimentaran mejoras sustanciales. Pero en lugar de centrarnos exclusivamente en la pregunta de qué está sucediendo en nuestro país, el debate social se ha inclinado hacia la idea de endurecer las penas, sin embargo, surgen cuestionamientos pertinentes ¿es necesario?, ¿hay tratamientos para trabajar con menores y lograr su reeducación? ¿los tratamientos son efectivos?, ¿se trabaja adecuadamente en el camino de la reeducación y la reinserción en nuestros centros de menores?

5. EL MENOR COMO INFRACTOR EN LOS DELITOS CONTRA LA LIBERTAD SEXUAL

Como se ha señalado previamente, la Criminología es una ciencia empírica y transdisciplinaria. García de Pablos la definió de manera precisa como "ciencia empírica e interdisciplinaria que se ocupa del crimen, del delincuente, la víctima y del control social del comportamiento desviado" (García Pablos, 1989.). Esta definición resalta la naturaleza multifacética de la Criminología que aborda una amplia gama de aspectos relacionados con la delincuencia y el sistema de justicia penal, desde el estudio de las causas y consecuencias del delito hasta la evaluación de políticas y programas de prevención y control social.

Efectivamente, la Criminología es una ciencia empírica y transdisciplinaria que abarca la problemática del crimen, el perfil del delincuente, el impacto en la víctima y las estrategias del control social para gestionar el comportamiento desviado. Esta definición propuesta por García de Pablos subraya que la Criminología es una disciplina que se fundamenta en la observación y el análisis de la realidad criminal, empleado métodos y técnicas de investigación típicos de las ciencias sociales.

Una de las preocupaciones centrales tanto de la Criminología como de la sociedad en su conjunto es la prevención del delito. En este nuevo escenario de prevención delineado por la Criminología, es fundamental trabajar con la figura del infractor. Este abordaje debe articularse a través de los mecanismos de control social, tanto formales como informales. Los mecanismos de control social formal, que involucran a los Jueces y Magistrados, el Ministerio Fiscal y los miembros de las Fuerzas y Cuerpos de Seguridad requieren una formación sólida para llevar a cabo una labor rigurosa una vez que se comete el delito. Sin embargo, si el objetivo es la prevención, resulta fundamental profundizar en la influencia de la familia, la escuela y el grupo de pares como elementos cruciales de un control social informal. Estos actores deben desempeñar un papel fundamental en la educación primaria en valores y normas sociales que harán del menor como un miembro deseable de su comunidad.

Será mediante los mecanismos de control social informal que podremos identificar comportamientos o actitudes que nos permitan detectar factores de riesgo en el perfil de un menor que potencialmente, podría convertirse, en un futuro o incluso en el presente, agresor sexual en cualquiera de las variantes contempladas en el ámbito del tipo penal.

Sin necesidad de alarmar a la sociedad, y desde la óptica de un control social informal vigilante, podemos determinar una serie de factores de riesgo que podrían conducirnos a encontrar menores con posibilidades de convertirse en sujeto activo de un delito relacionado con la libertad sexual.

Los factores de riesgo se perfilan como el instrumento oportuno para determinar la posible causa del delito y con ello explicar este fenómeno. (Loeber et., 1990). Por ello, identificar y entender tales factores de riesgo no solo es fundamental para el desarrollo de intervenciones tendientes a prevenir o reducir la comisión de delitos, sino también para la construcción de una teoría sobre la etiología del crimen.

De esta forma, desde la óptica de la Criminología, este enfoque nos permitirá identificar factores que inciden en la conducta delictiva, validar las distintas teorías criminológicas que explican la comisión del delito y descubrir aquellos factores de riesgo que pueden ser la causa de estos comportamientos (Tanner-Smith et al, 2019). Este enfoque promisorio podría resultar fundamental para determinar y aplicar programas de intervención que demuestren su eficacia en la prevención y el tratamiento de la delincuencia juvenil.

En el campo que nos ocupa, es especialmente importante poder determinar qué tipos de factores de riesgo se encuentran y desarrollan en el caso de menos agresores sexuales. Atendiendo Farrington & Welsh (2007), el concepto de factor de riesgo hace referencia a la capacidad de predicción de futuras ofensas durante la infancia a través de determinadas variables. En líneas generales, estas pueden clasificarse, de forma sucinta en las siguientes:

- *Factores biológicos*: Es importante resaltar la influencia de factores biológicos en la formación de la personalidad violenta, y en particular, en la génesis de comportamientos delictivos como la agresión sexual. Incluso las primeras teorías sobre agresores sexuales han planteado la posible relación entre niveles elevados de testosterona en el organismo y la predisposición a cometer actos violentos (Redondo, 2002). En este contexto, algunos estudios indican que aproximadamente el 33% de los agresores sexuales menores pueden presentar algún tipo de disfunción neurológica (Sánchez, 2003).
- *Factores de personalidad*: Los factores de personalidad desempeñan un papel crucial en la comprensión de los comportamientos delictivos, particularmente en el contexto de los agresores sexuales menores. Estos factores pueden

incluir una falta de control de impulsos, habilidades cognitivas limitadas, un coeficiente intelectual bajo, dificultades en la concentración y una búsqueda de sensaciones (Sánchez, 2003). Además, es común observar un déficit en el desarrollo de habilidades sociales, una falta de empatía y otros rasgos similares. Es importante destacar que, en el caso de algunos menores, se agrada un factor adicional como es la distorsión cognitiva. Esta distorsión puede surgir debido a la exposición prematura a situaciones inadecuadas para su edad, como puede ser, por ejemplo, la visualización de películas de contenido pornográfico. En muchas ocasiones, esto lleva a que el menor interprete de manera errónea el comportamiento de la persona a la que convierten en víctima del delito. Esto genera una separación entre la percepción del menor y la realidad de la situación que esta experimentando, lo que contribuye a una comprensión distorsionada de los eventos y una desconexión entre su percepción y la realidad objetiva.

- *Factores relativos a la sexualidad*: Es fundamental considerar también los factores relacionados con la sexualidad al analizar la personalidad de un menor que podría convertirse en un agresor sexual. Estos factores pueden incluir experiencias de aprendizaje observacional, como la exposición a la pornografía (Echeburúa, 2009). Además, es relevante destacar la capacidad de mantener activamente en la memoria estas experiencias, a menudo olvidando o minimizando los aspectos negativos de la experiencia (Sánchez et al., 2011). Estos elementos son cruciales para poder desarrollar un perfil más completo de la personalidad de un menor que puede convertirse en un agresor sexual.

- *Factores familiares:* Los factores familiares desempeñan un papel critico en del desarrollo de un menor y en la prevención de comportamientos delictivos, incluyendo la agresión sexual. Como se mencionó previamente, la familia constituye un elemento esencial de control social informal fundamental en la educación u formación del menor, guiándolo en su camino hacia la adquisición de valores y comportamientos socialmente deseables. La calidad de la relación familiar y la presencia de un adecuado apego emocional. (Redondo, 2002), son aspectos cruciales. Un entorno familiar caracterizado por tensiones, conflictos y un escaso vinculo afectivo puede incrementar el riesgo de qué el menor desarrolle conductas ilícitas (Barbaree et al., 2008). Otros factores familiares que deben ser considerados incluyen la presencia de abusos sexuales en el seno familiar, la exposición temprana del menor a relaciones sexuales, y situaciones de abandono o negligencia por parte de los cuidadores. Estos elementos pueden ser determinantes en el desarrollo de conductas delictivas por parte del menor, incluyendo la agresión sexual.

- *Factores socio culturales:* Los factores socioculturales desempeña un papel significativo en la formación de la personalidad y el comportamiento de los menores, y en la actualidad, se han identificado ciertos factores de riesgo clave para explicar el fenómeno de la delincuencia juvenil, incluyendo la agresión sexual. El contexto en el que el menor crece y se desarrolla tiene un impacto profundo en su socialización y formación de valores. Si el entorno familiar no brinda una orientación adecuada y deja la socialización en manos de las redes sociales o los videojuegos, el menor puede experimentar una falta de apego al entorno familiar y una desconexión de la realidad. En la era digital actual, la competencia digital es esencial para los jóvenes. Sin embargo, un uso inadecuado de las redes sociales puede influir negativamente en la percepción de la realidad y en la formación de valores, lo que puede aumentar el riesgo de conductas delictivas. La creciente presencia del metaverso y otras realidades virtuales plantea desafíos adicionales en la educación y la socialización de los menores. Junto con la exposición a determinados video juegos que contienen contenido violento o sexual, que puede influir en la desensibilización de los menores hacia la violencia o en la normalización de comportamientos inapropiados.

Sin embargo, también creemos que es importante preguntarnos cuál es el papel del control social en estos supuestos. Sabemos que, en el camino del desarrollo de la persona, esta pasa por distintas fases de aprendizaje en el camino a la madurez. ¿Pero qué es lo que hace que un menor delinca? ¿Por qué un menor agrede sexualmente a otro? ¿Qué falla y sobre qué podemos trabajar para evitarlo?

Es evidente que el trabajo desde los factores de riesgo y de protección en los sujetos es primordial en la prevención de la delincuencia y, también en materia de delitos contra la libertad sexual. Pero este trabajo, creemos, debe verse complementado con una mejora en los instrumentos de control social informal, a saber, la escuela y el grupo familiar.

En este sentido, entendemos como necesario el entendimiento y la coordinación entre la escuela y el grupo familiar. Pensemos en el caso de los menores que presuntamente han estado agrediendo a otros menores en un centro comercial de Badalona. Si atendemos a lo que ha transcendido a la opinión pública, en el caso que tomamos como ejemplo por su gran difusión en los medios de comunicación y redes sociales, se trata de menores sobre los que el control social informal evidentemente no ha funcionado. Son menores que no acuden al centro educativo de forma continuada, tienen problemas en el mismo y no se adaptan a las normas. El centro educativo, como elemento de control social informal, tiene la obligación de actuar sobre el menor con los recursos de los que dispone a su alcance. No podemos olvidar que la sociedad demanda de sus organismos e instituciones que ejerzan sus funciones y una de las funciones de la escuela es el modelado de ciudadanos respetuosos con otros ciudadanos y con las reglas de convivencia. En este sentido, el centro educativo debe poner en conocimiento de los progenitores de dichos menores, la situación que se está produciendo y con ello establecer unas líneas de actuación conjunta como, por ejemplo, el acompañamiento del menor al centro educativo por sus progenitores, la obligación de entregar firmadas las tareas diarias, la realización de informes y reuniones al respecto de la evolución de la situación, entre otros. Frente a esto, nos encontramos con centros educativos donde el sistema no informa ni hace seguimiento y el menor se pierde su evolución educativa y social dentro de la escuela.

Por su parte, los progenitores también pueden suponer un punto negativo de partida para la evolución personal del menor. La falta de acompañamiento, la falta de afecto, realidades de maltrato y/o consumo de sustancias, padres no preparados ni interesados en la crianza, progenitores que no siguen la norma social y es lo que transmiten a sus hijos. Un largo etcétera de situaciones que sumadas a la falta de coordinación con el centro educativo, provoca la falsa realidad en el menor de que las normas no sirven para nada y que están para no cumplirlas, lo cual, unido al grupo de pares adecuado, provoca sin duda, el sustrato suficiente para el cultivo de conductas desviadas que pueden llegar a convertirse en conductas sancionadas por el Derecho Penal.

A pesar de la alarmante realidad criminógena en materia de delitos sexuales cometidos por menores de edad, existe esperanza en el tratamiento y la reeducación de estos jóvenes. A diferencia de los adultos, el perfil del menor agresor sexual suele ser distinto y más propenso a admitir la comisión del delito. Esto puede ser una ventaja en el proceso de reeducación y tratamiento, ya que el menor puede estar más dispuesto a trabajar en cambios significativos en sus valores, actitudes y comportamientos, con el objetivo de eliminar los factores de riesgo individuales y sociales que han contribuido a su comportamiento delictivo.

Por lo tanto, aunque la situación es preocupante, el trabajo de reeducación y tratamiento puede ser una herramienta efectiva en la prevención de futuros delitos sexuales por parte de estos menores.

Teniendo en cuenta la mayor capacidad de aprendizaje en los menores que en la edad adulta y la posibilidad de trabajar con un sujeto desde la perspectiva del porqué su acción es contraria a los elementos del control social formal y por qué no es una conducta deseable, la aplicación de tratamientos de intervención resulta a priori menos compleja y con ello, el riesgo de reincidencia también sería menor.

En estos momentos es incuestionable la necesidad de tratamientos terapéuticos para trabajar en la reeducación de los sujetos infractores, así como en la prevención de la reincidencia, pero, lo cierto es que, en el campo que nos ocupa, podemos decir que apenas existen programas de intervención específicos para el supuesto de menores agresores sexuales. Existen programas como el excelente trabajo realizado por Santiago Redondo y otros profesionales en la Comunidad de Madrid en relación con esta cuestión en el año 2012.[38] Pero ¿cuál es la realidad en la aplicación de este tipo de programas?

Existe una amplia evidencia científica respecto de la incidencia terapéutica directa, a partir de un tratamiento, sobre alguna de las dimensiones del comportamiento siendo susceptible de reducir el riesgo global de conducta sexual delictiva

---

38 Santiago Redondo, Programa de Tratamiento educativo y terapéutico para agresores sexuales menores. Agencia de la Comunidad de Madrid para la reeducación y reinserción del menor infractor.

(Redondo, 2017). El objetivo primordial de cualquier intervención terapéutica, y concretamente del tratamiento dirigido a agresores sexuales, es ayudar a los participantes a movilizar y enriquecer hábitos, pensamientos y repertorios emocionales, con la finalidad de favorecer un comportamiento sexual apropiado y la inhibición de su previa conducta delictiva. Volver a formar parte de la comunidad en la que vive el sujeto sin ser un factor de peligro para ella.

Los tratamientos técnicos actuales con agresores sexuales se iniciaron en Canadá, desarrollados por Marshall y sus colaboradores, a partir de la década de los 80 del pasado siglo (Echeburúa & Guerricaechevarría, 2000). Estos tratamientos han sido el referente originario de la mayoría de las intervenciones con delincuentes sexuales que se aplican internacionalmente en la actualidad.

Los principales objetivos de los programas de intervención en este ámbito son, en primer lugar, promover en los sujetos un estilo de vida que les proporcione mayor estabilidad y equilibrio personal, y les ayude a prevenir futuras situaciones de reincidencia. En segundo término, mejorar su capacidad de planificación de vida, hábitos y rutinas cotidianas, tener, en definitiva, una vida ordenada. De esta forma, pretenden estos programas ofrecer la información y formación sexual suficiente para que el sujeto mejore sus capacidades de expresión de sentimientos y emociones sin, por ello, tener que recurrir a actuaciones contenido sexual. Ello hace que sea fundamental que el sujeto entienda que el sexo ha sido utilizado como una estrategia de afrontamiento a un problema y no desde una dimensión emocional; al cambiar la conceptualización del sujeto respecto al sexo se establece una barrera protectora frente a los factores de riesgo que puede ayudarnos a evitar la reincidencia.

Otro punto a desarrollar con este tipo de programas de intervención es mejorar las habilidades sociales del sujeto; capacidades como el desarrollo de la comunicación, la asertividad y la empatía, la autoestima o el saber manejar las disfunciones cognitivas, sin duda son puntos básicos a la hora de trabajar con este tipo de sujetos infractores para evitar la reincidencia

Respecto a las habilidades sociales, se les enseñan a desarrollar habilidades de comunicación, capacidad para expresar asertividad, y mejorar las propias competencias para afrontar situaciones de riesgo.

En el caso de nuestro país, la aplicación del primer programa de intervención con agresores sexuales se inicia en 1996 (Garrido & Beneyto, 1996, 1997). Posteriormente, este programa se desarrolló dando lugar al Programa de Control de la Agresión Sexual (PCAS) que se aplica en la actualidad (Ministerio del Interior, 2006a, 2006b). Este tratamiento, dirigido tanto a violadores como a abusadores de menores, tiene como objetivos principales (Garrido & Beneyto, 1996) incrementar las habilidades de comunicación y de interacción personal de los participantes, ayudarles a erradicar sus distorsiones cognitivas y justificaciones del delito, y a la postre reducir su riesgo de reincidencia delictiva. El programa es de aplicación semanal y su duración varía entre seis meses, en su formato reducido para los casos menos graves, y dos años, en su versión completa y para los casos graves.

En el ámbito de menores que han cometido delitos sexuales también existen en España algunas iniciativas de intervención terapéutica, pero, como ya apuntamos anteriormente y como las noticias se empeñan en demostrar, no son suficientes. Creemos que, si bien es cierto que la aplicación de estos tratamientos con los agresores sexuales menores supone un avance muy importante, esta intervención terapéutica a nivel individual y grupal no es suficiente para asegurar la reinserción social de los agresores sexuales condenados ni lo está siendo para la prevención del delito. Entendemos que sería necesario que la comunidad se implicara en estos casos de forma clara (Redondo, 2017). Autores como Prentky et al. (2016), sostienen que la prevención eficaz de la reincidencia delictiva de los delincuentes sexuales requiere, además de la aplicación de tratamientos, actuaciones en diversos ámbitos o niveles como la familia (nivel microsistémico), la comunidad (ecosistema) y el plano cultural más amplio (macrosistema).

6. CONCLUSIONES

Atendiendo a las argumentaciones presentadas en páginas precedentes, es evidente la necesidad de profundizar en la investigación en lo que respecta a los factores de riesgos, especialmente de aquellos que han irrumpido en nuestro mundo en los últimos tiempos, a saber, los videojuegos, las redes sociales y el metaverso. Como se ha mencionado anteriormente, la investigación relacionada con estos factores de riesgo es de suma importancia en el contexto de la prevención de delitos sexuales. En la actualidad, se hace evidente la necesidad de profundizar en la investigación de aquellos factores que han surgido con la evolución tecnológica y la globalización, como los videojuegos, las redes sociales y el metaverso.

Estos nuevos elementos del entorno social y cultural pueden estar influyendo significativamente en la percepción de la sexualidad y en la conducta sexual de los jóvenes, especialmente aquellos que son más vulnerables y propensos a cometer delitos sexuales. Por ello, es importante investigar cómo estos factores pueden contribuir a la aparición de conductas desviadas y como pueden ser utilizados para la prevención y tratamiento de los delitos sexuales.

En poco tiempo los videojuegos que se han convertido en un habitual de nuestros hogares, tanto en el caso de los menores como de los adultos, pero a pesar de ser una actividad convencional y cotidiana, existen pocos estudios con respecto a la relación que puede surgir de su uso en relación con el comportamiento humano. Si bien es cierto que muchas voces abogan por su uso y por los beneficios de estos, debemos también entender que los videojuegos fomentan valores sociales y el problema surge cuando el videojuego consiste en ser un agresor sexual en la ciudad, de manera que la agresión sexual se normaliza. Nos estamos refiriendo a videojuegos como la Venganza de Custer (EE.UU, 1982), cuyo objetivo era violar a una mujer nativa americana, y otros como RapeLay (Japón, 2006), que anima al jugador a acosar, humillar y violar a una madre y sus dos hijas acechando y violando a tres miembros femeninos de una misma familia, o Rape Day, cuyo objetivo principal es asesinar y violar brutalmente a las mujeres, videojuego en el que se presenta al jugador como un violador y asesino que debe de acosar, violar y matar a mujeres. La normalización de la agresión sexual conlleva a que el menor, que se encuentra inmerso en su proceso de socialización, pueda sufrir una distorsión cognitiva y una desrealización, lo cual, sin ningún género de dudas, puede llevarle a querer experimentar en la práctica lo mismo que vive en el videojuego, convirtiéndose así en un índice mayor en la estadística de agresores sexuales y dejando a una nueva víctima en su camino hacia la madurez.

De la misma manera, el metaverso puede suponer igualmente un enorme factor de riesgo que precisa del estudio del criminólogo con el objetivo de prevenir el delito. La primera denuncia a la compañía de Mark Zuckerberg por acoso sexual dentro de Horizon Worlds, el mundo virtual en fase beta que está disponible en Estados Unidos y Canadá ya ha iniciado su camino procesal al asegurar una de las usuarias que había sido tocada sin consentimiento con intenciones sexuales. No es la única: en febrero de este mismo año, agentes del Cuerpo Nacional de Policía procedieron a la detención de un joven de tan solo 18 años como presunto autor de múltiples delitos de corrupción de menores, tenencia y distribución de pornografía infantil y explotación sexual de menores a través de internet. La noticia no puede ser más contundente: el mundo virtual acentúa el desapego de la realidad y puede convertirse en el nicho perfecto para la comisión de delitos como los que se describen en este mismo párrafo o cualesquiera otros y parece que la información a los menores no es suficiente para que sean víctimas de delitos o autores.

Por último, las redes sociales. Cada vez están más presentes en nuestro día a día y actualmente se han convertido en la forma más utilizada en el proceso de socialización de los jóvenes y adolescentes. El mal uso de las mismas debido, entre otras cuestiones relacionadas con el control social informal, a la limitada capacidad de autorregulación y la gran susceptibilidad a la presión de grupo que tienen los adolescentes y adultos jóvenes, provoca la falta de efectividad de las actividades de prevención del delito. Junto con esto, las redes sociales suman nuevos problemas y riesgos como son la posibilidad de desarrollar una adicción, la provocación de problemas de comunicación hiperpersonal, juego de identidades, disociación y falta de consecuencias en el mundo real (Sánchez-Carbonell et al., 2008); el acceso a contenidos no aptos atendiendo al grado de madurez de los menores; el surgimiento de nuevas formas de delincuencia como el ciberbullying u otros. Es evidente que, en ellas, el menor encuentra emociones placenteras que no tiene en la vida real (Del Barrio et al., 2014) y que, además, se produce un intercambio entre la sociabilización real y la que se produce en las redes que permite la deshumanización.

A las redes sociales, sumamos los medios de comunicación que han dejado de ser el llamado cuarto poder para pasar a ser el primero, capaces de derrocar gobiernos y de moldear la opinión pública con la utilización sesgada de la información y de la cultura de la inmediatez. Todo ello no es más que el caldo de cultivo necesario, si no se utilizan los medios oportunos, para que las estadísticas que se presentan en párrafos precedentes se vean superadas en cifras en el presente año.

Se hace absolutamente imprescindible profundizar en la investigación de los factores de riesgo, especialmente los asociados a los socios culturales descritos, pero también debemos mejorar y aumentar la educación sexual en nuestros hogares y centros educativos. Es esencial comprender que los factores de riesgo no existen en un vacío. Están intrínsicamente conectados con el entorno cultural en el que vivimos. Los videojuegos, las redes sociales y el metaverso son componentes ineludibles de la cultura contemporánea, y su influencia en la percepción de la sexualidad y el comportamiento sexual es innegable. Sin un conocimiento profundo de cómo estos elementos culturales interactúan con la psicología humana, es difícil desarrollar estrategias efectivas de prevención y tratamiento. Por ello, la investigación en este ámbito es crucial para desentrañar las complejas dinámicas que subyacen a la relación entre estos socios culturales y la aparición de conductas sexuales desviadas. Esto implica llevar a cabo estudios interdisciplinarios que involucren a expertos en psicología, sociología, tecnología y criminología, entre otros campos. Solo a través de una comprensión holística de estos factores de riesgo podemos diseñar intervenciones adecuadas y eficaces. Además, la investigación, es igualmente vital abordar la educación sexual en nuestros hogares y centros educativos. La educación sexual no se limita a la transmisión de conocimientos sobre anatomía y reproducción, sino que debe incluir una formación integral que promueva valores fundamentales como el respeto, el consentimiento y la empatía. La educación sexual adecuada proporciona a los jóvenes las herramientas necesarias para comprender las complejidades de las relaciones sexuales y para tomar decisiones informadas y responsables.

Potenciar los factores de protección en nuestros menores es esencial para empoderarlos y fortalecer su capacidad para detectar y responder al riesgo. Esto implica Esto implica fomentar la comunicación abierta y honesta en el seno familiar, donde los padres y cuidadores puedan hablar con sus hijos sobre temas sexuales de manera no juzgadora. También implica promover el desarrollo de habilidades de pensamiento crítico para que los jóvenes puedan analizar y evaluar la información que encuentran en línea y en los medios de comunicación.

Los centros educativos desempeñan un papel fundamental en esta tarea. Deben incorporar programas de educación sexual que sean inclusivos, basados en la evidencia y adaptados a las necesidades de los estudiantes. Estos programas no solo deben abordar los aspectos biológicos, sino también los aspectos emocionales y sociales de la sexualidad. Además, es esencial que se promueva un ambiente escolar seguro y libre de acoso sexual, donde los estudiantes se sientan cómodos denunciando cualquier forma de comportamiento inapropiado. Por todo ello, es necesario profundizar en la investigación de los factores de riesgo asociados a la cultura contemporánea es un paso crítico en la lucha contra los delitos sexuales. Sin embargo, esta investigación debe ir de la mano con una mejora significativa en la educación sexual en nuestros hogares y centros educativos. Solo a través de este enfoque integral podremos crear un entorno más seguro y saludable para nuestros menores y prevenir eficazmente los delitos sexuales. Principio del formulario

Además de trabajar los factores de riesgo y de protección, es necesario potenciar la creación de tratamientos de intervención eficaces e individuales dirigidos a los menores que adaptados a la necesidad de los menores aprovechando su mayor capacidad de reeducación. Estos tratamientos no solo son necesarios desde una perspectiva de justicia, sino que también pueden tener un impacto significativo en la reducción de la reincidencia y en la reintegración exitosa de los jóvenes en la sociedad. Algunos elementos claves puede ser un enfoque individualizo a cada menor que comente un delito sexual según las necesidades y características de cada joven infractor. Para ello es necesario llevar a cabo una evaluación exhaustiva de su historial delictivo, su entorno familiar, su salud mental y emocional, así como sus factores de riesgo y protección. Por otro lado, los tratamientos deben adoptar un enfoque multimodal que combine diferentes estrategias terapéuticas. Esto puede incluir terapia cognitivo-conductual para abordar patrones de pensamiento distorsionados, terapia familiar para abordar dinámicas familiares disfuncionales, terapia de grupo para fomentar la empatía y la interacción social positiva, y terapia individual para abordar problemas específicos. Dado que muchos de los menores infractores adolecen problemas de salud mental, como trastornos del estado de ánimo o del comportamiento, es crucial proporcionar apoyo psicológico adecuado. Esto puede incluir terapia individual con un enfoque en la salud mental, así como el acceso a servicios de salud mental si es necesario. Los profesionales de la justicia juvenil deben trabajar en estrecha colaboración con terapeutas y consejeros para evaluar el progreso del menor y ajustar el tratamiento según sea necesario. Esto asegura que el enfoque terapéutico siga siendo relevante y efectivo a lo largo del tiempo.

Una parte esencial de la intervención es en enseñar a los jóvenes infractores estrategias para prevenir la reincidencia. Esto implica el desarrollo de habilidades para identificar y manejar situaciones de riesgo, así como la promoción de conductas saludables y adaptativas. Es crucial proporcionar un apoyo continuo después de la liberación para asegurar que puedan reintegrarse de manera efectiva en la sociedad. Esto puede incluir programas de apoyo comunitario, oportunidades de educación y capacitación vocacional, y la conexión con recursos sociales y de salud.

BIBLIOGRAFÍA

Del Barrio Fernández, Á., & Fernández, I. R. (2014). Los adolescentes y el uso de las redes sociales. Revista INFAD de Psicología. International Journal of Developmental and Educational Psychology.,.3(1), 571-576.

Echeburúa, E. y Guerricaechevarría, C. (2000). Abuso sexual en la infancia: víctimas y agresores. Barcelona: Ariel.

Echeburúa, E. G. (2009). C. Abuso sexual en la infancia: víctimas y agresores. Un enfoque clínico, 5ª edic. Edit. Ariel. Barcelona.

Farrington, D. P. & Welsh, B. (2007). Saving children from life of crime. Early risk factors and effective interventions. Oxford University Press.

García Pablos de Molina, A. (1989). Cuaderno del Instituto Vasco de Criminología núm. 3.

Garrido, V., & Beneyto, M.J. (1996). El control de la agresión sexual. Un programa de tratamiento para delincuentes sexuales en prisión y en la comunidad. Valencia: Ed. Cristóbal Serrano Villalba.

Garrido, V., & Beneyto, M.J. (1997). La valoración psicológica de los agresores sexuales: los delitos, la reincidencia y el tratamiento. En Cuadernos de Derecho Judicial: Delitos contra la libertad sexual. Escuela Judicial. Consejo General del Poder Judicial.

Loeber, R., & Le Blanc, M. (1990). Toward a developmental criminology..Crime and justice,.12, 375-473.

Martin, N. Vozmediano, L. (2014). Conducta de agresión sexual. International E-journal of criminal Sciences. (8).

Martínez-Catena, A., & Redondo, S. (2016). Etiología, prevención y tratamiento de la delincuencia sexual..Anuario de Psicología Jurídica,.26(1), 19-29.

Martinez-Oña, M.M., Muñoz-Muñoz, A.M., (2021) Agresiones a mujeres a través de los videojuegos. South Florida Journal of Development, Miami, v.2, n.1, p.236-248.

Marshall, W. (2001) Agresores Sexuales. Planeta colombiana editorial.

Mayhew, P., Elliot, D., & Dowds, D. (1989). The 1988 British Crime Survey, a HORPU Report.

Navarrete Villanueva, D., Castel Feced,S.; Romanos Calvo, B., Bruna Barranco, I.,(2017)" influencia negativa de las redes sociales en la salud de los adolescentes y adultos jóvenes. Psicología y Salud, Vol. 27, Núm. 2: 255-267.

Pereda, N., Gallardo-Pujol, D., & Guilera, G. (2018)..Buenas prácticas en la evaluación de la victimización: La adaptación española del Cuestionario de Victimización Juvenil..Psicología de la violencia.,.8.(1), 76.

Prentky, RA, Righthand, S. y Lamade, R. (2016)..Delitos sexuales: evaluación e intervención..En K. Heilbrun, D. DeMatteo y NES Goldstein (Eds.),.Manual de psicología y justicia juvenil de la APA. (págs. 641–672)..Asociacion Americana de Psicologia..https://doi.org/10.1037/14643-029

Redondo, S. (2002). Delincuencia sexual y sociedad. Ariel España

Redondo, S. (2017) Genesis delictiva y tratamiento de los agresores sexuales: Una revisión científica. Revista Electrónica de Ciencias Criminológicas (2).

Sánchez-Carbonell, X., Beranuy, M., Castellana, M., Chamarro, A., & Oberst, U. (2008). La adicción a Internet y al móvil: ¿moda o trastorno..Adicciones,.20(2), 149-160.

Sánchez, C. (2003). Perfil del agresor sexual: estudiando las características psicológicas y sociales de los delincuentes sexuales de nuestras prisiones..Anuario de psicología jurídica,.13(1), 27-60.

Sanchez Herrera, N. Siria Mendaza, S. (2011). Agresores sexuales Juveniles: ¿Existe un tratamiento eficaz? Boletín criminológico (126)

Tanner-Smith, E. E., Wilson, S. J., & Lipsey, M. W. (2019). Factores de riesgo y crimen..Seguridad ciudadana. Lecturas fundamentales, 29.

Capítulo 8

La realidad de la delincuencia sexual en menores: estrategias de intervención

DR. CARLOS BENEDICTO DUQUE
Coordinador Técnico de Centros Asociación GINSO
Profesor en Criminología
Universidad Europea de Madrid

1. INTRODUCCIÓN

Hablar de adolescentes que cometen delitos, supone un desafío profesional y social, ya que se trata de menores que están envueltos en actos graves que se entienden no corresponden con estas etapas evolutivas. Pensar en menores de edad que agreden deliberadamente y sin "causa" objetiva alguna, que cometen homicidios o asesinatos o delitos sexuales graves, hace resquebrajarse nuestros cimientos como sociedad, como padres y como educadores. ¿Qué se supone que está pasando? ¿es una "epidemia" ?, ¿es un fenómeno de los tiempos actuales?... todas estas cuestiones son de muy compleja resolución, pero lo que sí está claro es que el fenómeno de los menores infractores ha existido siempre en menor o mayor magnitud, siendo necesario abordarlo desde distintos enfoques terapéuticos, jurídicos, sociales.

En el momento actual, estamos ante un proceso llamativo socialmente, en el que aparecen noticias recurrentes sobre estos sucesos en los que están implicados menores. La delincuencia juvenil, es un problema serio y global que afecta a la organización y salud pública y que incluye distintas tipologías delictivas como el acoso, los delitos contra el patrimonio, vandalismo, conductas violentas, delitos relacionados con drogas o delitos incluso más graves (Hodgkinson et al., 2020; OMS, 2020).

Llama especialmente la atención en este sentido, la implicación de menores en delitos sexuales, fenómeno que genera un debate bastante importante en nuestra sociedad. La sensación generalizada es que se trata de una tipología delictiva que va en aumento, tanto en frecuencia como en gravedad, y que cada vez aparece a edades más tempranas. Estas connotaciones van en contra del pensamiento tradicional en el que se abordaban estos sucesos desde la consideración de que las conductas sexuales en menores son exploratorias y, si se producen de forma no consentida y violenta, es porque reflejan algún trastorno grave en el adolescente o estamos ante un menor "antisocial" (Gerardin y Thibaut, 2004).

En general, los delitos sexuales cometidos por adolescentes, siguen siendo poco comprendidos desde la sociedad en general e, incluso, desde el propio sistema legal, percibiéndose a estos menores, simplemente como versiones jóvenes de los delincuentes sexuales adultos. En líneas generales, podemos decir que los agresores sexuales juveniles suponen un grupo heterogéneo, en el que la mayoría no continuarán con estas conductas tan nocivas ni desarrollarán patologías de carácter parafílico (Ryan y Otonichar, 2016). Sin embargo, estamos sin duda ante un reto que requiere un análisis riguroso que atienda a esta realidad, grave y compleja, en la que nos encontramos.

En el presente capítulo pretendemos ofrecer algunas reflexiones y datos que parten de la experiencia en el abordaje e intervención con estos menores que se ven implicados en delitos contra la libertad sexual, tratando de hacerlo desde una visión objetiva y eludiendo el sensacionalismo que pudieran generar.

2. LA ADOLESCENCIA

La adolescencia es un período de transición desde la etapa de niñez a la edad adulta, un proceso de cambios a distintos niveles, cognitivos, biológicos, sociales y emocionales, que está condicionado por la búsqueda de la propia identidad, psicológica y social. Esta descripción concuerda con la investigación general, que entiende la adolescencia como una época caracterizada por la curiosidad, la búsqueda de sensaciones, el desarrollo de una emotividad controlada y una capacidad de autogestión, las situaciones de riesgo, todo ello en un proceso de búsqueda de aceptación, preferentemente del grupo de iguales. Además, es una etapa de cambios físicos evidentes y de desarrollo madurativo que implica el inicio de las interacciones afectivas y sexuales, en mayor o menor medida (Güemes, Ceñal y Hidalgo, 2017).

Como se ha señalado, estamos ante una etapa que puede suponer alteraciones bruscas que conllevan que se vean inmersos en situaciones "conflictivas". Según Moffit (1993), hasta el 85% de los adolescentes se verán inmersos en conductas antisociales, si bien, de estos, solamente entre el 5%-15% mantendrán estas de forma más o menos estable.

Por lo tanto, es ciertamente habitual que los adolescentes cometan pequeñas infracciones o actos delictivos, teniendo en cuenta que habrá un desistimiento espontáneo con la maduración posterior. Esto no es óbice ni debe ser entendido como que haya que asumir ciertas conductas desviadas, en especial en la esfera psicosexual, debiendo poner en juego el aparato jurídico y legal del que disponemos. Lo que sí será importante y necesario, como veremos más adelante, será poder establecer niveles de riesgo en función de las características psicológicas y sociales de cada individuo, de modo que podamos establecer las mejores pautas de intervención. No debemos asumir que "los adolescentes" sean iguales, proponiendo alternativas estandarizadas. Debemos ver a cada adolescente como un sujeto con sus propias características y necesidades, estableciendo programas especializados e individualizados.

En cuanto a la interacción afectivo-sexual, es de destacar que en el desarrollo normativo o normalizado se suele entender como el resultado de la interacción de tres mimbres: la capacidad de respuesta sexual, la identidad de género y la capacidad para establecer relaciones de pareja (Bancroft, 2006). Estas líneas generales deben ponerse en relación con los aspectos psicosociales antes mencionados, para que se constituyan en factores protectores y no de riesgo. Si un menor tiene integradas los tres rasgos mencionados por Bancroft y presenta una adecuada autoestima, un sentido de identidad propio, buena capacidad de autocontrol, un grado adecuado de educación sexual y habilidades sociales que le faculten para ser asertivo en situaciones de conflicto, la probabilidad de llevar a cabo una conducta sexualmente abusiva será menor.

En general, se han diferenciado las conductas sexuales normalizadas de las transgresoras como:

Tabla 1

Experimentación de la sexualidad normalizada	Transgresión sexual
• Comportamientos apropiados para la edad y con consentimiento • Reconocimiento de la conducta • Motivación sexual • Relación psicológica equitativa • Inexistencia de consecuencias dañinas	• Comportamientos objetivamente inaceptables • Sin consentimiento • No reconocimiento fácil del comportamiento • Motivaciones no sexuales y oportunistas • Una o varias víctimas • Existencia de secuelas en las víctimas

Fuente: Elaboración propia. 2023

De una forma muy general debemos entender que cuando un menor comete un delito sexual, no se trata de una normal experimentación de su sexualidad, pudiendo ser estas conductas tan graves como lo pueden ser las cometidas por adultos. Tampoco podemos hablar de una "patología" evolutiva y resulta necesario entender el papel que han jugado, por un lado, los progenitores, ya que habrá que trabajar con el núcleo familiar para minimizar riesgos futuros y, por otro lado, el círculo social, ya que la influencia de los iguales, tanto en sentido positivo como negativo, resultará fundamental.

3. CARACTERÍSTICAS GENERALES DE LOS MENORES IMPLICADOS EN DELITOS SEXUALES

Para tratar de valorar, en nuestro caso, la delincuencia sexual protagonizada por menores, tenemos que definir mejor de qué estamos hablando, ya que se puede ampliar o disminuir el rango de abordaje y variar nuestras conclusiones según lo definamos.

Ryan (1991) y Gerardin y Thibaut (2004) han definido como adolescentes agresores sexuales a todos aquellos menores de edad que cometen cualquier acto sexual hacia otra persona independientemente de la edad, siempre contra la voluntad de la víctima, sin su consentimiento o perpetrada de un modo agresivo, manipulativo o con fines de explotación.

En el ámbito norteamericano, podemos encontrar la definición de *juvenile sexual offender*, entendiendo como *juvenile*, el menor de una edad determinada por el código penal o civil de cada país, el cual debe comparecer ante una corte o juzgado por la comisión de un delito tipificado como *sexual*, según el ordenamiento jurídico correspondiente. En ese caso prima la responsabilidad penal y la respuesta judicial para determinar esta definición.

Otro de los aspectos a tener en cuenta a la hora de valorar la delincuencia sexual cometida por menores, son sus aspectos diferenciales con la delincuencia sexual de adultos.

Con relación a los perfiles generales de los menores implicados en delitos sexuales, como hemos afirmado al principio de este capítulo, se trata de un grupo muy heterogéneo por lo que, a efectos de investigación y de propuestas de intervención más específicas, se ha tratado de establecer clasificaciones, definiendo subgrupos que pudieran ser más parecidos entre sí. Según Ryan y Otonichar (2016), los agresores sexuales juveniles se pueden clasificar en tres grupos:

- Jóvenes con trastornos parafílicos
- Jóvenes con desórdenes de conducta
- Jóvenes con cuadros psicopatológicos más generales

Shaw y Antia (2009) identificaron cuatro grupos de menores agresores sexuales:

- Con trastornos parafílicos
- Con rasgos de personalidad antisocial
- Con compromiso neurológico (retraso mental, trastornos del espectro autista,...).
- Con déficit de habilidades sociales

Además de estos subgrupos, también se han hallado diferencias significativas en función del grado de conocimiento o relación que tuvieran con la víctima, siendo esta persona conocida, desconocida o familia del agresor (Bartosh, Garby, Lewis y Gray, 2003). También se han diferenciado subgrupos a partir de la existencia de un historial de conducta antisocial previo (Seto y Barbaree, 1997).

Finalmente, se ha clasificado también a los agresores sexuales juveniles entre los que agreden a menores o a iguales o adultos (Benedicto, Roncero y González, 2017). En esta última clasificación, se ha observado que los agresores de menores, considerando al adolescente agresor sexual de menor cuando existe una diferencia de edad entre el agresor y la víctima igual o mayor a cuatro años de edad, presentan un perfil más homogéneo y diferenciado de los agresores sexuales juveniles de iguales o adultos. Así, los agresores sexuales juveniles de menores suelen presentar una sexualización más traumática, peor adaptación psicosocial, mayor aislamiento social, un repertorio de habilidades sociales más deficitario, una autoestima más negativa y, en general, una peor capacidad para establecer relaciones adecuadas y satisfactorias con iguales. Además, este tipo de agresor suele presentar mayor prevalencia de psicopatología de corte afectivo y rasgos patológicos de personalidad (Benedicto et al. 2017).

En los agresores sexuales juveniles de iguales o adultos, se ha encontrado un perfil más heterogéneo. Se relacionan más en entornos más antisociales, suelen presentar una autoestima menos devaluada y mayores creencias y actitudes antisociales en general (insensibilidad social, desafío a la autoridad, baja o nula percepción de problema y valores antisociales marcados). Además, se ha hallado una mayor prevalencia de diagnóstico de trastorno de conducta y de historial delictivo previo (Benedicto et al., 2017; Seto y Lalumiere, 2010).

4. PREVALENCIA, EVOLUCIÓN Y CIFRAS ESTADÍSTICAS DE LOS AGRESORES SEXUALES JUVENILES

En el estudio de los datos sobre prevalencia delictiva en nuestro país, debemos tener en cuenta como institución relevante a la Fiscalía de Menores, institución desde la que se emite anualmente su Memoria Fiscal en la que se reflejan los datos de que dispone. En la jurisdicción de menores, la relevancia de la Fiscalía es mayor, ya que se trata del órgano instructor, así como el "primer conocedor" de los presuntos hechos delictivos en general, pudiendo determinar si considera que no existen hechos considerados delictivos, si estos no tienen la relevancia suficiente para dar traslado al Juzgado correspondiente considerando la reparación extrajudicial del daño observado, o si, por su gravedad, es necesario dar traslado al juzgado de menores para considerar la apertura de expediente judicial. Dicho esto, en las cifras de la última memoria publicada referida al año 2022 (Memoria Fiscalía General del Estado, 2023), se refleja un claro aumento en el número de expedientes incoados por delitos sexuales con respecto al año anterior, situando este aumento en el 45,8%. Si vemos la evolución de estos expedientes en el periodo 2017-2022, el incremento total se sitúa en el 116%.

Gráfico 1

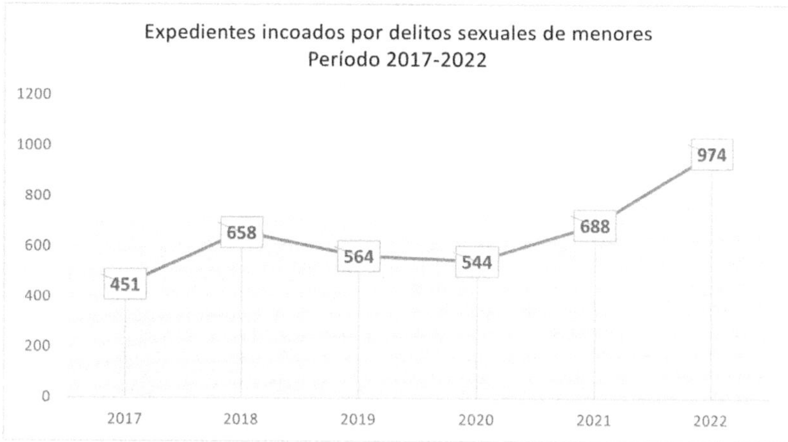

(Fuente: Memoria 2022, Fiscalía General del Estado)

Si comparamos el aumento de las cifras en el caso de menores, con las de adultos que han cometido delitos contra la libertad sexual, se ha podido observar cierto paralelismo ya que también se han ido incrementando en estos últimos años, de los 2280 adultos condenados en 2017 a los 3196 de 2021. Si vemos la evolución en comparación con el total de delitos, en el caso de los adultos, en la franja de 2017-2021, los delitos sexuales se mantienen invariables representando en torno al 1% del total, sin embargo, en menores, en el mismo espacio temporal, podemos observar fluctuaciones que van desde el 2.3% de 2021, hasta el 4.2% de 2020.

Por otro lado, hemos comparado las cifras existentes de menores condenados por delitos sexuales, datos procedentes del Registro Central de Sentencias de Responsabilidad Penal del Menores que se vuelcan en el Instituto Nacional de Estadística (INE). En estes caso, carecemos de los datos del año 2022, pero se puede observar también cierta tendencia alcista, aunque en menor medida que con los datos operados por la Fiscalía General del Estado.

Gráfico 2

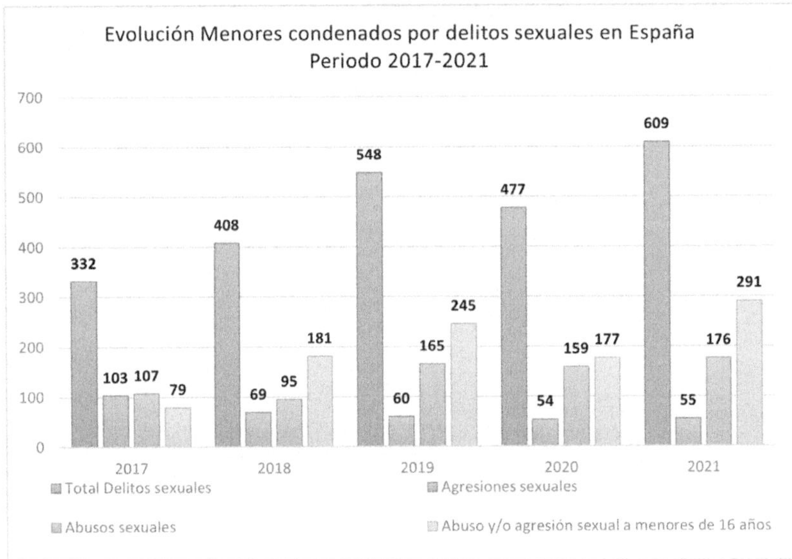

(Fuente: Instituto Nacional de Estadística)

En cualquier caso, se trata de cifras alarmantes que hay que analizar de una forma más pormenorizada. Uno de los aspectos que han podido influir en este incremento, son los cambios legislativos que han conllevado la modificación de la edad de consentimiento situándola en la actualidad en los 16 años. Esta modificación se incluyó en la Ley Orgánica 1/2015, de 30 de marzo, por la que se modificaba la Ley Orgánica 10/1995, de 23 de noviembre, del Código Penal y que entró en vigor en julio de 2015. Previamente a esta ley, la edad de consentimiento estaba situada en los 13 años y, como podemos observar en el anterior gráfico, puede tener relación con la subida en cifras de delitos cometidos sobre menores de 16 años. Por otro lado, las diferencias encontradas entre el incremento del número de expedientes incoados en la Fiscalía y el de sentencias condenatorias, puede reflejar que se esté denunciando más o que esté aflorando parte de la cifra negra que siempre ha caracterizado a los delitos sexuales, aunque esto no se refleja del mismo modo en el número de sentencias condenatorias.

Por parte de la Fiscalía General del Estado, se han presentado algunos argumentos a tener en cuenta a la hora de valorar el incremento, dejando siempre clara la multicausalidad y complejidad del fenómeno. Entre los factores causales esgrimidos se encuentra la posibilidad de cierta trivialización de la conducta y violencia sexual determinada por el acceso temprano a la pornografía. Esta influencia estaría apoyada en la falta de orientación y educación sexual adecuadas que contrarresten los efectos nocivos de esta exposición. Estos posibles factores relacionados con las conductas sexuales inapropiadas, los iremos analizando y revisando con posterioridad.

Como se ha señalado previamente, tenemos que advertir que la cifra negra en estos delitos se sitúa en casi el 90% ((Kjellgren, Priebe, Svedin, y Långström, 2010; Siria, 2020). En España se ha estimado alrededor del 19% el porcentaje de agresiones sexuales cometidas por menores frente al 81% cometidas por adultos (INE, 2022). Si nos atenemos a las cifras policiales, con respecto a los denominados "hechos conocidos", los menores detenidos por delitos sexuales suponen un 8.3% del total de detenciones por estos delitos (Ministerio del Interior, 2021). En distintos estudios europeos se han encontrado porcentajes desde el 5% al 24% de agresiones cometidas por menores en comparación con el total (Margari et al., 2015) y, a nivel internacional, estos porcentajes se han situado entre el 11%-19% (Pullman, Leroux, Monyne y Seto, 2014). Otros autores elevan estas cifras considerando que, aproximadamente, el 20% del total de las agresiones sexuales y entre el 30%-50% de los abusos de menores son cometidos por adolescentes (Marshall y Barbaree, 2006).

Otras cifras relevantes con las que contamos, establecen que entre el 40%–50% de los agresores sexuales adultos, reconocen haber cometido su primer delito sexual antes de los 18 años (Abel, Osborn y Twigg, 1993; Veneziano y Veneziano, 2002; Zolondek et al., 2001), lo que pone de manifiesto que existen agresores sexuales juveniles que perduran en sus conductas sexuales coercitivas (Burton, 2000). En este último caso, se han encontrado cifras de hasta el 15%-20% en menores que pudieran repetir los patrones desajustados tras cinco años de seguimiento (Caldwell, 2002; Worling y Långström, 2006). Otros autores como McCann and Lussier (2008) han realizados metaanálisis sobre la reincidencia en delitos sexuales cometidos por agresores sexuales juveniles y han encontrado cifras muy variables, entre el 1.6% y el 29.9%, situando la media en un 11%. Otro metaanálisis realizado por Caldwell (2010) encontró cifras de reincidencia cercanas al 7%, situándose las mismas muy por debajo de los niveles de reincidencia en delincuencia general en jóvenes, que situaron en el 43%.

En general, hasta el 90% de los delitos sexuales cometidos por menores, son de episodio único, es decir, no cuentan con más agresiones sexuales en su historial delictivo (Zimring, 2004). Esto quiere decir que las conductas desadaptadas están menos fijadas que en los adultos, lo que será un aspecto muy relevante de cara a la intervención, ya que la posibilidad de reincidencia será menor.

5. MODELOS EXPLICATIVOS

Históricamente, se ha estudiado la delincuencia sexual juvenil desde un enfoque basado en la investigación con adultos. Esto ha hecho que se haya diferenciado muy poco entre los factores explicativos de la delincuencia sexual en adultos y en menores.

En cuanto al planteamiento teórico de los agresores sexuales juveniles, debemos tener en cuenta las diferencias que plantearon en su momento distintos autores, quienes consideraban que existen dos tipologías en los modelos explicativos, aquellos que entendían los delitos sexuales cometidos por adolescentes como otra variante dentro de la comisión de distintos delitos, es decir, perfiles con versatilidad delictiva, frente a aquellos modelos que sí entendían las agresiones sexuales juveniles de un modo exclusivo, independiente, sin que formen parte de patrones delictivos mayores (Pullman y Seto, 2012; Seto y Lalumiere, 2010).

Dicho esto, podemos concretar en cuanto a los modelos explicativos, que existen modelos denominados integradores y que se han utilizado para explicar todo tipo de delincuencia sexual, destacando el propuesto por Marshall y Barbaree (1990), donde se establece que ciertas experiencias tempranas adversas, como la negligencia o abuso infantil, pudieran alterar la capacidad inhibitoria y de autocontrol, lo que serían las habilidades de autorregulación que podrían operar sobre las tendencias agresivas y el propio deseo sexual. Este tipo de experiencias adversas, también podrían afectar al desarrollo del apego y vínculos saludables y de las habilidades sociales interpersonales asociadas. Con estas capacidades mermadas, se dificultaría el establecimiento de relaciones sociales normalizadas con iguales, aumentando de este modo la probabilidad de que estos sujetos se vean involucrados en el uso de la coacción en las interacciones afectivo-sexuales.

La adolescencia temprana sería el principal momento de riesgo para el desarrollo de estas tendencias desviadas, ya que se trata del momento evolutivo en el que la respuesta sexual se desarrolla, aumentando el deseo sexual, pero debiendo ajustarlo a lo socialmente deseable. Además, el sexo actuaría como reforzador muy potente ante la satisfacción inmediata, pudiendo ser utilizado como estrategia de afrontamiento ante estados emocionales negativos (Marshall y Barbaree, 1990; Seto y Lalumiere, 2010).

Hall y Hirschman (1991), identificaron cuatro factores explicativos principales en el desarrollo de la conducta sexual agresiva: problemas de personalidad, problemas de regulación emocional, cogniciones justificativas de la agresión sexual y un arousal de excitación sexual hacia niños o hacia la conducta sexual agresiva. Estos cuatro factores podrían operar de forma independiente o conjunta, pero, generalmente, existe uno de ellos que opera de una forma particularmente importante para cada agresor. Por tanto, este modelo llamado "Cuatripartito", considera que existen diferentes tipologías de agresores en función de su motivación o causa primaria. Así, los que están asociados a la falta de regulación emocional, cometerían más agresiones oportunistas, utilizando un mayor nivel de agresividad y violencia y podrían cometer, además, otras tipologías delictivas.

Ward y Beech (2005) desarrollaron un modelo integrador en el que incluyeron factores de nivel más macrosistema, siguiendo las denominaciones de las teorías ecológicas de Brofenbrenner (1977), que interactuarían con aspectos individuales como pudieran ser las predisposiciones genéticas, las experiencias tempranas adversas como el abuso sexual o físico, diferencias en la capacidad empática, distorsiones cognitivas, problemas emocionales, habilidades interpersonales e intereses sexuales. Estos autores consideraron que los problemas clínicos, particularmente los problemas emocionales, las dificultades sociales, las actitudes y creencias justificativas de la conducta antisocial y los problemas sexuales, surgen desde la interacción con los déficits neuropsicológicos y los predisponentes o desencadenantes del entorno, concretamente del contexto sociocultural. Un ejemplo podría ser que los problemas emocionales estén influidos por la motivación y la dificultad en la regulación emocional e impulsividad que se origina en los déficits de la función ejecutiva. Estos problemas emocionales están relacionados con el delito sexual cuando los sujetos usan el sexo como un medio de afrontamiento ante estados emocionales negativos. Los disparadores contextuales pueden tener que ver con situaciones de elevado estrés como pudiera ser un conflicto o ruptura de una relación. Las dificultades sociales se han considerado producto de problemas en la capacidad de vinculación que, a su vez, pueden relacionarse con los problemas sexuales (excitación sexual excesiva o que se da ante estímulos inadecuados como niños). A estos problemas sexuales también contribuirían las dificultades de regulación emocional y el sistema de creencias y actitudes justificadoras de la conducta antisocial.

White y Kowalsky (1998) desarrollaron su modelo integrado de desarrollo contextual, donde reflejaron la necesidad de contemplar aspectos relevantes como la perspectiva de género. En general, estiman que es necesario categorizar las variables como socioculturales, de interacción afectiva, situacionales e interpersonales. Consideran también la existencia de factores próximos a la conducta de agresión sexual, así como distales, lejanos en el tiempo. Las variables socioculturales integran aspectos que involucran las relaciones sociales, es el contexto donde aprende el sujeto a relacionarse, en especial en la esfera afectiva de pareja. De estas variables se desprenden e interactúan también los rasgos, las motivaciones, las actitudes y la historia pasada del sujeto, factores que se consideran dentro de la variable personal o individual. De la interacción entre estas dos variables surgirá la tendencia de un individuo a comportarse de manera violenta en determinados contextos.

Finalmente, Seto (2017) ha desarrollado su modelo sobre la agresión sexual, denominado de "motivación y facilitación". En este, se identifican los rasgos de parafilia, alto deseo sexual e intensa búsqueda sexual como motivadores primarios de los delitos sexuales, a los que se añaden los rasgos personales, por ejemplo, la personalidad antisocial, y los factores situacionales o desencadenantes, como el consumo de drogas, que pueden facilitar el desarrollo de las motivaciones primarias. Este modelo se desarrolló inicialmente para la explicación del abuso sexual infantil, pero se ha ido adaptando para que sea explicativo de otros tipos de conductas sexuales agresivas, como el *child grooming* o las agresiones sexuales a adultos.

5.1. Factores de riesgo

En líneas generales, podemos afirmar que en los modelos teóricos que se han expuesto con relación a los agresores sexuales juveniles, se ha focalizado principalmente en aspectos como la victimización previa por abuso sexual, pobres vínculos en la infancia, la incompetencia heterosocial, las experiencias sexuales atípicas y los intereses sexuales desviados (Seto y Lalumiere, 2010).

De un modo más concreto vamos a representar los factores de riesgo que se han relacionado con la expresión de conductas sexuales agresivas.

5.1.1. Entorno familiar

La familia constituye la primera entidad y la de más relevancia cuando hablamos de socialización. Es en este contexto en el que pueden aparecer aspectos disfuncionales que supongan un factor de riesgo de conducta desviada futura. Se ha considerado que más de la mitad de los menores que presentan problemas en su conducta sexual, proceden de entornos familiares donde predomina el maltrato físico o el abuso sexual (Barbaree y Langton, 2006; Yoder, Dillard y Leibowitz, 2018). Se han hallado evidencias que sostienen que los agresores sexuales juveniles presentan tasas más altas de victimización múltiple (física, sexual, emocional y/o negligencia) que los delincuentes no sexuales (Barra, Bessler, Landolt y Aebi, 2018; DeLisi et al., 2017; Siria et al, 2020). En relación con lo anterior, se ha constatado que resulta complicado encontrar en su historia personal, figuras de vinculación positiva durante la infancia (Barbaree y Langton, 2006; Margari et al., 2015). Además, también hay una mayor probabilidad de que el menor haya sido expuesto a situaciones sexuales en su infancia, bien presencialmente o a través de la pornografía, lo que puede influir en la generación de intereses sexuales precoces e inadecuados, actuando como modelos disfuncionales (Goulet y Tardif, 2018; Siria, 2020).

5.1.2. Factores psicológicos y psicosociales

Derivado de las carencias en su proceso de socialización primario a través de la familia, los agresores sexuales juveniles tienden a mostrar dificultades a la hora de establecer vínculos estables, en especial en el sentido íntimo (Marshall y Barbaree, 1990; Smallbone, 2006). Estas dificultades vinculares pueden suponer un obstáculo en el desarrollo de determinados aspectos fundamentales en el menor, como puede ser la autorregulación emocional, la empatía, las habilidades sociales y la toma de perspectiva social, aspectos que se han relacionado con el aumento de la probabilidad de emisión de conductas sexuales agresivas por parte de adolescentes (Smallbone, 2006). El desarrollo de la capacidad sexual puede suponer un elemento de presión que se debe aprender a controlar en esta etapa evolutiva, para lo que resulta fundamental que los anteriores aspectos, en especial el autocontrol, la empatía y la perspectiva social, estén desarrollados adecuadamente.

5.1.3. Factores socioculturales

En la sociedad actual, no podemos ser ajenos a la gran exposición que presentan los menores a factores socioculturales. En este sentido, el control que se puede hacer desde entornos de socialización primaria como la familia, es menor, ya que la globalización y la tecnología, han favorecido el acceso mucho más amplio a cualquier tipo de información. Como hemos podido ver en el modelo de influencia ecológica de White y Kowalsky (1998), existe un nivel sociocultural que contiene distintos factores de riesgo, como pueden ser la imagen que se establece del rol femenino, la desigualdad de género, así como la banalización de la violencia. Las entidades que pueden contrarrestar estas influencias y que están implicadas, serían las propias familias, la escuela, el grupo de iguales y los recursos comunitarios y/o las políticas públicas. Todo ello genera la red social que determinará la influencia de determinadas variables consideradas de riesgo. En este caso, adquiere especial relevancia el acceso temprano a la pornografía. Existen multitud de estudios en los que ha quedado ampliamente demostrada la influencia de la exposición a la pornografía y el desarrollo de conductas sexuales inadecuadas (Mellor y Duff, 2019). Esta influencia es especialmente dañina cuanto antes se produzca la exposición ya que, a edades tempranas, todavía no se ha desarrollado la capacidad empática, emocional ni de distinción real sobre la "teatralización" de los contenidos, por lo que resultan especialmente nocivos.

En cualquier caso, debemos tener en cuenta que la delincuencia sexual en general, y en especial la producida por menores, es multifactorial y heterogénea, por lo que tenemos que huir de explicaciones "sencillas" y entender que se trata de procesos de desviación sobre los que influyen múltiples variables.

6. PROGRAMAS DE TRATAMIENTO

La intervención con agresores sexuales juveniles, adquiere especial relevancia a tenor de los datos que hemos ido desgranando. Estamos en un momento en el que el incremento de casos, unido a la creciente alarma social, requiere el desarrollo de propuestas de tratamientos efectivos, que se conviertan en prioridad para profesionales e investigadores dentro de este ámbito (Dopp, Borduin y Brrown, 2015). La realidad profesional en la que nos encontramos es que no siempre se conjugan debidamente las necesidades sociales y las propuestas jurídicas, con la realidad y evidencia científica. Por ejemplo, es importante partir de una evidencia objetiva sobre probabilidades de reincidencia, basándonos en modelos de riesgo, que son los que mejores datos han obtenido en su capacidad predictiva y permiten dirigir las intervenciones hacia los factores de riesgo individuales determinantes de la conducta desviada en cada caso (Chaffin, 2008; Dopp et al., 2015).

En la actualidad, se han estimado en más de 500 los programas estructurados de tratamiento para agresores sexuales juveniles registrados en Estados Unidos y Canadá, existiendo igualmente una amplia oferta en Europa (Aebi et al., 2022), lo que es indicativo del gran interés y preocupación por establecer tratamientos específicos que puedan revertir este tipo de comportamientos. Obviamente, de entre tanta oferta tratamental, no todos los programas han sido validados ni ofrecen resultados avalados por investigaciones sobre su eficacia. Siendo sinceros, solamente una minoría de ellos han presentado resultados y, de estos, sólo se han hallado resultados positivos en algunos (Dopp et al., 2015).

Los resultados sobre la eficacia de las intervenciones son realmente dispares, a lo que han contribuido las dificultades o diferencias en la clasificación de los agresores sexuales juveniles, los tiempos de seguimiento, la calidad de la metodología seleccionada, etc...

Entre los estudios que han hallado evidencias sobre los beneficios de los programas de tratamiento específicos para agresores sexuales juveniles, con tamaños de efecto estadísticamente significativos (de bajo a moderado), se encuentran Schmucker y Losel (2015) y Ter Beek y cols. (2018). Sin embargo, en el metaanálisis de Kettrey y Lipsey (2018) los datos no fueron en el mismo sentido, no encontrando diferencias estadísticamente significativas entre los programas de tratamiento específicos de la conducta sexual delictiva y los programas de intervención generales para delincuentes juveniles. Este último estudio iría en consonancia con aquellos que han encontrado similitudes entre los perfiles de delincuentes juveniles generales y los que han cometido delitos sexuales (Seto y Lalumiere, 2010; Pullman y Seto, 2012), siendo igualmente eficaces las mismas intervenciones para ambos.

La evidencia actual indica que los programas de tratamiento para agresores sexuales juveniles se han centrado en las conductas sexualmente delictivas, implementándose principalmente en formatos de grupos compuestos exclusivamente por agresores sexuales, estando inspirados en los programas de tratamiento para delincuentes sexuales adultos (Kettrey y Lipsey, 2018). Los contenidos / objetivos de estos programas suelen incluir el control de la excitación, la regulación emocional, las redes de apoyo familiares, habilidades del manejo de relaciones íntimas, la responsabilidad ante el delito, estrategias de resolución de problemas, autocontrol general, habilidades sociales y empatía hacia la víctima (Kettrey y Lipsey, 2018)

Según Marshall (2006), los contenidos de los programas de intervención se podrían dividir entre los específicos de la delincuencia sexual y aquellos relacionados de manera menos directa:

Tabla 2

Objetivos de tratamiento específicos	Objetivos de tratamiento relacionados indirectamente
• Línea de vida • Autoestima • Aceptación de la responsabilidad (negación, minimización, distorsiones cognitivas y empatía)	• Abuso de sustancias • Manejo de la ira • Violencia intrafamiliar

• Habilidades / estilos de afrontamiento • Intimidad / apegos • Autogestión / buena vida • Señales de advertencia / prevención recaídas • Grupos de apoyo	• Parentalidad • Otros trastornos psicológicos • Habilidades cognitivas • Aspectos espirituales

(Fuente: Marshall, 2006)

En relación con la metodología y el marco teórico de intervención del que parten, se ha establecido que entre el 80%-90% de los programas de tratamiento específicos para agresores sexuales juveniles, provienen de un enfoque basado en el marco cognitivo-conductual (Dopp et al., 2015; Kettrey y Lipsey, 2018).

Este tipo de intervenciones han sido las más elegidas, especialmente si se trataba de menores en situación de internamiento en algún recurso judicial, como consecuencia del acto sexual delictivo. Generalmente, a este enfoque se le añaden módulos de prevención de recaídas. Otros enfoques utilizados en el abordaje de agresores sexuales juveniles han sido los programas psicoeducativos, la terapia de familia y la terapia multisistémica (MST), siendo esta la que mejores resultados ha obtenido en los tratamientos desarrollados en el entorno comunitario (Ryan y Otonichar, 2016).

6.1. Enfoque cognitivo-conductual

Estas intervenciones están marcadas por tratar de que el menor afronte las minimizaciones y justificaciones relacionadas con los hechos delictivos. Además, se le da especial relevancia al campo de la psicoeducación, por ejemplo, sobre lo que es tolerable y consentido y lo que no. Se intervendrá sobre las distorsiones cognitivas asociadas a las relaciones interpersonales y la agresividad general. Del mismo modo, es importante trabajar sobre la respuesta sexual desviada, como en el caso de delitos que implican a niños. Otro parte nuclear del tratamiento es generar recursos de autocontrol y estrategias de afrontamiento, en especial para lidiar con la ira y otras emociones negativas que pueden actuar como precursoras del delito sexual. También se tratará de desarrollar la capacidad empática del menor, considerando las consecuencias de sus actos para las víctimas directas e indirectas e incluso para su propio entorno. Finalmente, se trabajarán aspectos relacionados con la prevención de recaídas donde deberá reconocer las señales previas que pudieran anteceder a un nuevo delito sexual. De forma transversal, es importante remarcar que el trabajo sobre la motivación hacia el tratamiento será determinante, ya que sin él, resultará casi imposible alcanzar los objetivos previstos (Fanniff y Becker, 2006; Gerardin y Thibaut, 2004).

A nivel internacional, uno de los programas dentro de este enfoque que ha mostrado ciertos resultados positivos es el *Sexual Abuse, Family Education and Treatment* (SAFE-T). Se trata de un programa desarrollado en Canadá por Worling (1998) en el que se trabaja de forma individual, grupal y en terapia de familia sobre los contenidos antes descritos. En concreto, se abordan problemas relacionados con la negación y la responsabilidad, la excitación sexual desviada, las actitudes sexuales y la empatía de la víctima, así como la mejora de las habilidades sociales, la autoestima, la imagen corporal, la expresión adecuada de la ira, la confianza y la intimidad con los otros. Se comparó a los agresores sexuales juveniles que completaron el tratamiento con aquellos que no lo hicieron y se encontraron diferencias significativas, situando la reincidencia posterior en un 5% y 18%, respectivamente, en delitos sexuales, en un 19% y un 32% de reincidencia en delitos violentos no sexuales y en un 21% y un 50% en delitos no violentos (Worlin y Curwen, 2000). Por tanto, el tratamiento parece haber sido eficaz, no sólo para reducir la probabilidad de reincidencia sexual, sino también para reducir el comportamiento delictivo en general, aunque al tratarse de grupos no aleatorios; pudieran existir diferencias entre los dos grupos de tratamiento, en especial en variables relacionadas con la motivación al cambio.

En nuestro país, existe un programa estructurado para el tratamiento de los agresores sexuales juveniles denominado "Programa de Tratamiento Educativo y Terapéutico para agresores sexuales juveniles", desarrollado por Redondo y cols, y la Agencia de la Comunidad de Madrid para la Reeducación y Reinserción del Menor Infractor (2012). Se trata de un programa grupal que afronta diferentes módulos en el trabajo con estos menores: Autoestima (5 sesiones), educación sexual (6 sesiones), habilidades para las relaciones afectivas y sexuales (6 sesiones), distorsiones cognitivas y justificaciones (5 sesiones), autocontrol emocional para evitar conflictos (5 sesiones), solidaridad y empatía con las víctimas (5 sesiones) y prevención de recaídas (6 sesiones). Este programa está diseñado según los estándares generados internacionalmente en el trabajo con agresores sexuales juveniles, si bien, hasta el momento, no existen estudios que validen los resultados obtenidos.

6.2. Programas psicoeducativos

Este tipo de programas, basados en la intervención psicosocial y educativa, se pueden ofrecer en solitario o en combinación con la terapia cognitivo-conductual. Existen multitud de estudios sobre efectos positivos de la educación sexual en los agresores sexuales juveniles. Es más, se trata quizá de la estrategia de prevención prioritaria si queremos minimizar la aparición de este tipo de delitos en menores (Fanniff y Becker, 2006; Hagan y Gust-Brey, 2000), aunque la realidad es que casi siempre se ha estudiado su efecto formando parte de un programa de tratamiento más completo de índole cognitivo-conductual. En relación con la reincidencia en este tipo de delitos cometidos por menores, no se ha encontrado evidencia científica de que, por sí sola, la educación sexual tenga un efecto sobre la misma.

6.3. Terapia Multisistémica (MST)

La terapia multisistémica ha sido desarrollada originalmente para la intervención con menores infractores y sus familias, desarrollándose adaptaciones posteriores que han avalado su uso con agresores sexuales juveniles (Henggeler et al., 2009). Este enfoque se basa en abordar la naturaleza multideterminada del comportamiento antisocial en los adolescentes, mediante el uso de métodos basados en la familia, los iguales, los servicios comunitarios y la escuela. En el abordaje de los agresores sexuales juveniles se incluye: la delimitación del ciclo de agresión sexual e interrupción del mismo utilizando a sujetos en el entorno para ayudar a reconocer y prevenir el patrón, el reconocimiento del delito, la aceptación de responsabilidad del adolescente, el trabajo sobre la restitución psicológica a la víctima, el desarrollo de un sistema de seguridad o plan y la asistencia en la reunificación familiar y desarrollo de amistades (Swenson et al., 1998). Los resultados ofrecidos por este encuadre terapéutico son positivos, encontrando tasas de reincidencia en delitos sexuales tras tratamiento del 12%, inferiores a los menores que pasaron por abordajes individuales (Dopp et al., 2015; Fanniff y Becker, 2006).

En conclusión, podemos afirmar que los tratamientos con los agresores sexuales juveniles ofrecen datos positivos, si bien, debemos enfocarnos en mejorar aquellas propuestas preventivas que impliquen el aumento de los factores de protección en menores vulnerables. En este sentido, mejorar la educación sexual y disminuir la exposición a factores de riesgo como la pornografía, serían dos buenas opciones, validadas por distintos estudios científicos que se han ido desgranando en el presente capítulo. No obstante, si hablamos de delitos consumados, debemos articular respuestas judiciales de acuerdo con las propuestas de los modelos basados en el riesgo delictivo, es decir, qué factores específicos presenta un sujeto y qué intervenciones pueden resultar efectivas valorando de forma individualizada el caso, entendiendo que la respuesta, social, jurídica y científica deberían ser congruentes e ir de la mano.

BIBLIOGRAFÍA

Abel, G. G., Osborn, C. A., y Twigg, D. A. (1993). Sexual assault through the life span: Adult offenders with juvenile histories. En H. E. Barbaree, W. L. Marshall, y D. R. Laws (Eds.), The juvenile sexual offender (pp. 104-116). New York: Guilford Press.

Aebi, M., Krause, C., Barra, S., Vogt, G., Vertone, L., Manetsch, M.,... Bessler C. (2022) What Kind of Therapy Works With Juveniles Who Have Sexually Offended? A Randomized-Controlled Trial of Two Versions of a Specialized Cognitive Behavioral Outpatient Treatment Program. Sexual Abuse, 34(8), 973-1002.

Bancroft, J. (2006) Normal Sexual Development. En H.E. Barbaree y W.L. Marshall (Eds), The Juvenile Sex Offender (pp. 19-57). New York: The Guilford Press.

Barbaree, H.E. y Langton, C.M. (2006) The effects of child sexual abuse and family environment. En H.E. Barbaree y W.L. Marshall (Eds), The Juvenile Sex Offender (pp. 58-76). New York: The Guilford Press.

Barbaree, H.E. y Marshall, W.L. (2006) The Juvenile Sex Offender. New York: The Guilford Press.

Barra, S., Bessler, C., Landolt, M. A., y Aebi, M. (2018). Patterns of adverse childhood experiences in juveniles who sexually offended. Sexual Abuse: A Journal of Research and Treatment, 30(7), 803-827.

Bartosh, D. L., Garby, T., Lewis, D. y Gray, S. (2003). Differences in the predictive validity of actuarial risk assessments in relation to sex offender type. International Journal of Offender Therapy and Comparative Criminology, 47, 422-438.

Benedicto, C., Roncero, D. y González, L. (2017) Agresores sexuales juveniles: tipología y perfil psicosocial en función de la edad de sus víctimas. Anuario de Psicología Jurídica, 27, 33-42.

Bronfenbrenner, U. (1977). Toward an experimental ecology of human development. American psychologist, 32(7), 513-531.

Burton, D. L. (2000). Were adolescent sexual offenders children with sexual behavior problems? Sexual Abuse: Journal of Research and Treatment, 12, 37-48.

Caldwell, M. F. (2002). What we do not know about juvenile sexual reoffense risk. Child Maltreatment, 7, 291-302.

Caldwell, M. F. (2010). Study characteristics and recidivism base rates in juvenile sex offender recidivism. International Journal of Offender Therapy and Comparative Criminology, 54(2), 197-212.

Chaffin, M. (2008), "Our minds are made up – don't confuse us with the facts: commentary on policies concerning children with sexual behavior problems and juvenile sex offenders", Child Maltreatment, 13 (2). 110-21.

DeLisi, M., Alcala, J., Kusow, A., Hochstetler, A., Heirigs, M. H., Caudill, J. W.,...Baglivio, M. T. (2017). Adverse childhood experiences, commitment offense, and race/ethnicity: Are the effects crime-race and ethnicity-specific?. International Journal of Environmental Research and Public Health, 14(3), 331-342.

Dopp, A.R., Borduin, Ch.M. y Brown, C.M. (2015), Evidence-based treatments for juvenile sexual offenders: review and recommendations. Journal of Aggression, Conflict and Peace Research, 7 (4), 223-236.

Fanniff, A.M. y Becker, J.V. (2006) Specialized assessment and treatment of adolescent sex offenders. Aggression and Violent Behavior, 11. 265-282.

Fiscalía General del Estado (2023) Memoria de la Fiscalía General del Estado 2022. Madrid: Ministerio de Justicia.

Geradin, P. y Thibaut, F. (2004) Epidemiology and Treatment of Juvenile Sexual Offending. Pediatry and Drugs, 6, (2). 79-91.

Goulet, J. A. S., y Tardif, M. (2018). Exploring sexuality profiles of adolescents who have engaged in sexual abuse and their link to delinquency and offense characteristics. Child Abuse & Neglect, 82, 112-123.

Güemes, M., Ceñal, M.J. y Hidalgo, M.I. (2017) Desarrollo durante la adolescencia. Aspectos físicos, psicológicos y sociales. Pediatría Integral, 21 (4), 233-244.

Hagan, M. P., y Gust-Brey, K. L. (2000). A ten-year longitudinal study of adolescent perpetrators of sexual assault against children. Journal of Offender Rehabilitation, 31, 117-126.

Hall, G. C. N., y Hirschman, R. (1991). Toward a theory of sexual aggression: A quadripartite model. Journal of Consulting and Clinical Psychology, 59, 662-669.

Henggeler, S. W., Letourneau, E. J., Chapman, J. E., Borduin, C. M., Schewe, P. A., y McCart, M. R. (2009). Mediators of change for multisystemic therapy with juvenile sexual offenders. Journal of Consulting and Clinical Psychology, 77, 451-462.

Hodgkinson, R., Beattie, S., Roberts, R., y Hardy, L. (2021). Psychological Resilience Interventions to Reduce Recidivism in Young People: A Systematic Review. Adolescent Research Review, 6, 333-357.

Kettrey, H. H., y Lipsey, M.W. (2018). The effects of specialized treatment on the recidivism of juvenile sex offenders: A systematic review and meta-analysis. Journal of Experimental Criminology, 14(3), 361–387.

Kjellgren, C., Priebe, G., Svedin, C. G., & Långström, N. (2010). Sexually coercive behavior in male youth: Population survey of general and specific risk factors. Archives of Sexual Behavior, 39(5), 1161-1169.

Margari, F., Lecce, P. A., Craig, F., Lafortezza, E., Lisi, A., Pinto, F., Grattagliano, I. (2015). Juvenile sex offenders: Personality profile, coping styles and parental care. Psychiatry Research, 229(1-2), 82-88.

Marshall, W.L. (2006) Treatment of sexual offenders and its effects. Recuperado de: https://www.unafei.or.jp/publications/pdf/RS_No72/No72_12VE_Marshall.pdf.

Marshall, W. L., y Barbaree, H. E. (1990). An integrated theory of the etiology of sexual offending. En W. L. Marshall, D. R. Laws, y H. E. Barbaree (Eds.), Handbook of sexual assault: Issues, theories, and treatment of the offender (pp. 257-275). New York: Plenum Press.

McCann, K., y Lussier, P. (2008). Antisociality, sexual deviance, and sexual reoffending in juvenile sex offenders: A meta-analytical investigation. Youth Violence and Juvenile Justice, 6(4), 363-385.

Mellor, E. y Duff, S. (2019) The use of pornography and the relationship between pornography exposure and sexual offending in males: A systematic review. Aggression and violent Behavior, 46, 116-126.

Ministerio del Interior (2021). Informe sobre delitos contra la Libertad e indemnidad sexual en España. Recuperado de: https://www.interior.gob.es/opencms/pdf/archivos-y-documentacion/documentacion-y-publicaciones/publicaciones-descargables/publicaciones-periodicas/informe-sobre-delitos-contra-la-libertad-e-indemnidad-sexual-en-Espana/Informe_delitos_libertad_e_indemnidad_sexual_2021_126210034.pdf.

Moffitt T.E. Adolescence-limited and life-course-persistent antisocial behavior: a developmental taxonomy. Psychological Review, 100,: 674-701.

OMS. (2020). Youth violence. Recuperado de: https://www.who.int/news-room/fact-sheets/detail/youthviolence.

Pullman, L. E., Leroux, E. J., Motayne, G., y Seto, M. C. (2014). Examining the developmental trajectories of adolescent sexual offenders. Child Abuse and Neglect, 38(7), 1249-1258.

Pullman, L., y Seto, M. C. (2012). Assessment and treatment of adolescent sexual offenders: implications of recent research on generalist versus specialist explanations. Child Abuse & Neglect, 36, 203-209.

Redondo, S., Pérez, M., Martínez, M., Benedicto, C., Roncero, D. y León, M. (2012). Programa de Tratamiento Educativo y Terapéutico para Agresores Sexuales Juveniles. Agencia de la Comunidad de Madrid para la Reeducación y Reinserción del Menor Infractor. Recuperado de https://gestiona3.madrid.org/bvirtual/BVCM018013.pdf.

Ryan, G. (1991). Juvenile sex offenders: defining the population. En G. Ryan y S. Lane (Eds.), Juvenile Sexual Offending; Causes, Consequences, and Correction (pp. 3-9). Lexington, KY: Lexington Books.

Ryan, E.P. y Otonichar, J.M. (2016) Juvenile Sex Offenders. Current Psychiatry Reports, 18 (67), 1-10.

Seto, M. (2017) The Motivation-Facilitation Model of Sexual Offending. Sexual Abuse, 31(1), 3-24.

Seto, M. C. y Barbaree, H. E. (1997). Sexual aggression as antisocial behavior: a developmental model. En D. Stoff, J. Breiling, y J. D. Maser (Eds.), Handbook of antisocial behavior. Hoboken, NJ: Wiley and Sons.

Seto, M. C. y Lalumiere, M. L. (2010). What is so especial about male adolescent sexual offending? A review and test explanations through meta-analysis. Psychological Bulletin, 136, 526-575.

Shaw, J.A. y Antia, D.K. (2009) Sexually aggressive youth. En: Benedek EP, Ash P, Scott CL, (Eds). Principles and practice of child and adolescent forensic mental health (pp. 389-401) Arlington: American Psychiatric Publishing.

Siria, S., Echeburúa, E. y Amor, P. (2020) Characteristics and risk factors in juvenile sexual offenders. Psicothema, 32 (3). 314-321.

Smallbone, S.W. (2006) Social and psychological factors in the development of delinquency and sexual deviance. En H.E. Barbaree y W.L. Marshall (Eds) The Juvenile Sex Offender. (pp. 105-127) New York: The Guilford Press

Schmucker, M., y Losel, F. (2015). The effects of sexual offender treatment on recidivism: An international meta-analysis of sound quality evaluations. Journal of Experimental Criminology, 11(4), 597-630

Swenson, C. C., Henggeler, S. W., Schoenwald, S. K., Kaufman, K. L., y Randall, J. (1998). Changing the social ecologies of adolescent sexual offenders: Implication of the success of multisystemic therapy in treating serious antisocial behavior in adolescents. Child Maltreatment, 3, 330–338.

Ter Beek, E., Kuiper, C. H., van der Rijken, R. E., Spruit, A., Stams, G. J. J., y Hendriks, J. (2018). Treatment effect on psychosocial functioning of juveniles with harmful sexual behavior: A multilevel meta-analysis. Aggression and Violent Behavior, 39, 116-128.

Veneziano, C. y Veneziano, L. (2002), "Adolescent sex offenders: a review of the literature", Trauma, Violence, and Abuse, 3 (4), 247-60.

Ward, T., y Beech, A. (2005). An integrated theory of sexual offending. Aggression and Violent Behavior, 11, 44-63.

White, J. W. y Kowalsky, R.M. (1998) Male violence toward women: an integrative perspective. En G. Russell y E. Donnertein. Human aggression: Theories, research, and implications for social policy. New York: Academic Press

Worling, J. R. (1998). Adolescent sexual offender treatment at the SAFE-T Program. En W. L. Marshall, Y. M. Fernandez, S. M. Hudson, y T. Ward (Eds.), Sourcebook of treatment programs for sexual offenders (pp. 353-365). New York: Plenum Press.

Worling, J. R., y Curwen, T. (2000). Adolescent sexual recidivism: Success of specialized treatment and implications for risk prediction. Child Abuse and Neglect, 24(7), 965-982

Worling, J. R., y Långström, N. (2006). Risk of sexual recidivism in adolescents who offend sexually: Correlates and assessment. En H. E. Barbaree y W. L. Marshall (Eds.), The juvenile sex offender (pp. 219-247). New York: The Guilford Press.

Yoder, J., Dillard, R., y Leibowitz, G. S. (2018). Family experiences and sexual victimization histories: A comparative analysis between youth sexual and nonsexual offenders. International Journal of Offender Therapy and Comparative Criminology, 62(10), 2917-2936

Zimring, F.E. (2004). An American Travesty. University of Chicago Press.

Zolondek, S.C., Abel, G.G., Northey, W. y Jordan, A. (2001), "The self-reported behaviors of juvenile sexual offenders", Journal of Interpersonal Violence, 16 (1) 73-85.

Capítulo 9

Resultados sobre la violencia sexual en el escenario de la educación superior: realidad o ficción

DRA. MARTA ABANADES SÁNCHEZ
Profesora Adjunta de Ciencias Jurídicas y Políticas
Universidad Europea de Madrid

1. INTRODUCCIÓN Y PLANTEAMIENTO DE LA CUESTIÓN

Actualmente escuchamos con mayor frecuencia los casos de agresiones y abusos sexuales mediante los canales de información y en diferentes entornos profesionales, sociales y educativos. Este fenómeno se ha convertido en una de las problemáticas más relevantes tanto a nivel nacional como internacional, siendo una de las cuestiones más controvertidas para proponer soluciones. Desde este estudio queremos ver el escenario de actuación actual, y cómo han ido influyendo en él las diferentes perspectivas de la sociedad.

En primer lugar, estaría cómo entender la violencia sexual en términos generales. Se queda breve mostrar los estudios de violencia sexual contra la mujer como aquel fenómeno social que ha de mirarse desde todos los ámbitos de actuación y desde las teorías más recientes dentro de la criminología y victimología. No podemos obviar tampoco históricamente desde donde nace la violación de mujeres, las influencias familiares y su repercusión en la actuación de la persona.

También cabe destacar el papel que han tenido los medios de comunicación en este tema. La publicidad y las imágenes en los medios en ocasiones han ayudado más a la vulnerabilidad de las mujeres que al intento de afrontar este fenómeno, recordemos que el ser humano también se guía de la observación. El feminismo ha influido en el papel de la mujer en la sociedad como víctima al señalarlo como un problema crónico que traspasa todas las fronteras tanto el maltrato como la agresión que están sufriendo centenares de mujeres en pleno siglo XXI.

Otra de las vertientes que repasaremos para adentrarnos en el ámbito educativo y en concreto en el escenario de educación superior será la influencia del alcohol y los mitos en la violación. El alcohol esta señalado como uno de los factores que mayor impacto ha tenido en los estudios de violaciones en el ámbito universitario. Casi en el 50% de las agresiones, el alcohol ha sido una de las causas principales de la situación.

Y, por último, en este estudio se repasarán las respuestas de una muestra de alumnos de diferentes universidades donde se les pregunta si conocen verdaderamente el concepto de violencia sexual y si en su entorno han escuchado o vivenciado indicios de violencia y/o agresión sexual. Nos hemos encontrado en los estudiantes mucha incertidumbre o desconocimiento con respecto a los términos a los que se refiere el concepto de la violencia o agresión sexual. Si los términos generales no están claros, poder diferenciarlos en las situaciones que vivencian o les cuentan, será aún más complejo.

Nuestros objetivos con este estudio son:

- Conocer más la realidad teórica sobre las violaciones y el abuso sexual, sus inicios y cómo ha transgredido en la sociedad actual.

- Averiguar cuál es el concepto que tienen los estudiantes universitarios sobre el abuso sexual y determinar si ellos conocen los protocolos de actuación en este tipo de casos.

A continuación, nos centraremos en el marco teórico de la cuestión.

2. EL PREÁMBULO DE LA VIOLENCIA SEXUAL Y SUS INICIOS EN LA HISTORIA

Si revisamos la violencia sexual desde la mitología griega, cabe corroborar las características de dominancia del varón, muy por encima de la mujer en términos de poder, dominación, exclusión y discriminación, según Koulianunou-Manolopu y Fernández (2008).

Según Contreras y Badillo (2012), los relatos bíblicos dan cuenta de que la violación de las mujeres se utilizaba de una parte, como medio para la resolución de los conflictos entre hombres, y de la otra, como un recurso para resolver la violencia entre grupos. Sin embargo, cualquiera que sea la motivación, la violencia sexual contra las mujeres se consideraba como una práctica que aseguraba el poder y la dominación de los hombres en el seno de los grupos, con absoluto desconocimiento de los intereses de las mujeres, puesto que ni siquiera se consideraban como sujetos de derechos, tan solo objetos asimilados a las armas en la guerra. Con estos antecedentes, se puede corroborar el papel inexistente de la mujer entre nuestros antepasados.

Antes de comentar los indicios de la violencia sexual, cabe mencionar una de tantas de definiciones que tiene. Según Contreras & Badillo (2012) la violencia sexual contra la mujer, es entendida como un fenómeno social complejo que ha de mirarse no sólo desde el ámbito económico, cultural, histórico, jurídico, judicial y de la estadística, sino a su vez, desde las teorías criminológicas y victimológicas que pueden aportar un enfoque integral del tema. Estas teorías permiten dilucidar los aspectos que contribuyen a edificar la vulnerabilidad de la mujer y cómo el control social informal incide en la construcción del imaginario social y de las ideas de feminidad y masculinidad. También el control que se ejerce sobre las mujeres desde el núcleo familiar conlleva múltiples manifestaciones de violencia y victimización invisibles en muchas ocasiones por tener lugar en el ámbito doméstico.

Según Contreras & Badillo (2012) este escenario facilita relaciones desiguales de poder entre los géneros, en las que la mujer se encuentra en situación de desventaja por haber internalizado las sensaciones de debilidad y vulnerabilidad propias del constructo social de la feminidad al tiempo que los valores de la masculinidad se hacen dominantes y fortalecen las representaciones masculinas en las que subyace el recurso a la violencia para destacarse, imponerse y subyugar. Por tanto, no suele verse como algo extraño que los varones demuestren ante sus congéneres las "hazañas" sexuales como una forma de reafirmar su virilidad. Teniendo esta teoría presente podemos entender por qué siguen existiendo mujeres que quizás puedan ver con ojos más benevolentes ciertas situaciones de agresión sexual tanto a su alrededor o como desde los medios de comunicación.

Por otro lado, Bovino (1997) hace hincapié en la situación de vulnerabilidad que genera el elevado índice de agresiones sexuales contra las mujeres, que además condiciona profundamente sus vidas cotidianas. Esta situación hace conscientes a las mujeres de su propio cuerpo e influye en su manera de vestir, de caminar, de sentarse.

Esta postura sobre sus cuerpos, gestos y actitudes es la consecuencia del miedo a ser violada. De alguna manera, que las mujeres tengan miedo a la violencia masculina puede llegar a justificar su vulnerabilidad. Para Madriz (2001) esto, "no sólo perpetúa la imagen de que las mujeres son impotentes, débiles y más vulnerables que los hombres, sino que además alimenta la idea de que las mujeres y los hombres no tienen por qué tener los mismos derechos". (p. 31).

Según Marchiori (2006) se produce un cambio existencial en la vida de la víctima relacionado con sus costumbres, sus hábitos, su mirada hacia las personas que afectan sus relaciones de confianza, su seguridad familiar, social y cultural. Desde las diferentes teorías, las referencias se han ocupado del análisis de las distintas expresiones de violencia contra la mujer y coinciden en que se trata de un hecho fundado en la discriminación y, por tanto, violatorio de los derechos humanos.

La Declaración sobre los Principios Fundamentales de Justicia para las Víctimas de Delitos y del Abuso de Poder de la Asamblea General de las Naciones Unidas, adoptada mediante la Resolución 40/34, acoge un concepto de víctima amplio y omnicomprensivo de los diversos daños que pueda llegar a sufrir esta con independencia de los resultados del juicio y de la relación familiar entre víctima y victimario:

1. Se entenderá por 'víctimas', las personas que individual o colectivamente, hayan sufrido daños, incluidos lesiones físicas o mentales, sufrimiento emocional, pérdida financiera o menoscabo sustancial de sus derechos fundamentales, como consecuencia de acciones u omisiones que violen la legislación penal vigente en los Estados Miembros, incluida la que proscribe el abuso de poder.

2. Podrá considerarse 'víctima' a una persona con arreglo a la Declaración independientemente de que se identifique, aprehenda, enjuicie o condene al perpetrador e independientemente de la relación familiar entre el perpetrador y la víctima. En la expresión "víctima" se incluye, además, en su caso, a los familiares o dependientes inmediatos de la víctima directa y a las personas que

hayan sufrido daños al intervenir para asistir a la víctima en peligro o para prevenir la victimización.

Se corrobora el dominio del hombre desde los inicios mitológicos y bíblicos. Además de las tantas definiciones, las teorías victimológicas y criminológicas han ayudado a entender como desde los entornos domésticos y familiares se puede influenciar la perspectiva de la mujer sobre el acoso sexual hasta el punto de consentir o justificar ciertas actitudes o vestirse y comportarse de manera diferente por el miedo a ser violada. Por último, cabe destacar la Declaración sobre los Principios Fundamentales de Justicia para las Víctimas de Delitos y del Abuso de Poder, que acoge un concepto de víctima más amplio al incluir los daños que puede sufrir.

3. EL PESO DE LOS MEDIOS DE COMUNICACIÓN, LAS UNIVERSIDADES Y EL PAPEL DEL ALCOHOL EN EL ABUSO SEXUAL

No es extraordinario que los medios de comunicación en general, televisión, cine y radio, en multitud de ocasiones reproduzcan imágenes y videos donde dan a entender la vulnerabilidad de las mujeres. De alguna manera contribuyen a reanimar el dominio masculino sobre los derechos de las mujeres.

García (2010) afirma que la publicidad influye en las actitudes a través de los modelos simbólicos que representa, los individuos aprenden y reproducen modelos que teniendo en cuenta que la dicotomía en función del género no es algo dado, sino aprendido a través de un proceso cognitivo y social, podría decirse que 'una sociedad que ve las diferencias contribuye a crear diferencias' (p.207).

Pero no solo son los medios de comunicación, según diversos estudios, los centros universitarios recogen cada año cifras más elevadas de casos y sucesos, relacionados con la violencia sexual, aunque en muchas ocasiones se decide no exponerlo o no denunciarlo. Según las estadísticas los números son especialmente significativos en plena adolescencia y juventud. (Abbey, 1991; Benson et al., 1992; Bureau of Justice Statistics, 1995; Dull & Giacopassi, 1987; Frinter & Rubinson, 1993; Koss et al., 1987; Rapaport & Burkhart, 1984). En EE. UU., por ejemplo, se estima que aproximadamente un cuarto de las violaciones ocurre entre universitarios (U.S. Bureau of the Census, 1996). Estos datos, obtenidos con población americana, sugieren que hombres y mujeres tienden a interpretar el mismo hecho de forma diferente. Según Koss (1988) esta diferencia entre agresores y víctimas puede deberse a que los hombres interpretan el rechazo de las mujeres a mantener relaciones sexuales como vago, ambiguo o fingido, lo que los lleva a pensar que su agresión no fue una violación sino un acto de seducción. La violencia en una cita es una más de las formas de violencia sexual que sufren las jóvenes por alguien que no es su pareja. En Canadá, por ejemplo, un estudio sobre adolescentes de 15 a 19 años comprobó que el 54% de ellas habían sufrido "coerción sexual" en una cita (Byers et al., 2000). Un estudio realizado en Estados Unidos en el año 2000 permitió comprobar que la tasa media de prevalencia de la violencia en una cita era del 22% para los estudiantes de nivel secundario y el 32% para las estudiantes del primer nivel universitario (Centers for Disease Control and Prevention, 2000). Las investigaciones realizadas en Estados Unidos también llevaron a la comprobación de que el 8,3% de las mujeres habían sido víctimas de agresión física, violación o acecho por la persona con la que tenían una cita (Slashinski et al., 2003).

Otros estudios reflejan que hay un factor de riesgo agravante en torno a las agresiones sexuales entre universitarios: el uso-abuso del alcohol por parte de la víctima, del agresor o ambos (Abbey, 2002; Cooper, 2006; Greene & Navarro, 1998; Harrington & Leitenberg, 1994; Koss, 1988; Miller & Marshall, 1987; Muehlenhard & Linton, 1987; Presley et al., 1997;

Seiftert, 1999; Stermac et al., 1998; Ullman, 2003). El alcohol es señalado como uno de los factores de mayor riesgo en la ocurrencia de violaciones y está ciertamente presente en una amplia proporción de incidentes sexuales: aproximadamente la mitad de las agresiones sexuales son cometidas por hombres que previamente habían ingerido alcohol (Abbey, Ross & McDuffie, 1994; Crowell & Burgess, 1996) mientras que, en el caso de las mujeres, entre un 30% y un 79% declaran haber ingerido alcohol al mismo tiempo que su agresor (Abbey, et al., 1994; Crowell & Burgess, 1996).

Diferentes estudios han puesto de manifiesto que el abuso de alcohol entre jóvenes universitarios también está asociado con al menos el 50% de los abusos sexuales cometidos (Abbey et al., 1998; Greene & Navarro, 1998; Harrington & Leitenberg, 1994; Koss, 1998; Miller & Marshall, 1987; Muehlenhard & Linton, 1987; Presley, et al., 1997). En otro estudio llevado a cabo por Moler-Kuo, Dowdall, Koss y Wechsler (2004) se encontró que una de cada 20 universitarias había experimentado algún acto de violación desde el inicio del curso. Un 72% de estas violaciones ocurrieron cuando las víctimas estaban bajo los efectos del alcohol y, por lo tanto, eran incapaces de oponerse a tales agresiones. Ciertas mujeres presentaban un mayor riesgo de ser violadas, particularmente aquellas que pertenecían a colegios universitarios o a fraternidades. Estos datos también permiten reflejar la realidad que se vive dentro de las fraternidades. En el caso de los hombres, se observa que los colegios mayores o asociaciones universitarias atraen a aquellos universitarios que más alcohol consumen, y dichos niveles de intoxicación predicen la comisión de agresiones sexuales. Pertenecer a una fraternidad posibilita el hecho de conocer a más hombres que consumen grandes cantidades de alcohol, y en dichas circunstancias la probabilidad de ocurrencia de violaciones es más alta. Las normas del grupo de iguales, dentro de este tipo de congregaciones son beber de forma abusiva, actuar de forma desinhibida y mantener relaciones sexuales casuales.

Para profundizar más sobre la influencia del alcohol, se hace necesario comentar el efecto miopía. Este efecto fue descrito por Steele y Josephs (1990) en la teoría que lleva el mismo nombre. De acuerdo con la teoría de la miopía del alcohol, en una situación de alto riesgo el consumo de bebidas alcohólicas constriñe la atención hacia aquellos factores más salientes del entorno. Así, cuando una mujer se encuentra ingiriendo alcohol en un entorno cargado de componentes sexuales, las expectativas positivas que pueda tener con relación a los efectos que el alcohol produce en la desinhibición sexual interactúan con los efectos miópicos producidos por tal ingesta, restringiendo su atención a aquellas señales sexuales del ambiente, en contraposición con aquellas otras relacionadas con la amenaza de una posible agresión sexual. Esto lleva a la hipótesis de que un consumo excesivo de alcohol y las expectativas positivas que se tienen sobre él, pueden potenciar el riesgo de la mujer a ser víctima de una agresión sexual. No podemos descartar tampoco los efectos de alcohol en el cuerpo. El alcohol provoca una serie de déficits cognitivos y motores en aquellas personas que lo ingieren en exceso. Por ejemplo, las víctimas intoxicadas son menos capaces de encontrar una salida a las situaciones que implican agresiones sexuales y están menos capacitadas para utilizar estrategias de resistencia ante los avances de su agresor (Abbey, et al., 1996b; Harrington & Leitenberg, 1994).

4. LOS MITOS Y CREENCIAS EN LAS VIOLACIONES

Son muchas las teorías que envuelven los mitos y las creencias sobre las violaciones. Estas creencias se encuentran íntimamente relacionadas con la comprensión y aceptación de las agresiones sexuales basadas, en multitud de ocasiones, en una mala interpretación de los intentos y acercamientos sexuales. Burt (1980) encontró que más de un 50% de adultos, seleccionados al azar, apoyaban una serie de actitudes relacionadas con las violaciones, actitudes tales como "en la mayoría de las violaciones, la víctima era una promiscua o tenía una mala reputación". Estas creencias sirven para justificar la violación y culpabilizar a la víctima antes que al agresor. Burt denominó estos estereotipos sobre las víctimas: "Mitos sobre la violación" y los definió como "prejuicios, estereotipos o falsas creencias sobre las violaciones, las víctimas y los agresores".

Aunque no vamos a entrar de lleno en los mitos y creencias sobre la violación y agresión sexual, hay que resaltar que, según Sánchez & Megías (2009), es uno de los factores que mayores consecuencias negativas produce en las víctimas, disminuyendo su motivación para denunciar los hechos e incrementando la autoculpabilización. Este dato es imprescindible para llegar a entender por qué la mayoría de los casos no llegan a ser denunciados.

Uno de los mitos más extendido es la creencia de que normalmente los violadores son personas desconocidas para las víctimas, que tienden a ser atacadas en lugares solitarios. Diferentes investigaciones sin embargo permiten desmitificar tal creencia. Por ejemplo, Gross, Winslett, Roberts y Gohm (2006) encontraron que, en una muestra de mujeres universitarias estadounidenses de edad comprendida entre los 17 y 25 años, el 41,1% de las agresiones sexuales fueron cometidas por la pareja de la chica, el 29,7% por algún amigo y el 21,1% por algún conocido; tan sólo el 5,2% de las agresiones fueron cometidas por un desconocido. En otros países la situación es semejante; por ejemplo, datos de Israel apuntan que únicamente el 16,3% de las agresiones sexuales son cometidas por extraños, mientras que el 83,7% son perpetradas por personas conocidas por la víctima.

Estudios en España también han puesto de manifiesto la existencia de estos mitos o falsas creencias sobre las agresiones sexuales. Trujano y Raich (2000), con una muestra compuesta por 863 estudiantes de la Universidad Autónoma de

Barcelona, demostraron la gran influencia de los mitos en las respuestas emitidas por los participantes ante escenarios de violación, obteniéndose una mayor atribución de culpabilidad a la víctima cuando ésta era una mujer "poco respetable" (término asociado a atuendos poco convencionales o comportamientos contrarios a los roles tradicionales de género). Igualmente observaron que el hecho de no oponer resistencia al ataque suscitaba en los observadores juicios tales como que ella no deseaba evitar la violación y que seguramente le resultó placentera.

Para finalizar vamos a exponer los resultados de un estudio realizado durante el 2022 – 2023 en alumnos/as universitarias de la Comunidad de Madrid.

5. ESTUDIO SOBRE ALUMNOS/AS UNIVERSITARIAS DE LA COMUNIDAD DE MADRID

Después de revisar, las teorías y las cifras sobre las agresiones y abusos sexuales, con este capítulo queremos indagar sobre la percepción y experiencia de los estudiantes universitarios frente a la violencia sexual en diferentes universidades de la Comunidad de Madrid como la Universidad Europea, Universidad Complutense y Universidad Autónoma. De esta manera podremos entender qué concepto se tiene en términos de abuso sexual y si conocen los protocolos de actuación para hacerlo.

5.1. Metodología

En este estudio se trabaja con una metodología cualitativa donde se utiliza como instrumento un cuestionario de Google Forms. Dentro del mismo, y de manera anónima, se pregunta a los alumnos sobre la propia definición de violencia sexual, las medidas de prevención y autodefensa, y sobre las dificultades y obstáculos para denunciar agresiones.

5.2. Muestra

Contamos con un total de 221 estudiantes universitarios de la Comunidad de Madrid que respondieron al cuestionario. Las fechas de nacimiento oscilan entre 1999 y 2003 en edades entre 20 y 24 años. El estudio se llevó a cabo entre el 2022 y 2023. A continuación, se adjunta gráfico porcentual de la muestra.

Imagen 1. Datos de la muestra

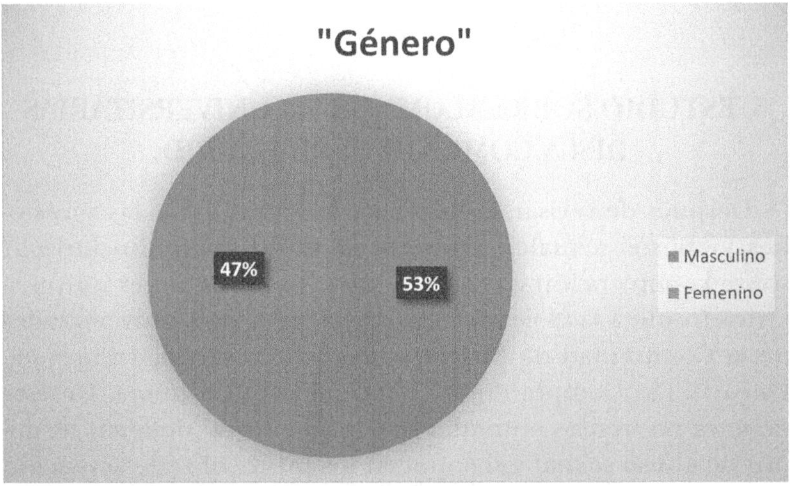

Fuente: Elaboración propia. Madrid 2023.

Como podemos ver en la muestra, han participado más hombres que mujeres lo que nos ayudará también a entender los conocimientos y percepciones que los hombres tienen sobre el abuso y/o agresión sexual.

5.3. Discusión

En el apartado de discusión, no vamos a exponer el total de las preguntas, en este capítulo nos hemos centrado en el conocimiento y percepción que tienen sobre la violencia sexual y si además tienen la capacidad para describirlo. Otra de las cuestiones interesantes dentro de un centro universitario es si conocen a quién deberían acudir en caso de tener o ser testigos de algún altercado.

A continuación, exponemos algunas de las respuestas ofrecidas.

Pregunta 1.: ¿Conoces el termino de violencia sexual? Puedes describirlo.

Una de las cuestiones que nos parece interesante es poder entender si los universitarios son capaces de realizar un definición o descripción sobre la violencia sexual. Si la definición del término que manejan no está del todo clara, será más complicado que puedan entender, comprender o discriminar unas situaciones de otras. Por norma general entienden que hay un contacto físico no deseado, algunas de las respuestas son:

> *"La describiría como sobrepasar los límites en ámbitos físicos, íntimos, de cercanía o sexuales que una persona pone al resto."* A3

> *"Si. Hace referencia a las intenciones que tiene una persona acerca de otra en el ámbito sexual."* A45

> *"Si, realizar una relación sexual sin el consentimiento de la otra persona."* A12

> *"Si, es cuando alguien ha sido forzado a realizar cualquier tipo de practica sexual sin estar de acuerdo."* A89

> *"Situación en la que una persona agrede a otra sin respetar sus decisiones e imponiendo las suyas, aunque la otra persona no quiera y por lo tanto obligándole a hacer cosas contra su voluntad."* A33

> *"Este término se refiere a realizar un acto sexual sin consentimiento por parte de uno de los involucrados."* A166

> *"Si, es cualquier contacto sexual no deseado por parte de una persona."* A121
>
> También tenemos algunos alumnos que reconocen que puede haber violencia sexual más allá de un contacto físico, como pueden ser insinuaciones, amenazas verbales, etc., algunas de las respuestas son:
>
> *"Si, es la tentativa de consumar un acto sexual no deseado."* A201
>
> *"Si, son comentarios o insinuaciones sexuales hacia alguien."* A78
>
> *"Es una amenaza hacia una persona con intención de obligarlo a cometer actos sexuales."* A56
>
> *"Cualquier tipo de agresión física o verbal que reciba una persona por parte de otra con denotación sexual."* A7

También podemos encontrar respuestas donde los alumnos ciertamente se sienten confundidos si tuvieran que dar una definición exacta sobre el concepto, recogemos a continuación alguna respuesta:

> *"Lo conozco, pero no sabría decir al 100% que se considera violencia sexual y que no, sé que una violación lo es tocar a cualquier persona sin consentimiento lo es, pero más allá de eso no sabría describir más."* A189

De acuerdo con las respuestas ofrecidas, podemos confirmar que existe un desconocimiento parcial sobre la terminología y concepto de la violencia sexual. No solo podemos remitirnos al hecho de forzar a otra persona físicamente, sino también verbalmente. Por este motivo, en ocasiones puede resultar dificultoso que los alumnos universitarios puedan distinguir situaciones, bien para no cometerlas o para poder denunciarlas.

Otra de las cuestiones que le hemos preguntado a los alumnos es: Si mañana vieras o tuvieras un altercado de violencia sexual, ¿a quién acudirías? No solo deberían de tener claro la terminología sino también a quién podrían acudir en el caso de vieran o sufrieran algún acontecimiento.

Algunas de las respuestas ofrecidas se exponen a continuación. Nos podría sorprender que siendo en un entorno universitario escojan a personas externas para denunciar la situación, se incluye la opción de la policía por descarte porque muchas respuestas se identifican con la opción "no lo sé". Los padres y la familia, suele estar, por orden general, en la mayoría de las respuestas.

> *"No sé, a la policía."* A123
>
> *"A mis padres y a la policía."* A56
>
> *"A mis padres y a la policía."* A78
>
> *"A mi familia y a la policía."* A21

A continuación, agrupamos otra serie de respuestas donde ya se puede apreciar más información, es decir, no solo se recurre a la policía y a los padres, sino también a las instancias universitarias o a los teléfonos de información de Violencia de Genero para poder denunciar la situación. Se considera que, a pesar de recurrir a personas del centro universitario, no conocen los protocolos de actuación de las instituciones en estas situaciones. Quizás la falta de información también sea uno de los agravantes para callar o no denunciar los hechos. La concienciación social sobre este tema dentro de los centros universitarios debería estar latente y clara para que cualquier alumno tuviera clara la actuación que debería seguir. Alguna de las respuestas que nos encontramos son:

> *"Acudiría a mis personas más cercanas para su ayuda y si es necesario a un profesional acerca del tema. Asimismo, podría tener la posibilidad de llamar al 016 el número de la Violencia de Género."* A211
>
> *"A mi psicólogo, amigos, familiares y a la autoridad universitaria y policial pertinente."* A117

> *"A alguna profesora con la que tenga una relación buena y que sepa que tiene autoridad e implicación con la universidad."* A93
>
> *"A algún profesor de confianza para que me indique cómo actuar."* A77
>
> *"Acudiría a la secretaria a denunciar tal grave incidente y después la policía."* A11
>
> *"Primero a algún cargo de la universidad y después a la policía."* A189
>
> *"Pienso que a atención del estudiante o algún docente acudiría."* 143
>
> *"En la universidad acudiría a algún profesor o personal responsable."* A111
>
> *"A mis padres, compañeros de confianza y profesores. Acto seguido a la policía."* A45
>
> *"Principalmente a mi hermana y a mi madre."* A69
>
> *"Si me pasó conmigo me hablo con mi familia, pero sí vi a alguien más me pone en contacto con un profesor o con algún asesor."* A88

Para finalizar, hay alumnos que se ponen directamente en la situación de poder socorrer a algún compañero/a. Intentar detener la situación, llamar a seguridad, emergencia o la policía, son las opciones más comunes para intentar socorrer a la víctima.

> *"Avisar a Seguridad o a Emergencias y mientras tanto intentar socorrer a la víctima o alejar al agresor."* A201
>
> *"Si mañana viera un altercado de violencia sexual, lo primero que haría sería ir a intentar pararlo y después llamaría a la policía."* A33

Después de revisar las diferentes respuestas, ~~a continuación~~, valoramos en el apartado de conclusiones los posibles pros y contras sobre la información y el uso de los conceptos de agresión y abuso sexual.

6. CONCLUSIONES

Como hemos visto teóricamente, en los inicios griegos ya existía un sometimiento de la mujer por parte del hombre. Históricamente ha habido una continuidad con este agravio, aunque por suerte, hoy en día no se puede hablar del abuso sexual en términos políticos, económicos y sociales, sino que por suerte las teorías criminalísticas y victimológicas han ahondado en las influencias familiares y sociales para poder entender el fenómeno en el contexto actual y cómo repercute en la persona.

Aunque nos hemos ceñido en este capítulo a la definición de violencia sexual de Contreras & Badillo (2012) los aspectos que contribuyen a edificar la vulnerabilidad de la mujer y a la forma como el control social informal incide en la construcción del imaginario social y en los constructos de la feminidad y la masculinidad, debemos ser conscientes de la multitud de variantes con respecto al concepto y terminología. Una de las variantes que queríamos medir es la postura de los alumnos con respecto a conocer el concepto, pero siguiendo algunas de las respuestas se corrobora que no hay claridad sobre el concepto o su implicación.

En plena era tecnológica también se confirma que los medios de comunicación en ocasiones tampoco están ayudando a poder entender y concienciar a la sociedad. García (2010) afirma que la publicidad influye en las actitudes a través de los modelos simbólicos. Niños, adultos y mayores no dejan de ser observadores de situaciones e imágenes provenientes de los medios, que puedan agravar o simplemente normalizar situaciones de agresión y abuso sexual.

Por otro lado, tanto los estudios a nivel nacional o internacional demuestran que más de un cuarto de las violaciones acontecen en centros universitarios. Como hemos podido apreciar hombres y mujeres tienden a interpretar el mismo hecho de forma diferente. Koss (1988) sugirió que esta diferencia entre agresores y víctimas puede ser debido a que los hombres interpretan de manera errónea el rechazo de las mujeres a mantener relaciones sexuales. Aquí seguimos proponiendo que la poca claridad de la terminología por parte de la sociedad conlleva a un mal entendimiento en las situaciones de abuso y agresión sexual que acontecen. Una mayor concienciación social, sobre todo en los centros educativos y universitarios, se hace necesaria para saber discriminar situaciones. Otro de los inconvenientes que hemos visto es como actúa el alcohol en este tipo de situaciones, aumentando las posibilidades de probabilidad.

Y para finalizar somos conscientes de los mitos que hacen referencia al abuso sexual. Burt (1980) encontró que más de un 50% de adultos, seleccionados al azar, apoyaban una serie de actitudes relacionadas con las violaciones, actitudes tales como "en la mayoría de las violaciones, la víctima era una promiscua o tenía una mala reputación". Lamentablemente siguen existiendo muchos prejuicios, estereotipos y falsas creencias sobre las violaciones.

En resumen, se recogen las siguientes conclusiones:

1-. Existe una percepción sobre la terminología y concepto del abuso sexual no claro e incompleto por parte de la sociedad.

2-. El alcohol no deja de ser uno de los intensificadores para potenciar el número de casos de violación y abuso sexual. Las personas intoxicadas tienen mayor dificultad para encontrar una salida en algunas situaciones.

3-. Los medios de comunicación pueden llegar a dificultar la labor de concienciación, ya que la sociedad actúa como observadora de modelos en ocasiones poco acertados.

4-. Actualmente siguen existiendo mitos y creencias sobre los estereotipos y falsas creencias sobre las violaciones.

5-. En los centros universitarios, según diversos estudios, suelen aumentar los casos de violación o abuso sexual.

6-. Los alumnos universitarios no tienen claro a quién dirigirse en caso de ser observador o víctima, además de desconocer los protocolos de actuación por parte del centro.

7-. Siguen existiendo multitud de casos que no se denuncian en el plano universitario por miedo al qué dirán o por desconocimiento de la persona que puede ayudar.

Para finalizar, con respecto a los objetivos que habíamos marcado en los inicios se corroboran las siguientes indagaciones y afirmaciones.

En el primer objetivo:

- Conocer más la realidad teórica sobre las violaciones y abuso sexual, sus inicios y como ha influido en la sociedad actual.

  Como hemos podido corroborar según diferentes autores, desde los inicios de los tiempos existía un empoderamiento del hombre sobre la mujer que se ha ido transgrediendo en la sociedad. Las teorías victimológicas y criminológicas nos ayudarán a entender el posicionamiento de la mujer en pleno siglo XXI. Según estudios desarrollados podemos corroborar que las violaciones y el abuso sexual sigue persistiendo y además se incrementa en los entornos universitarios. Los medios de comunicación y el alcohol en las fiestas siguen propiciando estos acontecimientos sigan surgiendo con mayor rapidez.

Con el segundo objetivo:

- Averiguar cuál es el concepto que tienen los estudiantes universitarios sobre el abuso sexual y determinar si ellos conocen los protocolos de actuación en este tipo de casos.

Por un lado, por las respuestas ofrecidas, podemos determinar que los estudiantes universitarios no conocen en profundidad los términos generales sobre el abuso sexual. Algunos de ellos lo limitan a un contacto físico no deseado mientras que son pocos los que determinan que la violencia verbal también es una forma de abuso y poder sobre la otra persona.

Además, cuando se les pregunta por los protocolos de actuación en los centros universitarios, no conocen la normativa a aplicar o a quien dirigirse en ese momento, buscando ayuda en el personal de seguridad, secretaría o algún profesor con el que tengan confianza.

Como conclusión, se considera que, en términos generales, se debería concienciar más a las nuevas generaciones no solo sobre la terminología del propio concepto de violación o abuso sexual, sino en la normativa y los protocolos a seguir en los centros universitarios. También el claustro de profesores debería estar activo para poder observar situaciones y poder actuar si llegara el caso.

BIBLIOGRAFÍA

Abbey, A. (1991). Acquaintance rape and alcohol consumption on college campuses: How are they linked? Journal of American College Health, 39, 165- 169.

Abbey, A. (2002). Alcohol-related sexual assault: A common problem among college students. Journal of Studies on Alcohol, 14(Suppl.), 118-128.

Abbey, A., & Harnish, R. J. (1995). Perception of Sexual Intent: The role of gender, alcohol consumption, and rape supportive attitudes. Sex Roles, 32, 297-313.

Abbey, A., McAuslan, P., McDuffie, D., Ross, L.T., & Zawacki, T. (1995). Alcohol expectancies regarding aggression, sexuality, and sexual vulnerability: Self versus other. Paper presented at the Annual Meeting of the American Psychological Society, New York.

Abbey, A., McAuslan, P., & Ross, L.T. (1998). Sexual assault perpetration by college men: the role of alcohol, misperception of sexual assault intent, and sexual beliefs and experiences. Journal of Social and Clinical Psychology, 17, 167-195.

Abbey, A., Ross, L.T., & McDuffie, D. (1994). Alcohol´s role in sexual assault. En R. R. Watson (Ed.), Drug and alcohol abuse reviews. Addictive behaviors in women, vol. 5 (pp. 97-123). Totowa.

Abbey, A., Ross, L.T., McDuffie, D., & McAuslan, P. (1996a). Alcohol and dating risk factors for sexual assault among college women. Psychology of Women Quarterly, 20, 147-169.

Abbey, A., Ross, L.T., McDuffie, D., & McAuslan, P. (1996b). Alcohol, misperception, and sexual assault: how and why are they linked? En D. M. Buss, y N. Malamuth (Eds.) Sex, power, conflict: evolutionary and feminist perspectives (pp. 138-161). New York: Oxford University Press.

Benson, D., Charlton, C., & Goodhart, F. (1992). Acquaintance rape on campus: A literature review. Journal of American College Health, 40, 157-165.

Byers, S., Sears, H., Whelan, J., & Saint-Pierre, M. (2000). Dating Violence Amongst New Brunswick Adolescents: A Summary of Two Studies. Fredericton: University of New Brunswick, Muriel McQueen Fergusson Centre for Family Violence Research.

Bovino, A. (1997). Delitos sexuales y feminismo legal: (algunas) mujeres al borde de un ataque de nervios. Revista Jurídica de la Universidad de Palermo, 2 (1 y 2), 133-148. [en línea], <http://www.palermo.edu/derecho/publicaciones/pdfs/revista_juridica/n2N1y2,Abril1997/02%201y2Juridica07.pdf> [Consulta: 01/05/2011]

Bureau of Justice Statistics (1995). Criminal victimization in the United States. Washington, DC: U.S. Department of Justice.

Cobo, R. (1994). El discurso de la igualdad en el pensamiento de Poulain de la Barre. En Celia. Amorós. (coord.), Historia de la Teoría Feminista. Madrid, España: Instituto de investigaciones feministas.

Cooper, M.L. (2002). Alcohol use and risky sexual behaviour among college students and youth: Evaluating the evidence. Journal of Studies on Alcohol, (Suppl.14), 101-117.

Cooper, M.L. (2006). Does drinking promote risky sexual behavior?: A complex answer to a simply question. Current Directions in Psychological Science, 15, 19-23.

Contreras, M. I. A., & Badillo, M. C. C. (2012). La violencia sexual contra las mujeres. Un enfoque desde la criminología, la victimología y el derecho. Reflexión política, 14(27), 122-133.

Crowe, L., & George, W.H. (1989). Alcohol and human sexuality: Review and integration, Psychological Bulletin, 105, 375-386.

Declaración sobre los principios fundamentales de justicia para las víctimas de delitos y del abuso de poder. [en línea] <https://www.ohchr.org/es/instruments-mechanisms/instruments/declaration-basic-principles-justice-victims-crime-and-abusez [Consulta 08/08/2023]

Dull, R.T., & Giacopassi, D.J. (1987). Demographic correlates of sexual and dating attitudes. Criminal Justice and Behavior, 14, 175-193.

Frinter, M.P., & Rubinson, L. (1993). Acquaintance rape: The influence of alcohol, fraternity membership and sports team membership. Journal of Sex and Therapy, 19, 272-284.

García, M. (2011). Notas preliminares para la caracterización del derecho en América Latina. Revista el Otro Derecho, 26-27,14-48 [en línea], <http://ilsa.org.co:81/biblioteca/dwnlds/od/elotr dr026-27/elotrdr026-27-01.pdf > [Consulta: 18/09/2011]

Greene, D.M., & Navarro, R.L. (1998). Situation-specific assertiveness in the epidemiology of sexual victimization among university women: A prospective path analysis. Psychology of Women Quarterly, 22, 589-604.

Harrington, N.T., & Leitenberg, H. (1994). Relationship between alcohol consumption and victim behaviors immediately preceding sexual aggression by an acquaintance. Violence and Victims, 9, 315-324.

Koss, M.P. (1985). The hidden rape victim: Personality, attitudinal, and situational characteristics. Psychology of Women Quarterly, 8, 193-212.

Koss, M.P. (1988). Hidden rape: sexual aggression and victimization in a national sample of students in higher education. In A. W. Burgess (Ed.), Rape and sexual assault, vol. 2 (pp. 3-25). New York: Gardland.

Koss, M.P., Gidycz, C.A., & Wisniewsky, N. (1987). The scope of rape: Incidence and prevalence of sexual aggression and victimization in a national sample of higher education students. Journal of Consulting and Clinical Psychology, 55, 162-170.

Koss, M.P., & Oros, C. (1982). Sexual experiences survey: A research instrument investigating sexual aggression and victimization. Journal of Consulting and Clinical Psychology, 50, 455-457.

Koulianuou-Manolopou, Panagiota, & Fernández, C. Relatos culturales y discursos jurídicos sobre la violación. Revista Athenea Digital, 14, 1-20. [en línea], (2008), < http://www.ddd.uab.cat >. [Consulta 21/09/2011]

Madriz, E. (2001). A las niñas buenas no les pasa nada malo. Mexico D.F: Siglo veintiuno editores.

Marchiori. H. (2006) "Los procesos de victimización. Avances en la asistencia a víctimas". Ponencia presentada en el Instituto de Investigaciones Jurídicas de la UNAM, Mexico D.F, 19-23. [en línea], (2003). <http:www.juridicas.unam.mx/sisjur/penal> [Consulta: 04/09/2011]

Presley, C.A., Meilman, P.W., Cashin, J.R., & Leichliter, J.S. (1997). Alcohol and drugs on American college campuses: issues of violence and harassment. Carbondale, IL: CORE Institute, Southern Illinois University at Carbondale.

Presley, C.A., Meilman, P.W., & Leichliter, J.S. (2002). College factors that influence drinking. Journal of Studies on Alcohol, (Suppl.14), 82-90.

Rapaport, K.R., & Burkhart, B.R. (1984). Personality and attitudinal characteristics of sexually coercive college males. Journal of Abnormal Psychology, 93, 216-221.

Sánchez, M. R., & Megías, J. L. (2009). Agresiones sexuales en población universitaria: El papel del alcohol y de los mitos sobre la violación. International Journal of Psychological Research, 2(1), 44-53.

Seifter, S.A. (1999). Substance use and sexual assault. Substance Use and Misuse, 34, 935-945.

SlashinskI, M., Coker, L.A., & Davis, E.K. (2003). "Physical Aggression, forced sex, and stalking victimization by a dating partner: an analysis of the national violence against women survey". Violence and Victims, 18, 595-617.

Ullman, S.E. (2003). A critical review of field studies on the link of alcohol and adult sexual assault in women. Aggression and Violent Behavior, 8, 471-486.

Capítulo 10

Riesgos para los menores y adolescentes generados por la información personal presente en redes sociales (especial consideración de las imágenes compartidas por las redes de pedofilia, el grooming y el morphing)

DRA. CARMEN FLORIT FERNÁNDEZ

Universidad San Pablo-CEU, CEU Universities.

1. BREVE INTRODUCCIÓN Y PLANTEAMIENTO DE LA CUESTIÓN: ALARMA EN RELACIÓN A LAS IMÁGENES PEDÓFILAS DE MENORES EN INTERNET Y REDES SOCIALES

Recientemente han aparecido en medios de comunicación diversas noticias muy preocupantes en relación a la difusión de imágenes de menores en internet (bien sea en perfiles abiertos, de fácil acceso, bien en redes ocultas de pederastia). Muy reciente es aquella que hemos podido conocer acerca de la difusión de fotografías de unas niñas menores de edad en Almendralejo que aparecían desnudas después de haber sido manipuladas por medio de sistemas de inteligencia artificial[39] en una conocida red social. Además, existe información muy alarmante acerca de las imágenes compartidas por pedófilos en internet, y es que más del setenta por ciento de estas imágenes son inocentes (llamadas "imágenes blancas") y han sido subidas por los propios progenitores de los menores[40]. Esto hace, de nuevo, que sea necesario advertir de los peligros y riesgos que se generan a los propios hijos cuando sus progenitores comparten información de ellos (el llamado *sharenting*). La información de menores en la red es especialmente preocupante, por ello, en cuanto al quebranto de su seguridad frente a delitos sexuales. En este capítulo se tratarán estas cuestiones y se hará una especial referencia a los riesgos que entraña esta práctica en cuanto a los abusos sexuales, los llamados *grooming* y *morphing*.

Para ello, permítame el lector contarle cómo suelo comenzar mis discursos en un foro con estudiantes universitarios sobre este asunto. Por regla general, acostumbro a preguntar a los presentes si alguna vez sus padres (o si ellos mismos lo han hecho, dado que suele haber también quienes ya han sido padres, como los profesores) les han pedido cuando eran más pequeños que no se fiaran de ningún extraño y que no dieran jamás a un adulto a quien no conocieran datos sobre a

39 "La Policía investiga en Almendralejo la difusión de imágenes de menores desnudas creadas con Inteligencia Artificial", periódico El Mundo, https://www.elmundo.es/espana/2023/09/18/650825b9e85ece576e8b4580.html. [Consulta: 18/09/2023].

40 "En el 72% de los casos de agresores sexuales abusadores penados había imágenes de menores no sexualizadas", Cadena Ser, https://cadenaser.com/nacional/2023/06/02/el-aviso-a-los-padres-para-que-dejen-de-colgar-fotos-de-sus-hijos-en-redes-el-72-del-material-incautado-a-pedofilos-son-imagenes-de-este-tipo-cadena-ser/. [Consulta: 20/09/2023].

qué colegio iban, dónde vivían, etc. La respuesta es siempre abrumadoramente afirmativa, naturalmente. Normalmente también les pregunto si estarían dispuesto ellos o algún padre presente a repartir por la calle, un día cualquiera, montones de fotografías de ellos o de sus hijos en la bañera, en la playa, en la cama o en cualquier otra circunstancia de su vida cotidiana. Por supuesto, y naturalmente de nuevo, todos ríen escandalizados. A nadie se le ocurre hacer algo así. Sin embargo, las risas cesan al preguntarles por qué suben imágenes (¡o pensamientos íntimos!) de su vida cotidiana o de la de sus hijos a internet.

Creo que no estoy muy equivocada si afirmo que a la mayoría de lectores les parecería un escándalo y no entenderían por qué el padre o la madre de estos niños muestra la vida íntima de sus hijos sin reparo y para todo el mundo. Tampoco cuando el propio niño o adolescente lo hiciera.

Pues bien, este tipo de imágenes y de vídeos abundan en Internet, y los autores de los mismos, muchas veces, obtienen grandes beneficios económicos con ello.

¿Cómo es posible esto? ¿Es Internet un mundo aparte en el que los derechos de los menores están desprotegidos? Rotundamente, la respuesta es sí.

Los motivos de que esto esté ocurriendo, ya no sociológicos, sino desde el punto de vista práctico-legal son, entiendo, los siguientes: por un lado, el hecho de que las mismas personas que deberían velar por la protección del honor, la intimidad y la propia imagen del menor, esto es, sus padres, son precisamente quienes los están conculcando o no están vigilando de manera adecuada a sus hijos; en segundo lugar, porque los menores lo son, es decir, que para comprender que están violando sus derechos y para pedir ayuda en su defensa son en la mayoría de los casos muy inmaduros aún -muchos son bebés-, del mismo modo que no pueden alcanzar a comprender las consecuencias de sus propios actos al volcar información propia en la red; y en tercer lugar, por la inexplicable y decepcionante dejación de funciones del Ministerio Fiscal.

La mayoría de los progenitores comparten digitalmente los datos y fotografías de sus hijos menores con buenas intenciones, evidentemente no con el objetivo de causar un daño al niño, pero en algunos casos nos encontramos con conductas que constituyen intromisiones ilegítimas en los derechos de la personalidad de los menores que no pueden quedar amparadas por el mero hecho de ser sus representantes legales quienes las lleven a cabo (Ammeran Yebra, 2018. P. 255).

Me entristece enormemente ver cómo a muchos niños hoy día se les está exponiendo públicamente sin ningún pudor, y en algunos casos explotando económicamente, dándole un terrible ejemplo y aprovechándose del hecho de que ellos puedan percibirlo como un mero juego sin consecuencias, que les puede convertir en famosos personajes expuestos a la mirada de los curiosos que les observan, algunos sin ninguna mala intención y otros con intenciones más que peligrosas.

Desde hace mucho tiempo observo pasmada la insensibilización ante esta cuestión por parte de la mayoría de los ciudadanos y, lo que es peor, de las autoridades. El Ministerio Fiscal, por mandato expreso legal, debe velar por la protección de los menores, pero en este caso ha hecho total dejación de esta labor fundamental.

Hasta ahora sólo disponemos de jurisprudencia que decida en la cuestión cuando los progenitores separados no están de acuerdo, pero es de esperar un aluvión de demandas de personas que habiendo sido menores cuando les exponían ampliamente o explotaban económicamente, al ser mayores y conscientes de los hechos demanden a sus progenitores, bien solicitando la cesación de la utilización de la imagen, bien solicitando el producto de su explotación[41]. Esto ya ha ocurrido en Italia, donde se ha condenado a una madre a pagar una indemnización a su hijo por la utilización indiscriminada de su imagen en las redes sociales[42].

Recientemente, además, se ha publicado la nueva Ley Orgánica 8/2021, de 4 de junio, de Protección Integral de la Infancia y la Adolescencia frente la Violencia. A pesar de que la elaboración de esta norma era el momento preciso para poner freno a esta situación, no ha hecho absolutamente nada novedoso. La Ley de 1996 hace mucho más en su artículo 4.

Desde un plano extrajurídico y, por muy obvio que pueda parecer, quisiera recordar que muchos de los padres que publican la vida de sus hijos en la red lo hacen porque creen que están compartiendo su propia vida, sin darse cuenta de que lo que están compartiendo son las vidas de sus hijos, que no les pertenecen[43]. La paternidad supone una inmensa responsabilidad que en primer lugar impone el deber de velar por los derechos fundamentales de los hijos (la vida, la integridad física y psíquica, la educación, los alimentos, etc., y sí, también su

---

41 Así lo afirma Gutiérrez Mayo: "En mi opinión, en el denominado caso de las Instamiamis e Instapapis los hijos, alcanzada la mayoría de edad, podrían denunciar a sus progenitores por la comisión de un delito contra la intimidad, en concreto el previsto en el artículo 197.7 del Código Penal", GUTIÉRREZ MAYO, E., "Posibles consecuencias legales para los progenitores por la publicación de fotos de sus hijos menores de edad en redes sociales", https://elderecho.com/posibles-consecuencias-legales-los-progenitores-la-publicacion-fotos-hijos-menores-edad-redes-sociales. [Consulta: 05/05/2021].

42 https://es.euronews.com/2018/01/09/sentenciada-a-pagar-10-mil-euros-a-su-hijo-si-publica-fotos-suyas-en-facebook. [Consulta: 31/10/2023].

43 Parafraseando a la Ministra de Educación, Isabel Celaá a propósito del "pin parental". https://www.elmundo.es/espana/2020/01/17/5e21b8c7fc6c83fe618b4643.html. [Consulta: 31/10/2023].

derecho a honor, a la propia imagen y a la intimidad personal y familiar) y que en ningún caso otorga el derecho de conculcar, mediante una intervención ilegítima, dichos derechos, sin una justificación legal expresa que arrogue dicha potestad.

2. LAS REDES SOCIALES: FENÓMENO EN ALZA Y RIESGOS PARA LA SEGURIDAD

2.1. Motivos de su éxito

La tradicional perspectiva bidimensional de la identidad personal -la manera en que me veo a mí mismo y la manera en que los demás me perciben -parece haber mutado radicalmente en una perspectiva claramente tridimensional: mi idea de mí, la que los demás tienen de mí y la que deseo mostrar a los demás sobre mí.

Esta tercera perspectiva no es nueva, por supuesto, pero ha adquirido una dimensión insospechada por la rapidez de la información que puedo transmitir y por su amplia difusión. En el caso de menores de edad, además, "… rayando los límites de la legalidad, crean perfiles en RRSS no solo con un bagaje vital escaso, sino con un desconocimiento absoluto del alcance e implicaciones de la información que allí van a verter" (PINTO TORTOSA, BERNAL JIMÉNEZ, 2019. P.37)[44].

---

44 Los autores añaden acertadamente que "toda relación social que se pretenda emprender desde estos postulados es impostada, puesto que la base de partida, es decir, nuestro yo, es una base falseada que se lanza hacia los demás en condiciones de desventaja competitiva a nuestro favor, suponiendo veracidad en la información que el resto de nuestra comunidad vierte en las RRSS que emplea. Si el resto de la comunidad se comporta como nosotros, el falseamiento de las relaciones sociales es entonces absoluto".

La novedad de esta nueva dimensión radica en el cambio social que conlleva y del que seguramente también proviene, pues mientras que hasta hace poco tiempo las personas solían querer proteger de la mirada de los demás su intimidad, parece que lo que ahora quieren es precisamente mostrarla abiertamente, incluso a una masa indefinida de personas a las que ni siquiera conocen personalmente. Esto es lo que se ha venido a llamar *extimidad*[45].

Este fenómeno es particularmente esclarecedor en lo que se refiere a la finalidad de la difusión de la información personal: allí donde antes existían los diarios íntimos, ahora existen blogs, vlogs, mensajes de twitter, etc., donde el mismo contenido que antes se expresaba de manera íntima en un diario personal, con el fin de expresar emociones y experiencias y ponerlas en orden, ahora se vierten en la red a pecho descubierto y sin ningún pudor, y muchas veces además sin reflexionar previa y reposadamente sobre lo que se quiere expresar.

Como dice Morillas Fernández, "Se ha dicho con razón que el alcance de los derechos reconocidos a los menores, ha de conjugarse con la potestad de padres y tutores respecto de determinadas esferas de la personalidad de los hijos tutelados por los derechos fundamentales, y en las que entran en juego bienes de enorme relevancia, como el secreto de las comunicaciones, la libertad de expresión o el acceso a la información. No es fácil establecer un concepto unívoco de intimidad ya que se trata de una categoría cultural y evolutiva, influenciada por el nuevo concepto denominado extimidad. Hace referencia este último, a la exteriorización que de la intimidad se hace en la Web 2.0, a través de los blogs, fotoblogs o redes sociales. Las personas manifiestan aspectos, mediante la información publicada e imágenes de su vida íntima a través de la configuración

---

45 El primero en acuñar este término fue Jackes Lacan, desarrollado posteriormente por Jackes-Allain Miller.

del perfil elaborado, de forma voluntaria. Lo cual evidentemente debilita el concepto de intimidad consagrado" (Morillas Fernández, 2013. P.169).

Para Teruel Lozano, supone una auténtica revolución de nuestro modelo social que abre una nueva era en la Historia de la humanidad (TERUEL LOZANO, 2013. P. 39). Por su parte, Troncoso Reigada, en su intervención sobre redes sociales en la Conferencia Europea de protección de Datos, celebrada en Edimburgo el 24 de abril de 2009 afirmaba que "todas aquellas personas nacidas después de 1995 son conocidos como nativos digitales" (GIL ANTÓN, 2013. P. 63), llegando a afirmar que existe un derecho fundamental al acceso a Internet (GIL ANTÓN, 2013. P. 68).

Este fenómeno se debe a distintos factores: el cambio social que avanza hacia una comunidad de personas solas que necesitan sin embargo relacionarse y compartir experiencia, las posibilidades de convertirse en un personaje público con influencia en los demás y, por supuesto, los pingües beneficios económicos que la actividad en la red puede proporcionar.

El cambio psicosocial que esta nueva manera de relacionarse conlleva es extraordinario y tiene probablemente mucho que ver con el nuevo modelo social que avanza inexorablemente en el mundo desarrollado, esto es, compuesto cada vez más por personas solas, de modo que donde antes era más habitual el conjunto familiar y además formado por los progenitores y los hijos que pudieran llegar, es ahora un mundo donde el número de hijos es mucho más limitado y donde muchas personas, además, deciden vivir solas. Dicho cambio es muy perceptible en el modelo de consumo al que avanzamos[46]. Sin

46 ¿Quién se sorprende ya cuando acude al supermercado y ve alimentos envasados en porciones individuales?

embargo, el ser humano es esencialmente social, pues necesita relacionarse con los demás para desarrollarse plenamente.

En el plano de la maternidad, y haciendo referencia al fenómeno que después trataré -las llamadas *instamamis*-, este cambio se manifiesta también por la tradicional necesidad de crianza en tribu. Esto es, así como antes las madres en su mayoría se dedicaban casi exclusivamente al cuidado del hogar y la familia, estaban acompañadas por todas las otras madres y criaban en grupo a sus hijos, se sentían arropadas y compartían experiencia. Sin embargo, hoy día, la crianza en soledad hace despertar la necesidad de las madres de ver en otras cómo resuelven los problemas de la crianza y educación de sus hijos. No es otra cosa que la necesidad de compartir experiencia.

Asimismo, no se puede obviar el hecho de que las personas somos por lo general ávidos consumidores de intimidad ajena, aunque ésta sea inventada.

Las redes sociales han proporcionado, además, un facilísimo acceso a la fama inmediata para aquellos que la desean y un eficaz catalizador de su vanidad. Este anhelo, y las bondades que le son propias desde una perspectiva infantil, encuentra por ello mismo tierra fértil en los menores de edad y ciertos adolescentes, carentes de la madurez y experiencia necesarias para calibrar las consecuencias de sus actos, con los matices que esta afirmación pueda tener.

Y en último lugar, esta nueva realidad tiene mucho que ver con el nuevo modelo económico y con la facilidad con la que un *influencer* que gestione bien su perfil puede llegar a obtener un gran rendimiento económico de su actividad en la red.

Desde luego, parece difícil no sucumbir a la obtención de beneficios económicos con tanta facilidad, mucho más si se es todavía una persona inmadura y con una visión necesariamente más cortoplacista y más alejada de los deseos de construcción de un futuro sólido y con sentido vital.

2.2. Riesgos para la seguridad y la salud de los menores: huella digital, identificación y localización, acoso escolar, abusos sexuales, grooming, imágenes compartidas por redes de pedofilia y morphing

El problema de la seguridad en el entorno digital en lo que se refiere a la información vertida sobre menores es especialmente preocupante en el ámbito de las redes sociales, donde los menores son expuestos tanto por ellos mismos, como por otros menores y, lo que es más grave, por sus propios progenitores, proporcionando a una masa desconocida de personas información sobre la vida de ese menor.

A pesar del reciente relativismo conceptual del propio término de dignidad humana (GIL ANTÓN, 2013. P. 62), es evidente el perjuicio y los riesgos de la existencia en la red de datos personales y familiares de ese niño o adolescente; una red que está abierta a cualquiera que pueda querer hacer daño a un menor.

Así, si bien los avances tecnológicos ofrecen evidentes beneficios, también generan problemas de seguridad, pues "pese a que la utilización de las nuevas TICS ofrecen grandes posibilidades y ventajas, no puede obviarse igualmente que éstas nos pueden situar en la sociedad del riesgo, por cuanto que pueden entrañar múltiples situaciones que no siempre son controlables, entre los que cobran una especial relevancia la posibilidad de conculcación de los derechos a la privacidad de los menores, esto es el derecho fundamental a la intimidad, el honor, a la propia imagen y a la protección de los datos personales, bien individualmente considerados o, bien de forma conjunta, acrecentándose los citados riesgos entre jóvenes y adolescentes, en cuanto usuarios indiscriminados" (GIL ANTÓN, 2013. P. 1).

La información de menores en la red es especialmente preocupante en cuanto al quebranto de su seguridad frente a abusos sexuales. Así, como afirma Sacristán Romero, "La irrupción masiva de las nuevas tecnologías de la información y comunicación han proyectado consecuencias jurídicas de primer orden en el ámbito turístico, especialmente en el turismo sexual, y en un segundo término en el denominado turismo de ferias y congresos que, en numerosas ocasiones, aparece vinculado al primero en concentraciones y eventos multitudinarios que se celebran en las grandes ciudades del planeta. La aparición del escenario virtual que conforma al ciberespacio ha afectado y afecta, sobre todo, a una minoría bastante desprotegida como son los menores en su rol de víctimas de las modalidades de explotación del siglo XXI" (SACRISTÁN ROMERO, 2013. P. 357). Además, debe advertirse de la descarga de imágenes de menores colgadas por sus propios padres[47], que forman parte a menudo de carpetas que comparten todo tipo de criminales, incluso pedófilos y pederastas[48].

Debe tenerse en cuenta que, a pesar de lo apuntado más arriba en cuanto a posibles abusos sexuales, y siendo estos los casos más graves en los que los menores puedan ser víctimas, no son ni mucho menos los únicos y son también graves otras situaciones que ponen en peligro su seguridad e incluso su vida. Además, la mayoría de los riesgos para el menor tienen que ver con el mero quebranto de su intimidad, honor y propia imagen, dado que de la exposición de los niños en la red se

---

47 "En el 72% de los casos de agresores sexuales abusadores penados había imágenes de menores no sexualizadas", Cadena Ser, https://cadenaser.com/nacional/2023/06/02/el-aviso-a-los-padres-para-que-dejen-de-colgar-fotos-de-sus-hijos-en-redes-el-72-del-material-incautado-a-pedofilos-son-imagenes-de-este-tipo-cadena-ser/. [Consulta: 20/09/2023].

48 Estos términos no son equivalentes, aunque muchas veces se utilizan indistintamente. Pedófilo hace alusión a la persona que se siente atraído sexualmente por niños mientras que pederasta es el que abusa sexualmente de un menor.

genera la llamada *huella digital*[49] que les perseguirá de por vida, dada la dificultad que existe para poder borrarla[50].

La *huella digital* puede definirse como el conjunto de información personal vertida o creada a través de la actividad en la red. Esta huella es creada voluntariamente y se va formando a partir de la información contenida en Internet (PLANAS BALLVÉ, 2020. P. 54). Más allá de la *huella digital*, es común referirse también a la llamada *reputación digital*[51].

Recientes noticias nos han aportado datos sobre el acoso escolar en el entorno de las redes sociales, que proporcionan al acosador una herramienta infalible para su plan de acoso, dan-

---

49 Un problema frecuente es que los motores de búsqueda crean cachés de archivos en sus servidores. Después de consultar una palabra clave (por ejemplo, el nombre de una persona) a través de estos motores de búsqueda, un enlace proporciona la lista de páginas web recuperadas. Al hacer clic en este enlace, el usuario es llevado a dichas páginas que son accesibles incluso mucho después de que éstas se hayan eliminado. Recientemente, algunos programas de software se han desarrollado para eliminar dichos cachés, pero incluso éstos están bajo sospecha ya que también pueden capturar la información.

50 EU Kids Online (Livingston y Haddon, 2009a) clasifica los riesgos que se plantean para los menores en el campo de las nuevas tecnologías en tres grupos: cuando el menor recibe información, cuando el menor participa dando una respuesta y cuando el menor genera la información. En el tercer grupo se sitúan la mayor parte de problemas que se plantean en las redes sociales, cuando se establecen relaciones entre usuarios. La responsabilidad del menor queda muchas veces en un plano estrictamente civil, en el que los padres o tutores deben cargar con la responsabilidad económica de su acción.

51 "Todas las conductas lesivas anteriormente referenciadas pueden influenciar negativamente en la reputación digital de los menores de edad. De acuerdo con el derecho a un futuro abierto (*child´s right to an open future*) deberán ser ellos mismos, cuando tengan autonomía y capacidad para comprender sus actos, los que configuren su huella y reputación digital" (PLANAS BALLVÉ, 2020. P. 56).

do difusión a una multitud de personas que conocen al menor acosado, produciéndole un extra de dolor difícil de soportar, con el riesgo que para su salud, psíquica y también física puede conllevar, tanto por la somatización de problemas psíquicos como por el caso extremo de suicidios en menores por el acoso escolar, como en caso de Diego, que tenía once años cuando se quitó la vida siendo víctima de *bulling*[52].

Así como antes, un bulo o una burla quedaba limitado a quien pudiera llegar por medio del "boca a boca", el poder de difusión de estas conductas por medio de las redes sociales produce un daño inconmensurable en la persona, mucho más en un menor, que puede llegar a estar sometido a mayor acoso, a la sorna de sus compañeros e incluso sufrir ostracismo social, propio de los adultos.

Imaginemos los efectos en un grupo de adolescentes no bienintencionados cuando de uno de ellos ha sido publicada toda su vida por parte de su madre, desde que era un bebé en actitudes graciosas o cómicas.

Por otro lado, y pudiendo en ciertos casos considerar que el menor está siendo explotado laboralmente, cuando quien vierte información sobre él se beneficia económicamente de dicha exposición – como puedan ser las *instamamis*- se debe acudir a la prohibición del trabajo infantil, al que más adelante me referiré, por los perjuicios que pueda ocasionar en el desarrollo del menor, además de los ya mencionados sobre su exposición.

Dichos peligros, dicen De Miguel Molina y Oltra Gutiérrez, podrían paliarse aplicando unas políticas de uso por parte de las empresas. Debe añadirse, además, que se torna imprescindible una política seria de educación a niños y adolescentes para el correcto uso de las redes sociales y desde luego también

---

52 https://psicologiaymente.com/forense/carta-diego-nino-suicido-victima-bullying. [Consulta: 20/06/2021].

se hace fundamental la concienciación a los padres de los menores, contra los que debería actuar el Ministerio Fiscal, como más adelante explico.

Especial referencia merecen, por su grave impacto en la seguridad de menores y adolescentes, las prácticas del *grooming* y el *morphing* y la información compartida en redes de pedofilia:

El *grooming* y, en su evolución digital, el *online grooming* (acoso y abuso sexual online) son formas delictivas de acoso que implican a un adulto que se pone en contacto con un niño, niña o adolescente con el fin de ganarse poco a poco su confianza para luego involucrarle en una actividad sexual[53].

Esta práctica tiene diferentes niveles de interacción y peligro: desde hablar de sexo y conseguir material gráfico íntimo, hasta llegar a mantener un encuentro sexual. De este modo, el adulto suele ganarse la confianza del menor obteniendo información del mismo en Internet. Al hacer un rastreo de todo tipo de datos e imágenes colgadas en las redes el adulto acosador puede hacerse generar un perfil falso, haciéndose pasar por alguien de su entorno o con los mismos intereses, aficiones o amistades. Así, el menor cree en la identidad que el adulto declara tener y poco a poco tras ganarse su confianza va siendo cada vez más exigente en sus peticiones (imágenes, etc.) hasta el punto de tener suficiente información íntima del menor y poder amenazarle para que le dé más imágenes o conseguir un encuentro directo.

---

53 Definición encontrada en https://www.savethechildren.es/actualidad/grooming-que-es-como-detectarlo-y-prevenirlo?utm_source=AdwordsFR&utm_medium=cpc&utm_campaign=ES_ES_SEM_CV-FR_GEN_CPC_SAVETHECHILDREN_GRANTS_DSA&utm_term&gclsrc=aw.ds&&gclid=CjwKCAjwtdeFBhBAEiwAKOIy540whNtV5xgop4Ccsd3S8Zctsxdx47OQA7U1rRGSTeUV7cDEc7rnxoCCDYQAvD_BwE. [Consulta: 31/10/2023].

Por cuanto a la información compartida por las redes de pedofilia, a muchos padres puede sorprender el hecho de que las fotografías inocentes que cuelgan de sus hijos en la red formen parte de los "tesoros"[54] que comparten los pederastas en carpetas con millones de imágenes. A veces, esas inocentes fotografías, por ejemplo, con el uniforme del colegio, son modificadas mediante el proceso llamado *morphing*, que consiste en alterar la imagen del menor con otras de carácter pornográfico. De esta práctica resulta una nueva fotografía en la que aparece un adulto o un niño protagonizando una imagen de alto contenido sexual[55].

Recientemente, como he anunciado al comienzo de este trabajo, ha aparecido la terrible noticia de que unas menores han visto cómo se difundían fotografías suyas en las que aparecían desnudas. Si bien, los autores de esas fotografías, también menores, "fabricaron" dichas imágenes mediante inteligencia artificial partiendo de fotografías de esas menores en las que

---

54 Este término fue utilizado por un Agente de la Policía Nacional al que entrevisté y cuyo nombre no puedo ni debo desvelar, que estaba inmiscuido en una operación contra pederastas que guardaban todo tipo de imágenes así obtenidas.

55 "Los expertos en ciberseguridad advierten de que muchos pederastas se dedican a extraer imágenes de niños de las redes sociales y las venden. «El problema es que algunos de ellos son capaces de consultar los metadatos de las imágenes y saber dónde vive el menor», explican. Y es que cada día se suben en España alrededor de 6 millones de imágenes de menores a la red, una práctica que para muchos se ha convertido en rutina sin pensar en las consecuencias que esto puede tener para ellos. Otra de las prácticas se denomina *morphing* y consiste en alterar la imagen del menor con otras de carácter pornográfico. De esta práctica resulta una nueva fotografía en la que aparece un adulto o un niño protagonizando una imagen de alto contenido sexual", https://www.diariodeleon.es/articulo/innova/ojo-fotos-delincuentes-miran-bebe/201806190400011775445.amp.html. [Consulta: 31/10/2023].

no estaban desnudas. Por supuesto, el hecho es grave para sus víctimas, aunque aún queda por ver cuáles serán las consecuencias jurídicas, y al escribir estas líneas desconozco cuáles serán. En cualquier caso, y por muy reprobables que sean estos actos, cabe hacer una llamada a la prudencia y de nuevo, a una utilización consciente y consecuente de las redes sociales. Cuando subo una fotografía mía o de mi hijo a la red, no se trata de un acto inocuo y pierdo el control sobre ella. Debe hacerse una labor de educación con los menores y adolescentes que llame la atención sobre esto.

Pero no necesariamente una fotografía debe ser transformada para ser apreciada por un pedófilo, pues la inocente imagen de un niño en la playa o con el uniforme escolar ya es en muchas ocasiones suficiente para producir excitación sexual.

En cualquier caso, cuando los padres publican información o detalles sobre los menores de edad, por ejemplo, el nombre completo, la edad o fotografías, se está facilitando que terceras personas puedan robar su identidad. Las imágenes que los progenitores cuelgan en sus perfiles pueden ser copiadas o reproducidas y pueden ser compartidas por otras personas, dejando de tener control sobre esos datos (PLANAS BALLVÉ, 2020. P. 56).

2.3. La nueva Ley Orgánica 8/2021, de 4 de junio, de Protección Integral de la Infancia y la Adolescencia frene a la Violencia

La nueva Ley Orgánica 8/2021, de 4 de junio, de Protección Integral de la Infancia y la Adolescencia frente a la Violencia, ha visto por fin la luz. Se trata de una norma que pretende, como la propia Ley establece, garantizar los derechos fundamentales de los niños, niñas y adolescentes a su integridad física, psíquica, psicológica y moral frente a cualquier forma de violencia, asegurando el libre desarrollo de su personalidad y estableciendo medidas de protección integral, que incluyan la sensibilización, la prevención, la detección precoz, la protección y la reparación del daño en todos los ámbitos en los que se desarrolla su vida.

El propósito de la Ley así anunciado es sin lugar a dudas muy loable[56], aunque sorprende el anuncio de estos objetivos por cuanto se olvida la norma de que todos estos fines ya estaban presentes en el ordenamiento jurídico español. Aparte de algunas cuestiones que sí son auténtica novedad en nuestro panorama legislativo, como el aumento del plazo de prescripción de los delitos contra la libertad sexual de los menores, el resto no aporta nada más allá de un claro tinte ideológico, dejando sin embargo algunas cuestiones que sí necesitan una regulación más exhaustiva en el más completo de los limbos.

Olvida también la nueva norma, en fin, que todo lo anunciado ya estaba protegido en la Ley Orgánica 1/1996, de 15 de enero, de Protección Jurídica del Menor, de modificación parcial del Código Civil y de la Ley de Enjuiciamiento Civil, que esta nueva norma no deroga expresamente salvo en algunos puntos, aunque sí en parte, al entrar en contradicción en algunos puntos.

---

[56] Aunque no forme parte del objeto de esta obra analizar esta cuestión, llama especialmente la atención el pronunciamiento hecho en el art. 23.3.c: "Promover la atención a las mujeres durante el periodo de gestación y facilitar el buen trato prenatal. Esta atención deberá incidir en la identificación de aquellas circunstancias que puedan influir negativamente en la gestación y en el bienestar de la mujer..." ¿Habrá quedado abolido el aborto es España?

3. PATRIA POTESTAD Y EL INTERÉS SUPERIOR DEL MENOR EN LA CONCULCACIÓN DE SUS DERECHOS AL HONOR, A LA INTIMIDAD PERSONAL Y FAMILIAR Y A SU PROPIA IMAGEN

El interés superior del menor de acuerdo al art. 3 de la Convención sobre los Derechos de los Niños de las Naciones Unidas[57] y el art. 2 de la Ley Orgánica 1/1996, de Protección Jurídica del Menor, es el principio que deberán tener en cuenta a la hora de elaborar, aplicar e interpretar las leyes. Cualquier medida que se adopte sobre un menor debe atender siempre y en primer lugar al beneficio de ese niño.

Es un principio en principio indeterminado que no puede precisarse en su contenido genéricamente, sino que necesariamente deberá ser interpretado según cada caso, siendo además un principio de orden público como ya estableció el Tribunal Supremo.

En el art. 3.1 de la Declaración de Derechos del Niño ratificada por España el 30 de noviembre de 1990, se determina que “en todas las medidas concernientes a los niños que tomen instituciones públicas o privadas de bienestar social, los tribunales, las autoridades administrativas o los órganos legislativos, se atenderá el interés superior del niño”.

La patria potestad viene limitada por el principio del interés superior del menor en el sentido de que toda actuación que se derive de los derechos/deberes que la conforman deben ejercerse en beneficio del niño. Especial importancia en este punto tiene el papel del detentador de la patria potestad como especial garante de los derechos fundamentales del niño. Su actua-

---

57 Ya la Declaración Universal de Derechos Humanos señaló que los niños tienen derecho a los cuidados y asistencia especiales, partiendo de lo establecido en la Declaración de Ginebra de 1924.

ción debe dirigirse siempre y ante la más mínima duda hacia la protección del derecho fundamental del menor a su imagen y su intimidad personal y familiar, sin que exista ninguna causa que pueda justificar legalmente la intromisión ilegítima.

En concreto, el art. 154 del Código civil establece que los progenitores ostentan la patria potestad y por lo tanto la representación legal de sus hijos, pero ello no implica que el menor quede excluido de toda decisión. Además, en materia de derechos de la personalidad la regla es la establecida en el art. 162.2.1° del Código civil, que establece que se exceptúan de la representación legal de los progenitores los actos relativos a los derechos de la personalidad que el hijo, de acuerdo con su madurez, pueda ejercitar por sí mismo.

De nuevo, en cuanto al interés superior del menor como concepto jurídico indeterminado, cabe recordar que dicha indeterminación ha venido a soslayarse mediante su concreción en tres vertientes: como derecho sustantivo directamente invocable, como principio general del Derecho que debe por tanto informar al ordenamiento jurídico, pero también ser fuente directamente aplicable tras la ley y la costumbre y, por último, constituye una norma procesal.

4. EL MENOR COMO DETENTADOR DE DERECHOS FUNDAMENTALES Y EN ESPECIAL DEL DERECHO AL HONOR, LA INTIMIDAD PERSONAL Y FAMILIAR Y A SU PROPIA IMAGEN

El menor, como persona, detenta derechos fundamentales, y por supuesto entre ellos también los derechos al honor, a la intimidad personal y familiar y a su propia imagen.

El artículo 18 de la Constitución declara que:

1. Se garantiza el derecho al honor, a la intimidad personal y familiar y a la propia imagen.

2. El domicilio es inviolable. Ninguna entrada o registro podrá hacerse en él sin consentimiento del titular o resolución judicial, salvo en caso de flagrante delito.
3. Se garantiza el secreto de las comunicaciones y, en especial, de las postales, telegráficas y telefónicas, salvo resolución judicial.
4. La ley limitará el uso de la informática para garantizar el honor y la intimidad personal y familiar de los ciudadanos y el pleno ejercicio de sus derechos.

4.1. Derecho al honor

El derecho al honor es consecuencia de la imperativa necesidad legal y social de proteger la dignidad de la persona. Viene proclamado en el art. 18 de la Constitución, como los otros dos derechos los que me refiero como de especial protección en esta obra.

El honor, o el derecho al honor, es una idea muy difícil de definir. Viene íntimamente relacionado a los otros derechos protegidos en el mismo artículo y la separación de ellos resulta casi imposible.

Si bien, sí podemos decir que el honor es previo a los otros dos, o una categoría que podemos llamar más genérica. Honor comprende todo lo que tiene que ver con el sentimiento de propia identidad, la fama y el derecho a la limpidez de la propia conducta -e incluso existencia–y el propio nombre. Podría ser considerado primigeniamente como el honor medieval al que volvemos cada vez que buscamos un referente para definirlo o enmarcarlo. Puede tener que ver, en fin, con el valor de la palabra dada, la escrupulosa consideración de nuestra conducta o incluso la más romántica y clasicista idea de la honra.

4.2. Derecho a la intimidad

Este derecho viene en realidad regulado y determinado por la nomenclatura de "derecho a la intimidad personal y familiar". Fue reconocido por primera vez en la Declaración Universal de Derechos Humanos: "Nadie será objeto de injerencias arbitrarias en su vida privada, su familia, su domicilio o su correspondencia, ni de ataques a su honra o a su reputación. Toda persona tiene derecho a la protección de la ley contra tales injerencias o ataques".

Por tanto, toda persona tiene derecho a que los acontecimientos y las vivencias que acontecen en el marco de su vida privada a resguardo de las miradas uy opiniones ajenas, quede precisamente protegida de los curiosos.

4.3. Derecho a la propia imagen

El derecho a la propia imagen es un derecho que, aunque íntimamente relacionado con los dos anteriores, es autónomo que garantiza la autonomía y el control respecto de los aspectos más característicos de la persona: su vida o circunstancias particulares de su vida representada en imágenes, vídeos, voz, etc.

5. MENORES EXPUESTOS EN INTERNET POR SUS PROGENITORES: SHARENTING, OVERSHARENTING E INSTAMAMIS

5.1. Sharenting y Oversharenting

El art. 4 de la Ley Orgánica 1/1996, de Protección Jurídica del Menor, establece lo siguiente:

1. Los menores tienen derecho al honor, a la intimidad personal y familiar y a la propia imagen. Este derecho

comprende también la inviolabilidad del domicilio familiar y de la correspondencia, así como del secreto de las comunicaciones.

2. La difusión de información o la utilización de imágenes o nombre de los menores en los medios de comunicación que puedan implicar una intromisión ilegítima en su intimidad, honra o reputación, o que sea contraria a sus intereses, determinará la intervención del Ministerio Fiscal, que instará de inmediato las medidas cautelares y de protección previstas en la Ley y solicitará las indemnizaciones que correspondan por los perjuicios causados.
3. Se considera intromisión ilegítima en el derecho al honor, a la intimidad personal y familiar y a la propia imagen del menor, cualquier utilización de su imagen o su nombre en los medios de comunicación que pueda implicar menoscabo de su honra o reputación, o que sea contraria a sus intereses incluso si consta el consentimiento del menor o de sus representantes legales.
4. Sin perjuicio de las acciones de las que sean titulares los representantes legales del menor, corresponde en todo caso al Ministerio Fiscal su ejercicio, que podrá actuar de oficio o a instancia del propio menor o de cualquier persona interesada, física, jurídica o entidad pública.
5. Los padres o tutores y los poderes públicos respetarán estos derechos y los protegerán frente a posibles ataques de terceros.

Sólo con la lectura de este artículo se colige sin dificultad que, más allá de los peligros que para la seguridad del menor suponga la existencia de imágenes y cualquier otro dato personal[58], el hecho mismo de colgar imágenes suyas conculca su derecho, por lo que, sin una labor exhaustiva de interpretación se puede afirmar sin ningún género de duda que los progenitores no pueden compartir imágenes y demás datos sobre sus hijos menores en la red, incluso existiendo consentimiento del menor, si ello le puede perjudicar, aunque esto se haga "inocentemente" y por el mero placer de compartir su vida familiar, y que el Ministerio Fiscal debe actuar ante el conocimiento de este tipo de hechos.

Al hablar de *oversharenting* quiero diferenciar la sobreexposición de menores de determinados actos que pueden venir comprendidos por los usos sociales: no es lo mismo, por ejemplo, que en mi foto de perfil incluya una imagen de mis hijos mirando a la cámara como en un retrato, que es algo muy habitual y no parece ser lesivo, o compartir en un chat familiar o de amigos, cerrado a ese grupo, unas imágenes de mis hijos que en ningún caso resulten ofensivas, que publicar en abierto en una red social la intimidad de mis hijos. Si *sharenting*, que proviene de los términos en inglés "share" (compartir) y "parenting" (paternidad), consiste en compartir información sobre los propios hijos o la propia maternidad o paternidad, *oversharenting* sería hacerlo de manera excesiva, de modo que los niños están "sobre expuestos" en la red.

---

58 "La irrupción masiva de las nuevas tecnologías de la información y comunicación han proyectado consecuencias jurídicas de primer orden en el ámbito turístico, especialmente en el turismo sexual, y en un segundo término en el denominado turismo de ferias y congresos que, en numerosas ocasiones, aparece vinculado al primero en concentraciones y eventos multitudinarios que se celebran en las grandes ciudades del planeta. La aparición del escenario virtual que conforma al ciberespacio ha afectado y afecta, sobre todo, a una minoría bastante desprotegida como son los menores en su rol de víctimas de las modalidades de explotación del siglo XXI" (SACRISTÁN ROMERO, 2013. P. 357).

En cuanto a la consideración de las redes sociales como medios de comunicación para poder aplicar en estos casos el art. 4 de la L.O. 1/1996 mencionado, como dice Gutiérrez Mayo, "Desde mi punto de vista, no cabe duda que las redes sociales pueden considerarse "medios de comunicación", en el sentido en que son instrumentos para enviar un mensaje, textual o gráfico, a una cantidad indeterminada y cada vez más amplia de personas" (GUTIÉRREZ MAYO) [59].

Como hace Gutiérrez Mayo, de nuevo, a propósito de las llamadas *instamimis,* esto es, madres que cuelgan en redes sociales, sobre todo en *Instagram* y *Youtube,* momentos o incluso casi todos los momentos de la vida de sus hijos menores, "… reflexión es abordar, desde el punto de vista legal y únicamente civil, el problema de si los padres o representantes legales de un menor pueden exponer completamente su vida diaria personal y familiar en redes sociales de acceso público y el papel del Ministerio Fiscal en este terreno, como defensor del menor, y en este caso de su derecho a al honor, a la intimidad y a la propia imagen" (GUTIÉRREZ MAYO), para lo que llega a la misma conclusión que acabo de anticipar.

El artículo 3 de la Ley Orgánica 1/1982, de 5 de mayo, sobre protección civil del derecho al honor, a la intimidad personal y familiar y a la propia imagen establece en su apartado 1 que "El consentimiento de los menores e incapaces deberá prestarse por ellos mismos si sus condiciones de madurez lo permiten, de acuerdo con la legislación civil. "Y el apartado 2 que "En los restantes casos, el consentimiento habrá de otorgarse mediante escrito por su representante legal, quien estará obligado a poner en conocimiento previo del Ministerio Fiscal

---

[59] La autora ha acuñado el término "instamamis". Para más información *vid.* https://www.notariosyregistradores.com/web/secciones/doctrina/articulos-doctrina/instamamis/. [Consulta: 31/10/2023].

el consentimiento proyectado. Si en el plazo de ocho días el Ministerio Fiscal se opusiere, resolverá el juez".

Considera Lázaro González que "cualquier limitación de los derechos, -también de los derechos de los niños –requieren de una justificación legítima que debe poder expresarse en la motivación de la decisión". Dicha justificación legítima no puede ser de ningún modo ni el mero placer del progenitor de compartir su experiencia vital con otros internautas, y mucho menos la de obtener un beneficio económico con ello.

5.2. Supuestos legales de excepción a la prohibición

Antes de entrar a considerar principios concretos que impiden la exhibición a la que me refiero, deben tenerse en cuenta, además, tres principios que deben informar la actuación en estos casos de los progenitores en lo relativo a estos derechos fundamentales de sus hijos.

En primer lugar, el ya estudiado principio del interés superior del menor. En segundo lugar, el principio general de la prohibición del abuso de derecho y el ejercicio antisocial del mismo, y en tercer término, el consabido principio de proporcionalidad.

En efecto, el art. 7.2 del Código civil establece que la ley no ampara el abuso del derecho o el ejercicio antisocial del mismo. Todo acto u omisión que por la intención de su autor, por su objeto o por las circunstancias en que se realice sobrepase manifiestamente los límites normales del ejercicio de un derecho, con daño para tercero, dará lugar a la correspondiente indemnización y a la adopción de las medidas judiciales o administrativas que impidan la persistencia en el abuso. Por lo tanto, el que el progenitor sea quien detenta el derecho/deber de educar, proteger y cuidar del menor debe siempre ponderarse en relación al beneficio del menor y en lo que a todas luces supone un abuso de derecho.

En tercer lugar, el principio de proporcionalidad, que exige que la medida adoptada, o la injerencia en el derecho fundamental a la protección de datos, sea proporcional al fin que se persigue, teniendo en cuenta la naturaleza del derecho lesionado, la intensidad de la injerencia y el bien o valor constitucional que persigue, y todo esto debe además ponderarse en relación al consabido interés superior del menor (GIL ANTÓN, 2013. P. 189).

Manteniendo firmemente todo lo anterior, no se trata de imponer un límite infranqueable con respecto a la relación entre vulneración del derecho en este caso a la intimidad y la privacidad del menor. El derecho queda vulnerado cuando la intromisión sobrepase los límites razonables, se tenga o no se tenga el consentimiento en el caso de menores de edad.

El Tribunal Constitucional ha manifestado, en su Sentencia 7 de noviembre, que no podrán considerarse ilegítimas las intromisiones en el derecho a la intimidad cuando la misma encuentre fundamento en la necesidad de preservar el ámbito de protección de otros derechos fundamentales y otros bienes jurídicos constitucionalmente protegidos.

Pues bien, teniendo esto en cuenta, existen determinados supuestos en los que la intromisión ilegítima en los derechos fundamentales del menor viene permitida legalmente, lo que redunda, por el contrario, en el hecho de que de no estar el caso contemplado en uno de estos supuestos, estará precisamente prohibida.

Estos supuestos son los del consentimiento del menor, los usos sociales y la ponderación del interés público histórico, científico o cultural relevante.

b. 1. Consentimiento del menor en la intromisión en su intimidad

El artículo 7 de la Ley Orgánica 3/2018, de 5 de diciembre, de Protección de Datos Personales y Garantía de los Derechos Digitales establece lo siguiente:

1. El tratamiento de los datos personales de un menor de edad únicamente podrá fundarse en su consentimiento cuando sea mayor de catorce años.

   Se exceptúan los supuestos en que la ley exija la asistencia de los titulares de la patria potestad o tutela para la celebración del acto o negocio jurídico en cuyo contexto se recaba el consentimiento para el tratamiento.

2. El tratamiento de los datos de los menores de catorce años, fundado en el consentimiento, solo será lícito si consta el del titular de la patria potestad o tutela, con el alcance que determinen los titulares de la patria potestad o tutela.

   A pesar de lo establecido por este artículo, el interés superior del menor debe ponderarse siempre que l apersona sea menor de edad, cosa que no ocurre hasta los dieciocho años.

   En el caso de menores de catorce años es evidente que la Ley marca la imposibilidad de que el consentimiento de los mismos legitime la intromisión ilegítima.

   En el caso de mayores de catorce años, si la difusión de su imagen la perjudica, y ya he explicado en qué consiste ese perjuicio, su consentimiento no legitimará la intromisión. Por supuesto, tampoco en el caso en que a pesar de que ya haya alcanzado dicha edad, no tenga madurez suficiente para dar validez a su consentimiento.

b. 2. Usos sociales

Como ya he explicado, no se trata de prohibir en cualquier circunstancia compartir imágenes de los menores de edad. Siempre ha sido normal, y es legítimo, por ejemplo, dar una copia de una fotografía de un hijo a familiares y amigos. Mientras que el acto de compartir sea limitado, razonable y entre dentro de lo habitual puede considerarse legítimo. Así lo establece el artículo 8.2.b de la Ley Orgánica 1/1982, de 5 de mayo, sobre Protección Civil del Derecho al Honor, a la Intimidad Personal y Familiar y a la Propia Imagen.

El problema radica en que el fenómeno del *sharenting*, que puede reflejarse en estos actos, razonables y legítimos, han adquirido una dimensión enorme, dejando de tener control sobre las imágenes que se cuelgan cuando se comparten en Internet. Del mismo modo, se puede seguir considerando razonable y legítimo que se comparta una imagen del menor, nunca en una situación que pueda comprometer su honor, su fama o su dignidad, y siempre de una manera limitada, a un grupo cerrado de confianza.

El otro tipo de conductas, las consideradas *oversharenting*, no pueden considerarse en absoluto legítimas ni razonables pues no vienen refrendadas por un uso legítimo ni socialmente admitido, y espero que nunca lo lleguen a ser.

b. 3. Ponderación del interés público histórico, científico o cultural relevante

La Ley Orgánica 1/1982, de 5 de mayo, sobre Protección Civil del Derecho al Honor, a la Intimidad Personal y Familiar y a la Propia Imagen, establece, en su art. 8 lo siguiente:

1. No se reputarán, con carácter general, intromisiones ilegítimas las actuaciones autorizadas o acordadas por la Autoridad competente de acuerdo con la ley, ni cuando

predomine un interés histórico, científico o cultural relevante.

2. En particular, el derecho a la propia imagen no impedirá:

   a) Su captación, reproducción o publicación por cualquier medio, cuando se trate de personas que ejerzan un cargo público o una profesión de notoriedad o proyección pública y la imagen se capte durante un acto público o en lugares abiertos al público.

   b) La utilización de la caricatura de dichas personas, de acuerdo con el uso social.

   c) La información gráfica sobre un suceso o acaecimiento público cuando la imagen de una persona determinada aparezca como meramente accesoria.

Las excepciones contempladas en los párrafos a) y b) no serán de aplicación respecto de las autoridades o personas que desempeñen funciones que por su naturaleza necesiten el anonimato de la persona que las ejerza.

Por lo tanto, todo aquello que no entre en uno de estos supuestos, sí será considerado intromisión ilegítima.

6. CONCLUSIONES REFLEXIVAS

Tras el estudio analizado, expreso a continuación las conclusiones que considero más importantes:

La nueva Ley Orgánica 8/2021, de 4 de junio, de Protección Integral de la Infancia y la Adolescencia frente a la Violencia, que ha entrado en vigor el 25 de junio, es una norma con un marcado tinte ideológico y, si se me permite, cobarde. Aunque en algunas cuestiones, como el aumento del plazo de prescripción de los delitos contra la libertad sexual de los menores, es sin duda beneficiosa, en otros puntos se limita a una mera declaración de intenciones que no quedan concretados en ninguna medida. En el caso que nos ocupa, esto es, en la protección del menor ante la intromisión ilegítima de su intimidad, honor e imagen por parte de sus progenitores no aporta absolutamente nada.

Que una norma que pretende, como esta hace, dar total cobertura frente a todo tipo de violencia ejercida contra menores de edad, en el año 2021, siendo tan actual y estando tan extendida la práctica de la intromisión ilegítima de los derechos de la personalidad del menor, es más que decepcionante, pues se limita a proclamar intenciones y no establecer medidas concretas de control.

La intromisión ilegítima en los derechos al honor, imagen, intimidad personal y familiar del menor es un acto de violencia. Se puede considerar sin lugar a dudas que la publicación de datos del menor -y la imagen, la voz., etc., son un dato de carácter personal – es una intromisión ilegítima a los derechos de la personalidad. La creación de la *huella digital*, o *reputación digital*, por parte de los padres a los menores, hayan consentido o no, siempre que no tengan suficiente madurez, debe ser un acto consciente y voluntario. Desde esta perspectiva, esa creación de la *huella*, también puede considerarse intromisión ilegítima.

En este sentido, cabe mencionar lo que la propia Ley Orgánica 8/2021 dice: "Esta ley combate la violencia sobre la infancia y la adolescencia desde una aproximación integral, en una respuesta extensa a la naturaleza multidimensional de sus factores de riesgo y consecuencias. La ley va más allá de los marcos administrativos y penetra en numerosos órdenes jurisdiccionales para afirmar su voluntad holística (…). La ley, en definitiva, atiende al derecho de los niños, niñas y adolescentes de no ser objeto de ninguna forma de violencia (…)".

Cualquier limitación de los derechos, -también de los derechos de los niños –requieren de una justificación legítima que debe poder expresarse en la motivación de la decisión y dicha justificación legítima no puede ser de ningún modo el mero placer del progenitor de compartir su experiencia vital con otros internautas:

Ello, por lo establecido en el artículo 3 de la Ley Orgánica 1/1982, de 5 de mayo, sobre Protección Civil del Derecho al Honor, a la Intimidad Personal y Familiar y a la Propia Imagen que establece en su apartado 1 que el consentimiento de los menores e incapaces deberá prestarse por ellos mismos si sus condiciones de madurez lo permiten, de acuerdo con la legislación civil.

También por lo establecido en el apartado 2 que dice que, en los restantes casos, el consentimiento habrá de otorgarse mediante escrito por su representante legal, quien estará obligado a poner en conocimiento previo del Ministerio Fiscal el consentimiento proyectado. Si en el plazo de ocho días el Ministerio Fiscal se opusiere, resolverá el juez.

Además, por lo que establece el artículo 4 de la Ley Orgánica de Protección Jurídica del Menor, sobre el derecho al honor, a la intimidad y a la propia imagen, que establece que: 1. los menores tienen derecho al honor, a la intimidad personal y familiar y a la propia imagen. Este derecho comprende también la inviolabilidad del domicilio familiar y de la correspondencia, así como del secreto de las comunicaciones; 2. la difusión de información o la utilización de imágenes o nombre de los menores en los medios de comunicación que puedan implicar una intromisión ilegítima en su intimidad, honra o reputación, o que sea contraria a sus intereses, determinará la intervención del Ministerio Fiscal, que instará de inmediato las medidas cautelares y de protección previstas en la Ley y solicitará las indemnizaciones que correspondan por los perjuicios causados; 3. se considera intromisión ilegítima en el derecho al honor, a la intimidad personal y familiar y a la propia imagen del menor, cualquier utilización de su imagen o su nombre en los medios de comunicación que pueda implicar menoscabo de su honra o reputación, o que sea contraria a sus intereses incluso si consta el consentimiento del menor o de sus representantes legales; 4. sin perjuicio de las acciones de las que sean titulares los representantes legales del menor, corresponde en todo caso al Ministerio Fiscal su ejercicio, que podrá actuar de oficio o a instancia del propio menor o de cualquier persona interesada, física, jurídica o entidad pública; 5. los padres o tutores y los poderes públicos respetarán estos derechos y los protegerán frente a posibles ataques de terceros.

En el caso de los menores explotados económicamente por sus padres en Internet, que puede entenderse como actividad de carácter artístico y publicitario, puesto que los progenitores reciben remuneración económica por los vídeos que cuelgan, por un lado por el número de seguidores y visitas a sus vídeos y por otro por los productos que publicitan en ellos, sería necesaria también esta autorización de la Autoridad Laboral, por lo establecido en el artículo 6 del Estatuto de los Trabajadores, artículos 31 y 32 de la Convención de Derechos del Niño y la Directiva 94/33 relativa a la protección de los jóvenes en el trabajo.

Los riesgos de estos actos son muchos y en algunos casos muy graves: el menor verá creada sin la madurez suficiente para comprender lo que ellos supondrá en su futuro, una *huella digital* o *reputación digital* muy difícil de borrar.

Ello le perjudicará para formar la propia imagen que él desea mostrar a los demás o, por ejemplo, para encontrar un trabajo.

Puede ser objeto de burla e incluso de acoso escolar por parte de sus compañeros. Puede sufrir *bullying*.

Puede ser objeto de *grooming*: Un adulto pedófilo o pederasta puede obtener mucha información sobre cómo es, qué le gusta, dónde vive, a qué colegio va, entre otros, y puede con ello crear un perfil que sea de la confianza del menor, creyendo en la veracidad de la identidad de la persona que contacta con él. Puede seguir con ello mediante contactos obtener más información y llegar a concertar un contacto físico.

Pueden descargar sus imágenes para que entren a formar parte de las imágenes de niños compartidas por pedófilos. A veces, esas inocentes imágenes constituyen un "tesoro" para los pedófilos, produciéndoles excitación sexual. Otras veces, esas fotografías serán modificadas mediante el *morphing*, convirtiéndola en una imagen de alto contenido sexual explícito.

Los riesgos para la salud física y psíquica son evidentes. Pero, además, la simple intromisión ilegítima ya es un mal, pues se trata de una violación de derechos fundamentales del menor.

Sólo con la mención del art. 4 de la Ley Orgánica 1/1996, de Protección Jurídica del Menor, sobre el derecho al honor, a la intimidad y a la propia imagen es evidente que el Ministerio Fiscal debe comenzar a actuar ya para proteger a los menores de las intromisiones ilegítimas en los derechos fundamentales al honor, intimidad personal y familiar y propia imagen del menor: sin perjuicio de las acciones de las que sean titulares los representantes legales del menor, corresponde en todo caso al Ministerio Fiscal su ejercicio, que podrá actuar de oficio o a instancia del propio menor o de cualquier persona interesada, física, jurídica o entidad pública.

El Ministerio Fiscal es, además por mandato legal, garante de los derechos de los menores.

En último lugar, es imprescindible hacer una labor de educación en profundidad, mostrar las consecuencias de la publicación de datos en la red a los menores y adolescentes, así como hacer una labor pedagógica con los padres, que ponen en riesgo la seguridad de sus hijos, no intencionadamente, sino por desconocimiento de este tipo de riesgos.

BIBLIOGRAFÍA

Ammerman Yebra, J. (2018). El régimen de prestación del consentimiento para la intromisión en los derechos de la personalidad de los menores: Especial referencia al fenómeno del sharenting. Actualidad Jurídica Iberoamericana, 8.

Asensio Sánchez, M. A. (2010). Patria potestad, minoría de edad y derecho a la salud. Dykinson.

Canalda, A. (2011). Menores en los medios de comunicación. Consejo General de la Abogacía Española.

Cobacho Gómez, J. A. (2018). Protección Civil y Penal de los Menores y de las Personas Mayores Vulnerables en España. Aranzadi.

De Torres Perea, J. M. (2011). Custodia compartida: una alternativa exigida por la nueva realidad social. Indret revista para el análisis del Derecho, 4.

García Valverde, M. D. (2013). Menores y jóvenes trabajadores. La prevención de riesgos laborales y medioambientales. Comares.

García-Antón Palacios, E. (2017). La objeción de conciencia de los padres a ciertos contenidos docentes en España y la jurisprudencia de Estrasburgo. Dykinson.

Gil Antón, A. M. (2015). ¿Privacidad del Menor en Internet? <<Me gusta>>¡¡¡todas las imágenes de <<mis amigos>> a mi alcance con un simple click>>!!! Aranzadi.

(2013) El derecho a la imagen del menor en Internet. Dykinson.

(2013) La privacidad del menor en Internet. Revista de Derecho, Empresa y Sociedad, 3.

Lázaro González, I. (2003). Jornadas sobre derecho de los menores. Universidad Pontificia de Comillas.

(2002) Los menores en el Derecho español. Tecnos.

Martínez Velencoso, L. (2013). La necesaria observancia del interés superior del menor en la contratación de menores de edad para la práctica del fútbol profesional: Sentencia de 3 de febrero de 2013 (RJ 2013, 928). Cuadernos Civitas de jurisprudencia civil, 93.

Morillas Fernández, M. (2013). El menor y su derecho a la intimidad ante los riesgos en la utilización de redes sociales. Revista de Derecho, empresa y sociedad, 1.

Pérez Díaz, R. (2018). Los derechos al honor, a la intimidad personal y familiar y a la propia imagen del menor en el siglo XXI. Aranzadi.

Planas Ballvé, M. (2020). Sharenting: Intromisiones ilegítimas del derecho a la intimidad de los menores de edad en redes sociales por sus responsables parentales. CEF Legal, 228.

Roda y Roda, D. (2014). El interés del menor en el ejercicio de la patria potestad. El derecho del menor a ser oído. Thomson Reuters Aranzadi.

Sacristán Romero, F. (2013). Dignidad y libre desarrollo de la personalidad en menores: daños en el ámbito de las nuevas tecnologías de la información. Revista de Derecho UNED, 13.

Capítulo 11

Agresiones sexuales en el ámbito deportivo: propuesta estratégica de prevención y tratamiento

ANJARA ARGIBAY MUÑOZ
Profesora de Derecho Deportivo
Universidad Europea de Madrid

1. INTRODUCCIÓN

Empezar este capítulo diciendo que la violencia sexual se ha convertido en un grave problema social para la humanidad no es algo novedoso (Macias-Bowen y Macias-Bowen, 2022), es algo desalentador y real.

Con carácter general, el ser humano tiende a rechazar la violencia en cualquiera de sus formas, pero, por el contrario, diariamente tienen lugar diferentes episodios relacionados con la violencia y las agresiones sexuales que no dejan de sorprendernos. Es habitual encontrarse con noticias relacionadas con la violencia sexual, de género, psicológica o cualquier otro tipo de conducta violenta en los titulares diarios. Estos sucesos, tienen lugar desde hace años en todos los deportes y en todos los niveles (Comité Olímpico Internacional, 2007).

Las agresiones sexuales en el ámbito deportivo adquieren una serie de matices que es conveniente destacar, cómo son los actores (agresores y víctimas) de dicha violencia, así como también explicar cuáles son las características que revisten estas conductas. Este capítulo tiene como objetivo proporcionar una perspectiva sobre las agresiones sexuales en el ámbito deportivo, así como visibilizar la problemática de la agresión sexual en este ámbito, analizar sus tipos, sus consecuencias y las posibles estrategias de prevención.

El deporte, desde un punto de vista sociopolítico y como promotor de conductas cívicas y elemento generador de actividad económica del Estado (Elias y Dunning, 1992), se ha convertido en la actualidad en un fenómeno social y de masas de gran impacto para el ser humano. Su función integradora, social y educativa defendida por Pierre de Coubertin ya en 1922 (Solar, 2003), promueve la participación de personas de cualquier edad y género en el deporte, llevándose a cabo la práctica deportiva desde la etapa infantil hasta una edad más madura. Según la encuesta anual de hábitos deportivos del Consejo Superior de Deportes realizada en el año 2022[60], aproximadamente 6 de cada 10 personas de 15 años practicó deporte en el último año, 57,3%, bien de forma periódica u ocasional (CSD, 2022). Este dato es relevante, puesto que pone de manifiesto el alto número de personas que, de una forma u otra, como vemos en la encuesta, ya sea de forma periódica o regular, colectiva o individual, a través de entidades deportivas o de forma libre, practican deporte, pero deja fuera un colectivo muy importante que son los menores de 15 años. Un dato importante de la encuesta refleja que el 65% de la población que práctica deporte ha iniciado la práctica deportiva antes de los 15 años. La inclusión de este grupo de población (3-15 años), en auge en relación a la práctica deportiva, aumentaría de forma considerable el porcentaje general de practicantes.

---

60 Consejo Superior de Deportes (2022, de 15 de diciembre). *Encuesta de Hábitos Deportivos en España 2022.* [Comunicado de prensa] https://www.csd.gob.es/es/encuesta-de-habitos-deportivos-en-espana

Estos datos adquieren una gran importancia hoy en día si tenemos presente el acceso al deporte por los menores en edades tempranas. En la etapa infantil, los padres involucran a sus hijos en actividades deportivas con diferentes motivaciones (Fernandez et al, 2013), pero principalmente para que vayan adquiriendo una serie de hábitos saludables y forjen su personalidad a través del deporte. La diversión, el entretenimiento, el desarrollo físico y emocional o la mejora de las habilidades sociales son algunas de las causas que llevan a las familias a introducir a los niños en la práctica deportiva (Castillo y Balaguer, 2001).

Los valores inherentes al deporte, como son el esfuerzo, el respeto, la disciplina, la competitividad, el trabajo el equipo o la tolerancia ayudan a formar la personalidad del ser humano. (Sánchez García, 1997). La práctica deportiva deriva en una mejora de la autoestima y de las habilidades sociales. Las personas tímidas o introvertidas se sirven del deporte para mejorar su forma de relacionarse con otros. Desde la psicología evolutiva (Arnold L. Gesell, 1963) se analiza como el deporte puede condicionar la personalidad y como esta práctica deportiva sirve al menor para fomentar las relaciones con los demás niños/as, para adquirir valores y normas de comportamiento que aplicará en todos los ámbitos de su vida, y en ocasiones también para combatir miedos e inseguridades diarias.

Damos por hecho que el entorno deportivo en el que participará el menor es un espacio sano, seguro y libre de comportamiento nocivos, esto no siempre es así. La infancia es un colectivo a proteger de forma especial[61], en el deporte también,

---

[61] Así lo determina la Ley Orgánica 8/2021, de 4 de junio, de protección integral a la infancia y la adolescencia frente a la violencia. Hito normativo en lo referente a protección a la infancia frente a la violencia. "La ley contra la violencia en la infancia es un imperativo de derechos humanos" https://www.boe.es/eli/es/lo/2021/06/04/8

algo que ya se viene haciendo por parte de los clubes y entidades deportivas[62], pero es necesario visibilizar socialmente esta lucha contra la violencia sexual y poner de manifiesto los riesgos que puede conllevar el no disponer de entornos seguros para la práctica deportiva o la mala praxis en la relación con los deportistas y las consecuencias que puede acarrearles a las entidades deportivas esta mala gestión[63].

Por otra parte, tampoco debemos olvidarnos del número de personas en España que se dedican al deporte de forma profesional y al deporte de alto nivel dado que, en categorías superiores, deporte de élite y de competición, también existe la violencia sexual (Flores Fernández, 2022). Teniendo en cuenta los indicadores estadísticos deportivos del CSD, este número de participantes ha ido creciendo en los últimos años llegando en el año 2022 a los 6.101 (CSD, 2022).

Las entidades deportivas, Federaciones deportivas, Clubes y cualquier otra entidad pública o privada que gestione el deporte, intervienen de la misma forma en la práctica deportiva como actores protagonistas, dando servicio a todas aquellas personas que deciden participar en él. En los últimos años el aumento de los clubes y empresas deportivas en España y el gasto público vinculado al deporte, tanto del Estado como de las

---

62 Muestra de ello son las diferentes iniciativas llevadas a cabo por grandes clubes de fútbol como el Athletic Club de Bilbao con el programa Aterpe, https://athleticclubfundazioa.eus/proyectos-deportivos/aterpe/ o el sistema de protección a la infancia implantado por el Fútbol Club Barcelona con la finalidad de crear entornos seguros en el deporte https://fundacion.fcbarcelona.es/sistema-de-proteccion-de-la-infancia-cas.

63 Ver noticia publicada en la web de la Wolrd Compliance Association:https://www.worldcomplianceassociation.com/3047/noticia-el-deporte-espanol-ante-el-gran-reto-de-la-proteccion-a-los-menores.html

Comunidades Autónomas, ha aumentado considerablemente[64] (CSD, 2023). Todos estos datos numéricos tan interesantes vienen a confirmar lo que inicialmente mencionábamos. El deporte se ha convertido en un fenómeno social relevante y es conveniente que analicemos todo lo que en él sucede.

Las agresiones sexuales no dejan al margen este ámbito. Conseguir espacios seguros donde desarrollar la práctica deportiva, y donde los deportistas y los atletas puedan sentirse libres de comportamientos transgresores, se respeten sus derechos y se reconozcan protegidos en cuanto a su salud y bienestar, es una misión encomendada a las organizaciones deportivas (COI, 2019).

No solo en España, también a nivel mundial, el Comité Olímpico Internacional, las Federaciones Internacionales, así como también organismos intergubernamentales como el Consejo de Europa (2019), son conscientes de que hay dirigir la mirada a la lucha contra la violencia sexual en el ámbito deportivo. Las normativas y protocolos vigentes ya en diferentes entidades y estructuras deportivas parecen no ser del todo suficientes, siendo numerosos los casos que salen a la luz relacionados con denuncias por agresión sexual a deportistas de todas las edades[65],

---

64 En el año 2021, el gasto liquidado en deporte por la Administración General del Estado se situó en 235 millones de euros, en 435 millones por la Administración Autonómica, siendo en el año 2020 de 181k y 370k respectivamente. Por otra parte, el número de clubes y empresas deportivas también ha aumentado en los últimos años pasando de 57.800 en el año 2008 a unas 76.000 aproximadamente en el año 2021. https://www.culturaydeporte.gob.es/servicios-al ciudadano/estadisticas/deportes/anuario-de-estadisticas-deportivas.html

65 ESPN DEPORTES, 2021: Noticia: El año de las valientes denuncias al abuso sexual en el deporte femenino. https://espndeportes.espn.com/otros-deportes/nota/ /id/9723898/2021-el-ano-de-las-valientes-denuncias-al-abuso-sexual-en-el-deporte-femenino

cometidos por sus entrenadores o por el personal de las organizaciones donde llevan a cabo su actividad deportiva.

2. AGRESIONES SEXUALES A MENORES EN EL ÁMBITO DEPORTIVO

Es bastante preocupante, como ya hemos adelantado también, la agresión sexual referente a los deportistas menores de edad, quienes son sujetos de una especial protección. Un dato relevante ofrecido por el Consejo de Europa (2018) es que uno de cada cinco niños/as y adolescentes han sufrido violencia sexual antes de los 18 años. Garantizar un entorno deportivo seguro para los niños y niñas es una de las principales prioridades de las instituciones deportivas. UNICEF España, como institución dedicada a la protección de la infancia, en colaboración con el Consejo Superior de Deportes, realizaron cinco guías destinadas a impulsar la prevención y detección del abuso sexual a los niños en el ámbito deportivo (UNICEF, 2018).

Numerosas son las instituciones dedicadas no solo a la protección de la infancia en todos sus ámbitos, sino también a la sensibilización y visibilización de la violencia sexual en la infancia con excelentes análisis y diferentes programas de sensibilización[66] y prevención del maltrato, también dentro del ámbito deportivo y/o del ocio (Save the Children, 2021; UNICEF, 2018; Asociación Rea, 2021; Fundación Anar, 2020).

---

66 Como los programas de sensibilización de la Asociación Castellano Leonesa para la defensa de la infancia y la juventud, Rea. Con acciones anuales como seminarios, foros y una línea de capacitación de profesionales del deporte para crear entornos deportivos sanos y sin violencia y la promoción del buen trato a la infancia en el deporte. https://www.asociacionrea.org/asociacion-rea-buen-trato-y-deporte/

En España, especial mención se merece el programa ATERPE, del Athletic Club, que no solo ha sido pionero en la materia, sino que sirve de referente[67] para el resto de las instituciones en la consecución de una política integral a la infancia, incluyendo la prevención, formación y la creación de protocolos de actuación para conseguir el bienestar de los niños y niñas en la práctica deportiva (Athletic Club Fundazioa, 2020).

3. VIOLENCIA SEXUAL EN EL DEPORTE

En España, el actual Código Penal hace referencia a los Delitos contra la libertad Sexual en su Título VIII, en los artículos 178 al 183 bis.

Trataremos como agresión sexual, haciendo referencia en su art. 178.1, a "*...cualquier acto que atente contra la libertad sexual de otra persona sin su consentimiento*".

Cuando debatimos sobre violencia sexual (Muñoz Conde, 2019), en el ámbito deportivo, nos referimos a cualquier conducta que vulnere derechos fundamentales como la dignidad, la integridad física y moral y atente contra la libertad sexual, pero llevada a cabo en el seno de instituciones o entidades donde las personas practican deporte.

Según un estudio realizado por Brackenridge y Fastin (2005), el perfil del agresor sexual se asocia a personas que gozan de una superioridad jerárquica o que utilizan el abuso de poder como elemento facilitador de las agresiones sexuales en el ámbito deportivo. Estos no son solo los entrenadores (Brackenridge, 2002) también personas de la entidad que gozan de la

---

67 No solo en España, sino también fuera de nuestras fronteras. Muestra ello es la citación que hace en su propia página web el Ministerio de Turismo y deportes de Argentina. https://clubesargentinos.deportes.gob.ar/PPNNAAD/recuteca/intervenir

confianza de las futuras víctimas pudiendo pertenecer al cuerpo técnico o directivo. También se dan situaciones entre los propios deportistas relacionadas con la agresión sexual, pero suele ser más común encontrarnos con lo primero. En cuanto a las victimas hacemos referencia a cualquier persona que pueda ser objeto de violencia sexual con independencia de su sexo, opción sexual o identidad de género. (Montesdeoca Rodriguez, 2021).

4. CARACTERÍSTICAS ESPECIALES DEL DEPORTE Y SU IMPACTO EN LA VIOLENCIA SEXUAL

Para poder determinar las conductas a las que nos referimos en este capítulo, en primer lugar, definiremos una serie de características aparejadas a la actividad deportiva y que pueden ser determinantes a la hora de detectar posibles agresiones sexuales en el deporte (Brackenridge, 1997).

La detección de situaciones de riesgo o peligro es fundamental de cara a prevenir futuras situaciones de violencia. Las características de la actividad deportiva que pueden convertirse en factores de riesgo son:

- Cercanía:

El propio desarrollo del deporte provoca situaciones de cercanía muy comunes en las que los equipos, compuestos por entrenadores, cuerpos técnicos (todas aquellas personas que forman parte del ámbito deportivo) y deportistas lleven a cabo viajes, concentraciones y estancias en diferentes lugares donde el contacto es mucho más íntimo[68]. En el deporte

[68] Situaciones de riesgo en las entidades deportivas descritas como viajes, desplazamientos, salas de enfermería o fisioterapia, vestuarios, duchas, lavabos o espacios donde existe intimidad y que pueden

de competición son habituales este tipo de situaciones, que en ocasiones pueden ser cruciales cuando nos encontramos ante un posible agresor sexual.

En el deporte base, entendido como el deporte fuera de competición donde nos referimos a niños/as y deportistas jóvenes que practican deporte a través de clubes, también pueden existir estas situaciones de riesgo. En este caso el peligro puede ser mayor, puesto que los menores en muchas ocasiones no son capaces de identificar el riesgo o la propia conducta transgresora, siendo mucho más complicada su detección (Soria et al, 1994). Es absolutamente necesaria la definición de comportamiento y relación de todas aquellas personas que interactúan con los deportistas, sobre todo cuando son menores de edad, con la finalidad de erradicar las conductas de violencia sexual en cualquiera de sus manifestaciones.

- Superioridad Jerárquica y confianza:

En el ámbito deportivo la superioridad jerárquica existe por defecto, siempre hay un entrenador o entrenadora o una figura de autoridad en la entidad deportiva, que, encargado de la formación de los deportistas, es la persona con quien el propio deportista se relaciona, trabaja codo con codo, y también a quien debe y suele respetar de forma natural. Quién enseña al deportista y quién determina si está realizando la actividad deportiva correcta o no, a tal punto de decidir, si es apto o no para jugar determinados partidos, ir convocado a las competiciones o encuentros y un maestro al cual se admira y de quien se aprende.

---

dar lugar a acercamientos inadecuados. La violencia sexual en el deporte. Guía para personas adultas (Re) conocer, hablar y actuar. Secretaría Generalitat de Catalunya. 2020. https://esport.gencat.cat/ca/arees_dactuacio/genere/publicacions-estudis-informes-butlletins/#esport-i-violencia

La confianza en el deporte es muy importante (Martín et al, 2014), y es uno de los valores fundamentales en la formación de los deportistas, crear un clima motivacional en los equipos (Ames, 1992) y que exista esa relación de confianza entre formadores y deportistas es desde el punto de vista deportivo algo muy positivo y que conducirá al éxito la relación deportiva, hasta aquí bien; pero no debemos olvidar que esto puede ser un arma de doble filo en cuanto a la violencia sexual.

Otras figuras de autoridad pueden pertenecer a la propia entidad o a las propias instituciones relacionadas (Vargas et al, 2021). El deportista, sobre todo en categorías profesionales, suele tener contacto estrecho con las Federaciones o con los directivos de las entidades de forma habitual.

Cuando nos referimos al ámbito deportivo profesional también es importante tener en cuenta que intervienen otros intereses como los económicos, o profesionales, donde el abuso de poder y el exceso de confianza llevada al extremo pueden dar lugar a situaciones relacionadas con la violencia sexual (Brake, 2010).

- Contacto Físico:

Otra de las características importantes que podemos atribuir al deporte o a la práctica deportiva suele ser el contacto físico (Salgado-López; Sánchez Molina, 2021). El contacto físico entre deportistas, entrenadores, cuerpo médico y otros especialistas es algo común y es otra de las prácticas que pueden conllevar cierto riesgo si nos encontramos ante un agresor sexual.

Es completamente habitual en el proceso de formación deportiva el contacto corporal entre las personas que están practicando deporte. Tanto en la instrucción del deporte como en el perfeccionamiento de este, conductas como los roces, los toques o simplemente ayudar al deportista a que tenga una postura o posición correcta a nivel técnico en cualquier tipo de deporte es algo que forma parte de la enseñanza deportiva en sí. Las emociones también están estrechamente relacionadas con el contacto físico y la violencia en el deporte (Dunning, 2001). Las victorias o las derrotas deportivas se suelen celebrar mediante abrazos, manteos o con posiciones de cercanía física muy relevante.

Este es otro de los motivos por el que las guías o protocolos de actuación[69] para el personal técnico o formador, para los propios deportistas y familiares, pueden ser claves en la prevención de situaciones relacionadas con la violencia sexual, no dirigiéndose a evitar el contacto corporal, pero si a detectar cualquier posible conducta que vaya más allá de la parte deportiva.

- Sistemas de comunicación y redes sociales:

Se presentan como otro de los retos actuales de la sociedad que también afecta al ámbito deportivo, y es todo lo relacionado con la regulación de los sistemas de comunicación y las redes sociales y su impacto en la violencia sexual (Blanco Ruíz, 2014) mucho más importante cuando hacemos referencia a menores.

Las redes sociales se han convertido en un sistema de comunicación muy relevante en la actualidad. De forma inmediata tenemos la posibilidad de comunicarnos con cualquier persona, no solo de forma pública, sino también de forma privada. Las plataformas de mensajería instantánea como *WhatsApp, Telegram, Messenger*, así como las redes sociales con mensajería

---

69 Instituto Vaso de la Mujer y Departamento de Educación, Política lingüística y Cultura del Gobierno Vasco. 2015. Guía para la prevención de acoso y abuso sexual a mujeres en el deporte. Pautas para un protocolo. https://bienestaryproteccioninfantil.es/wpfd_file/guia-para-la-prevencion-de-acoso-y-abuso-sexual-a-mujeres-en-el-deporte-pautas-para-un-protocolo/

instantánea como *Instagram, Facebook, Twitter*..., son mecanismos, que, usados de forma incorrecta, abren una posible nueva puerta de acceso a la violencia sexual.

La regulación de las formas de comunicación, especialmente cuando nos referimos a la relación entre adulto – menor, en el seno de una entidad deportiva, debe ser cuando menos estricta, siendo impensable que un adulto pueda ponerse en contacto vía privada con un deportista por alguna de estas formas.

De igual forma, la relación entre adultos deportistas y sus superiores jerárquicos en el ámbito deportivo deben estar basadas en el respeto, no siendo apropiados este tipo de métodos como forma de contacto, debiendo existir otros cauces para la comunicación.

5. CONDUCTAS DE VIOLENCIA SEXUAL EN EL ÁMBITO DEPORTIVO

Teniendo en cuenta las características inherentes al deporte ya descritas y los factores de riesgo, pasamos a desarrollar las posibles conductas o tipos de violencia sexual que podemos encontrarnos en el ámbito deportivo (Flores Fernández et al.,2022; Gómez et al., 2007; García, 2014) .Conductas que no solo hacen referencia a la violencia física, sino también a otro tipo de manifestaciones que no requieren dicho contacto físico, como conductas verbales o relacionadas con la violencia psicológica o emocional.

Uno de los principales problemas que existen en el ámbito deportivo es determinar la situación constitutiva de ser agresión sexual o no en el deporte (Horcajo, 2014). Esto a veces se debe a varios factores:

- En cuanto al contacto físico, existe una delgada línea entre un contacto físico necesario por motivos estrictamente deportivos y un contacto físico que va más allá y tiene connotaciones sexuales que en muchas ocasiones no es fácil de detectar (Brackenridge, 1997). A título ilustrativo, cabe destacar por ejemplo el caso del fisioterapeuta de la selección nacional de gimnasia de Estados Unidos, Larry Nassar [70] condenado por abuso sexual continuado durante años a gimnastas del equipo americano, llevado a cabo mediante los tratamientos médico-deportivos que realizaba y que fueron detectados posteriormente por parte de las víctimas.

- Otro aspecto a destacar es que si el deportista es menor de edad y no comprende correctamente la finalidad de dicho contacto o no tiene el raciocinio o pericia suficiente, puede ser complicado detectar dichas conductas. Han sido numerosos los casos que han salido a la luz en los últimos años en los que se ha repetido esta situación[71]. El deportista menor es incapaz de detectar dicha situación hasta que no alcanza la madurez suficiente para comprender que el comportamiento no es adecuado (Cantón et al.,1997). Esto ha llevado a que las denuncias de dichas situaciones se produzcan muchos años después de haberse producido.
- En otras ocasiones la víctima no manifiesta que está sufriendo violencia sexual sobre su persona, o bien, porque no es consciente de ello o bien porque siendo consciente de la situación, decide, contra su voluntad, continuar

---

70 Noticia recuperada del periódico El Mundo: https://www.elmundo.es/deportes/masdeporte/2017/12/07/5a297c93268e3ecb568b458a.html

71 Casos como el del Entrenador de un equipo de fútbol base femenino en Huelva en el año 2023 recuperada de la agencia Europa Press: https://www.europapress.es/andalucia/huelva-00354/noticia-ascienden-quince-denuncias-menores-contra-entrenador-detenido-huelva-presunta-agresion-sexual-20230124142909.html

en ella por otros motivos, como pueden ser las represalias negativas a nivel deportivo, la vergüenza o el miedo. Todo esto forma parte de un proceso situación de violencia dividido en varias fases[72] (Sorensen et al., 1991).

- El tratamiento inicial de la situación a veces es difícil. Se intenta restar importancia a lo que está sucediendo y no se es consciente de que se está sufriendo una situación relacionada con la violencia sexual o hay cierta incredulidad por parte incluso de las propias víctimas, generando en ellas un sentimiento de culpa (Sarasua et al, 2014). Esta situación más acuciante en el caso de violencia hacia menores (Pérez Vallejo, 2021). Normalmente la denuncia de una víctima inicial suele ir acompañada de la suma de más víctimas que han sufrido la misma situación, pero o no eran conscientes de ello o por lo comentado anteriormente no se atrevían a denunciar.

En cuanto a la clasificación de conductas que podemos encuadrar entre las agresiones sexuales en el ámbito deportivo, debemos hacer referencia a las ya estipuladas en los protocolos diseñados contra la violencia sexual en el ámbito deportivo (CSD, 2020). Estas tienen en cuenta todas las actividades internas y externas de los deportistas y a todo el personal técnico y auxiliar de las propias instituciones y como hemos explicado anteriormente no solo respecto a la violencia física, sino también a la manipulación, coacción o cualquier otra acción que vulnere el consentimiento personal (Orts Berenguer, 2019).

---

72 El autor hace referencia a las fases de: negación, revelación, retractación y reafirmación como estadios por los que la víctima pases antes de manifestar que ha sido sujeto pasivo de una situación de violencia sexual.

Este tipo de conductas se llevan a cabo con la finalidad de obtener un beneficio sexual, bien ejerciendo un abuso de poder sobre el deportista, mediante promesa de algún éxito deportivo o bien mediante la amenaza de incidir en su carrera deportiva negativamente. La construcción de la confianza con el niño o niña o la persona deportista constituye una de las fases de la agresión sexual (Brackenridge y Fasting, 2005). El aislamiento o el control, así como la anulación de la personalidad, utilizando el miedo como arma de manipulación hacia lo que opinará el resto, o la falsa generación de una sensación de complicidad, provocará que el deportista se vea en una situación de difícil escapatoria en esta segunda fase. El voto de silencio por parte de la víctima se asegurará mediante coacciones chantajes y amenazas llevadas a cabo por parte del agresor y será aquí donde se instauren las conductas de violencia sexual de forma permanente.

Entre las conducta definidas[73], en los protocolos y divididas en situaciones generales, referentes a la comunicación verbal y no verbal y situaciones con contacto físico, se encuentran algunas de las siguientes:

- entrar en el vestuario sin pedir permiso o permanecer en el mientras los deportistas están vistiéndose
- provocar encuentros, aparentemente causales y reiterados
- colocar cámaras de videovigilancia en zonas privadas

---

[73] Ver Tabla de Situaciones, actitudes y comportamientos relacionados con la violencia sexual. Consejo Superior de Deportes 2023. https://www.csd.gob.es/sites/default/files/media/files/2020-12/Situaciones-Actitudes-Comport_Tabla.docx

- realizar preguntas intimas y personales relacionadas con la vida sexual o realizar propuestas, invitaciones e incitaciones explícitas de carácter sexual
- besar a la fuerza
- actos sexuales no consentidos
- violación

De suma importancia también todas aquellas conductas relacionadas con la violencia emocional y la comunicación verbal o no verbal como:

- las expresiones cargadas de agresividad, los insultos, las vejaciones
- la intimidación verbal con carácter sexual
- comunicación o seguimiento a través de redes sociales
- mensajes incómodos a través de comunicación instantánea
- palabras soeces, tacos y expresiones de naturaleza sexual
- o la utilización inadecuada de la nueva tecnología con la finalidad de obtener beneficios sexuales.

La detección inicial de cualquier situación de riesgo relacionada con la violencia sexual en una fase previa es fundamental y para ello es necesario que las entidades deportivas, como responsables de la gestión del deporte, dispongan de medidas de prevención y actuación adecuadas.

La generación de espacios seguros, libres de violencia sexual, debe ser una prioridad tanto para las instituciones que tienen relación con el deporte, como para todos aquellos entes que participen de él. Concienciar a la sociedad y a las instituciones de la necesidad de actuar de cara a prevenir situaciones que atenten contra la integridad de las personas en el ámbito deportivo, así como promover medidas de actuación para la detección y tratamiento de posibles situaciones que pudieran producirse es fundamental dadas las situaciones de riesgo existentes.

Las consecuencias negativas que pueden enfrentar las víctimas de agresiones sexuales en ámbito deportivo van desde la salud mental, física o emocional, pudiendo experimentar trastornos de estrés postraumático, depresión, baja autoestima o incluso conductas suicidas, todas ellas influyendo negativamente en su calidad de vida (Cantón- Cortés y Rosario Cortés, 2015).

6. MEDIDAS ACTUALES Y PROPUESTA ESTRATÉGICA DE PREVENCIÓN Y TRATAMIENTO

Alguna de las medidas de prevención para garantizar la protección de los deportistas en los entornos deportivos está recogida en España, pasamos a desarrollarlas.

La primera de ellas es que todas aquellas personas que desarrollan sus funciones profesionales en contacto habitual con menores de edad tienen como requisito obligatorio la presentación del Certificado de Delitos de Naturaleza Sexual, expedido por el Ministerio de Justicia[74], lo que permite acreditar la existencia de condenas por delitos de naturaleza sexual.

Por su parte, la Ley Orgánica 8/2021, de 4 de junio, de protección integral a la infancia y la adolescencia frente a la violencia, LOPIVI, designa en su artículo 48 c, la figura del Delegado de Protección al menor en las entidades deportivas. Una figura que está empezando a implantarse ya

---

[74] Ministerio de Justicia. España 2023 https://www.mjusticia.gob.es/es/ciudadania/tramites/certificado-delitos

en las federaciones deportivas e impulsada desde el Consejo Superior de Deportes y cuyas funciones principales irán encaminadas a la implantación de políticas de protección contra la violencia sexual, así como al tratamiento y la aplicación de los protocolos de actuación frente a la violencia en el ámbito deportivo y el ocio.

Actualmente estas medidas no resultan suficientes a la hora de evitar los numerosos casos que se suceden relacionados con la violencia sexual en el deporte. Dentro de la propuesta de intervención consideramos necesaria la implicación de otros ámbitos de estudio, hasta ahora relativamente ajenos al deporte, pero desde los que se persigue la misma finalidad, la erradicación de la violencia sexual. La criminología, como ciencia del comportamiento puede ayudar a identificar las prácticas relativas a estos comportamientos para su erradicación.

Como medidas y herramientas posibles incluidas en esta propuesta o modelo de intervención, para las que sería necesario hacer un plan detallado de viabilidad técnica y económica, sobre todo en las pequeñas entidades deportivas, podríamos determinar las siguientes como las más importantes:

- La determinación de perfiles y pruebas psicológicas que puedan ser realizadas en las entidades deportivas en el momento de la elección y contratación del personal deportivo. La formación académica y deportiva debe ir acompañada de ciertas competencias, cualidades y capacidades sociales y emocionales por parte del profesional. Las pruebas psicotécnicas, así como las entrevistas personales, pueden ser un mecanismo de filtrado y a la vez servir de ayudar en la elección del personal adecuado.
- La formación continua en prevención y manejo de la violencia sexual en el ámbito deportivo en todas las entidades deportivas, es decir, promover la educación sexual y concienciar sobre los límites personales. Lo que no debe quedarse en la mera ejecución de cursos virtuales

o lecturas obligatorias, sino que debe ir mucho más allá, encaminando esta formación a la adquisición de una cultura integrada de respeto y a la sensibilización de todo el personal de las entidades.

- La apertura de un canal de denuncia seguro, abierto operativo y directo con las Federaciones, como entidad bajo la que se encuentran todos los clubes deportivos, controlado y donde se pueden poner en conocimiento las situaciones de riesgo y se puedan solicitar medidas adicionales.

- Revisión de los antecedentes penales de los trabajadores de las diferentes entidades deportivas de forma más habitual.

- Fomentar el apoyo y el asesoramiento especializado tanto a deportistas como a entidades deportivas en lo relativo a la violencia sexual.

- La implantación de la figura del Responsable de protección o tutor del Deportista. Algo que ya se ha propuesto a nivel institucional, pero en este caso concreto en los diferentes clubes y entidades deportivas, sobre todo en el deporte base. Se plantea desde aquí un perfil profesional de la rama social o jurídica, cuyo ámbito de actuación podría determinarse por áreas territoriales, puesto que los clubes pequeños tendrían mayor problema a la hora de costear este profesional a menos que existiera una financiación pública para ello, algo que sería muy interesante. Las funciones principales estarían encaminadas a:

    - Desarrollo de los protocolos de prevención y actuación frente a la violencia sexual, aplicables en todas las entidades deportivas del mismo ámbito territorial, donde se establezcan de forma clara los límites en las relaciones interpersonales en la entidad deportiva.

- Visibilización y desarrollo de una cultura de respeto y compromiso contra la violencia sexual en las entidades.
- Formación específica para los cuerpos técnicos, directivos, familiares y deportistas.
- Detección de posibles conductas de desprotección en las entidades y desarrollo de labores de mediación entre las familias y las entidades.
- Protección y apoyo a las víctimas.
- Control del uso de las tecnologías en el ámbito deportivo.
- Inspección del cumplimiento del protocolo.

7. CONCLUSIONES

El desarrollo de labores de investigación y análisis son fundamentales para la definición de los perfiles de los agresores sexuales en el deporte. La visión y el entendimiento de la violencia sexual desde el ámbito de la criminología, puede ser determinante a la hora de definir un sistema de prevención y actuación contras las agresiones sexuales a través un protocolo aplicable en las entidades deportivas.

La implicación de profesionales en el ámbito jurídico-deportivo, así como de la rama de la criminología en la gestión de este ámbito en el deporte, podría ser muy conveniente. Me gustaría decir que erradicar la violencia sexual en el deporte es posible, pero es necesario instrumentar las acciones adecuadas para ello.

El diseño, desarrollo e implantación de equipos de prevención en las entidades deportivas destinados a la prevención y al tratamiento de la violencia deportiva es fundamental. La lucha contra la violencia sexual en el ámbito deportivo necesita personas e instituciones cualificadas e implicadas en ayudar a las entidades deportivas a conseguir entornos más seguros para todas las personas que practican deporte y así aunar fuerzas contra esta terrible lacra social.

BIBLIOGRAFÍA

Ames, C. (1992). Classrooms: Goals, Structures, and Student Motivation. *Journal of Educational Psychology, 84* (3), 261-271

Amnistía Internacional (2018, 4 de Octubre). Campaña no consiento. Basta de obstáculos para las víctimas de violencia sexual. Recuperado de: https://www.es.amnesty.org/en-que-estamos/campanas/violencia sexual-2018/

Athletic Club Fundazioa (2020). Proyectos: Programa Aterpe. Recuperado de: https://athleticclubfundazioa.eus/proyectos-deportivos/aterpe/

Asociación Rea (2016). Recuperado 31 de octubre, de: https://www.asociacionrea.org/asociacion-rea-buen-trato-y-deporte/

Blanco Ruiz, M. (2014). Implicaciones del uso de las redes sociales en el aumento de la violencia de género en adolescentes. Revista Comunicación y Medios, 30, 124-141.

Brackenridge, C. (1997). Sexual Harassment and Sexual Abuse in Sport. In: Clarke, G., Humberstone, B. (eds) Researching Women and Sport. Palgrave Macmillan, London. https://doi.org/10.1007/978-1-349-25317-3_9

Brackenridge, C. (2002). Spoilsports (understanding and preventing sexual exploitation in sport): British Journal of Sports Medicine, 36(4), 311–311. https://doi.org/10.1136/bjsm.36.4.311

Brackenridge, Celia & Fasting, Kari. (2005). The Grooming Process in Sport: Narratives of Sexual Harassment and Abuse. Auto/biography. 13. 33-52.

Brake, D. (2010). Getting in the game. Title IX and the women's sports revolution. New York and London: New York University Press.

Cantón duarte, José; Cortés Arboleda, María Rosario. (1997). Malos tratos y abuso sexual infantil. Ed. Siglo Veintiuno.

Cantón- Cortés, David y Rosario Cortes, María. (2015) Consecuencias del abuso sexual infantil: una revisión de las variables intervinientes. Anales de Psicología, 31 (2), 607-614

Castillo, I. y Balaguer, I. (2001). Dimensiones de los motivos de práctica deportiva de los adolescentes valencianos escolarizados. Apuntes: Educación Física y Deportes, 63, 22-29.

Comité Olímpico Internacional (2007, 8 de Febrero). El COI adopta una declaración de consenso sobre el acoso y el abuso sexual en el deporte. [Comunicado de prensa]. Recuperado 2 de septiembre de 2023, de: https://olympics.com/ioc/news/ioc-adopts-consensus-statement-on-sexual-harassment-and-abuse-in-sport

Comité Olímpico Internacional (2019). La protección de los atletas ante el acoso y el abuso en el deporte: manual para las FI y los CON: para la creación e implementación de políticas y procedimientos para la protección de los atletas / International Olympic Committee. Recuperado 2 de septiembre de 2023 de: https://library.olympics.com/Default/doc/SYRACUSE/207390/la-proteccion-de-los-atletas-ante-el-acoso-y-el-abuso-en-el-deporte-manual-para-las-fi-y-los-con-par?_lg=en-GB

Consejo Superior de Deportes (2020). Protocolo de actuación frente a la violencia sexual. Recuperado 2 de septiembre de 2023, de: https://www.csd.gob.es/es/csd/protocolo-de-actuacion-frente-la-violencia-sexual

Consejo Superior de Deportes (2022, de 15 de diciembre). Encuesta de Hábitos Deportivos en España 2022. [Comunicado de prensa] Recuperado 1 de septiembre de 2023, de: https://www.csd.gob.es/es/encuesta-de-habitos-deportivos-en-espana

Consejo Superior de Deportes (2023, de 25 de Mayo). Anuario de Estadísticas Deportivas 2023. [Comunicado de prensa]. Recuperado 2 de septiembre de 2023, de https://www.culturaydeporte.gob.es/servicios-al-ciudadano/estadisticas/deportes/anuario-de-estadisticas-deportivas.html

Consejo de Europa (2018). About child sexual abuse. Recuperado 2 de septiembre, de 2023, de: https://www.coe.int/en/web/sport/start-to-talk

Consejo de Europa (2019). "Start to Talk". Recuperado de: https://www.coe.int/en/web/sport/start-to-talk

Dunning, Eric (2001). Emociones y violencia en el deporte contemporáneo. La educación física, el deporte y la salud en el Siglo XXI coord. por Devís, José. págs. 149-160.

Elias Norbert; Dunning Eric (1992). Deporte y ocio en el proceso de civilización. Fondo de Cultura Económica de España, SL.

Fernández, J., Ruiz, G., Martínez, A., Rivas, S., & Casado, R. (2013). La influencia parental en la motivación y participación de los alumnos en actividades físico-deportivas en edad escolar. Revista Digital de Educación Física, 20, 67-78. Editorial Marfil.

Flores Fernandez, Z., Chávez Bermudez, B. F., Mier Cisneros, R., & Obregón Avelar, K. A. (2022). Violencia de género en el deporte (Gender violence in sport). Retos, 43, 808–817. https://doi.org/10.47197/retos.v43i0.85842

Fundación Anar (2020). Estudio Anar: Los abusos contra menores de edad se han multiplicado por 4 en la última década. Recuperado 3 de Noviembre de 2023 de: https://www.anar.org/estudio-anar-los-abusos-contra-menores-de-edad-se-han-multiplicado-por-4-en-la-ultima-decada/

Gesell, A., Bates Ames, L., Ilg, F. L., & Bullis, G. E. (1963). El niño de 5 a 10 años (4a ed.). Ed. Paidós.

García, A. J. Y. (2014). La violencia contra las mujeres: conceptos y causas. Barataria. Revista Castellano–Manchega de Ciencias Sociales, (18), 147-159.

Gómez, A., Gala, FJ., Lupiani, M., Bernalte, A., Miret, MT., Lupiani, S., & Barreto, MC. (2007). El "bullying" y otras formas de violencia adolescente. Cuadernos de Medicina Forense, (48-49), 165-177. Recuperado en 04 de noviembre de 2023, de http://scielo.isciii.es/scielo.php?script=sci_arttext&pid=S1135-76062007000200005&lng=es&tlng=es.

Macias-Bowen, M.T., & Macias-Bowen, S.M. (2022). La Violencia de Género como un Problema Social en el Siglo XXI. Dominio de las Ciencias, 8(1), 56-67.

Martín Horcajo, Montserrat; Junca Puyol, Albert (2014). "El acoso sexual en el deporte: el caso de los estudiantes-deportistas del grado de Ciencias de la Actividad Física y el Deporte en Cataluña", Apuntes de Educación Física y Deporte, N. 115.

Montesdeoca Rodríguez, Daniel (2021). "Aspectos criminológicos de los abusos sexuales en el ámbito deportivo: especial referencia a la ejecución del prevalimiento", en Boletín Criminológico, artículo 5/2021 (nº 211).

Muñoz Conde, F (2019). Derecho Penal Parte Especial. Tirant Lo Blanch.

Orts Berenguer, E. (2019). Derecho Penal Parte Especial, (coord. González Cussac, J.L.). Tirant Lo Blanch.

Pérez Vallejo, Ana María (2021). Prevención y protección integral frente a la violencia infantil: un enfoque desde los derechos de niños, niñas y adolescentes. Tirant lo Blanch Monografías.

Real Federación Española de Fútbol (2021). Normativa Federativa. Protocolo de actuación frente a la violencia sexual. Recuperado septiembre 1 de septiembre de 2023 de: https://rfef.es/es/federacion/normativas-y-circulares/normativa-deportiva-estatal

Sánchez García, M, J. (1997). Personalidad y deporte. Ensayos: revista de la Escuela Universitaria de Formación del Profesorado de Albacete, (12), 273-281.

Salgado-López, J.I.; Sánchez-Molina, J.A. (2021). Contacto y emociones en la enseñanza de deportes socio motores de colaboración-oposición a futuros docentes de educación física. Cuadernos de Psicología del Deporte,21(3), 62-82 http://revistas.um.es/cpd)

Sarasua, B., Zubizarreta, I., de Corral, P., & Echeburúa, E. (2012). Factores de vulnerabilidad y de protección del impacto emocional en mujeres adultas víctimas de agresiones sexuales. Terapia psicológica, 30(3), 7-18

Save the Children (2018, de 18 de noviembre). Los abusos sexuales hacia la infancia en España. Recuperado 31 de agosto de 2023 de: https://www.savethechildren.es/actualidad/analisis-abusos-sexuales-infancia-espana

Secretaria General del Deporte de la Generalitat de Cataluña (2020). La violencia sexual en el deporte. Guía para personas adultas. Catalán, segunda edición. Consejo Catalán del Deporte 2020. Recuperado 31 de agosto de 2023 de: https://esport.gencat.cat/ca/arees_dactuacio/genere/publicacions-estudis-informes-butlletins/#esport-i-violencia

Solar Cubillas, Luis (2003). "Vicente Pierre de Coubertin, la dimensión pedagógica. La aportación del movimiento olímpico a las pedagogías corporales". Editorial Gymnos.

Sorensen, Teena; Snow, Barbara (1991). How children tell: The process of disclosure in child sexual abuse, Child Welfare, N. 70.

Soria Verde, Miguel Ángel; Hernández Sánchez, José Antonio (1994). El agresor sexual y la víctima. Barcelona. Ed. Marcombo.

UNICEF (2018, 5 de abril). España se une al compromiso de la prevención del abuso sexual en el deporte. [Comunicado de prensa] Recuperado 5 de septiembre de 2023, de https://www.unicef.es/prensa/prevencion-de-abusos-sexuales-en-el-deporte

UNICEF (2023). Recuperado 5 de septiembre de 2023 de: https://www.unicef.es/prensa/prevencion-de-abusos-sexuales-en-el-deporte

Vargas, P. I., Canedo Jr., L., Oliveira, M. E. de, y Capraro, A. M. (2021). O escândalo de abuso sexual na equipe norte- americana: resenha so documentário "Atleta A." Recorde: Revista de História Do Esporte, 14(1), 1–5. Recuperado 2 de noviembre de 2023 de: https://revistas.ufrj.br/index.php/Recorde/article/view/44512.

Referencias Legislativas

Ley Orgánica 8/2021, de 4 de junio, de protección integral a la infancia y la adolescencia frente a la violencia.

Capítulo 12

Responsabilidad penal de la empresa por actos de acoso sexual

DR. MIGUEL BUSTOS RUBIO
Profesor Titular de Derecho Penal
Universidad Internacional de La Rioja

1. INTRODUCCIÓN

Las formas de acoso en el lugar de trabajo pueden aparecer en el seno del Código Penal bajo diversas rúbricas o nomenclaturas según el interés o bien jurídico que se vea afectado. Reduciendo al máximo la clasificación existente, encontramos dos modalidades sumamente relevantes: el mobbing, o acoso moral en el lugar de trabajo, y el acoso sexual. Ambas formas de acoso suponen alterar la vida laboral (y no solo laboral) del trabajador en la empresa, con las connotaciones negativas que a ello se le suman. Son formas de humillación y hostigamiento reiterado contra una persona, precisamente en uno de los lugares en los que esta desarrolla gran parte de su vida.

Tras las últimas reformas acontecidas en el Código Penal español, y especialmente tras la aprobación de la reforma operada a través de la conocida como Ley del "solo sí es sí" (Ley Orgánica 10/2022, de 6 de septiembre) se ha procedido a modificar el texto punitivo no solo en lo relativo a las agresiones sexuales sino también instaurando ex novo la responsabilidad penal de las empresas por actos de acoso sexual, algo inexistente hasta el momento. En este trabajo se analiza la oportunidad político-criminal de este nuevo cambio normativo y su necesidad social, desde un punto de vista eminentemente crítico.

En suma, en la presente contribución disertaremos brevemente, y siempre sin realizar afirmaciones con vocación de resultar definitivas atendido lo novedoso del asunto, sobre esta nueva realidad, teniendo en cuenta las posibilidades con las que contará la empresa, conociendo que en estas gozan ya de cierta tradición los llamados "protocolos antiacoso", regulados en el ámbito jurídico-laboral. De este modo, intentaremos dilucidar si dichos documentos resultan idóneos para integrar después, en su caso, los compliance programs que deban adaptar su contenido a esta nueva realidad delictiva en el ámbito de la empresa.

2. APROXIMACIÓN PREVIA: DOS FORMAS DE ACOSO EN EL ÁMBITO DE LA EMPRESA Y SU RESPONSABILIDAD PENAL TRAS LA REFORMA

Desde ya hace algunos años, el problema del acoso laboral (o mobbing) y del acoso sexual en el lugar de trabajo se ha convertido en una de las materias más destacadas a prevenir por parte de las empresas. Si bien esta es una realidad que se aprecia desde antiguo, no ha sido hasta hace pocos años que ha terminado de salir a la luz. El Derecho penal, como rama del Ordenamiento jurídico que tiene por función prioritaria la tutela de los bienes jurídicos más importantes en una sociedad democrática, y frente a los ataques más intolerables, no ha podido permanecer de espaldas a esta realidad.

Por un lado, se regula el delito de acoso sexual en el art. 184 del Código Penal, que, si bien ya se vio afectado penológicamente por la reforma operada por la Ley Orgánica 1/2015, de 30 de marzo, ha sido la última modificación introducida por la ya mencionada Ley del "solo sí es sí" la que ha dado lugar a su redacción actual. El precepto reza como sigue: "1. El que solicitare favores de naturaleza sexual, para sí o para un tercero, en el ámbito de una relación laboral, docente, de prestación de servicios o análoga, continuada o habitual, y con tal comportamiento provocare a la víctima una situación objetiva y gravemente intimidatoria, hostil o humillante, será castigado, como autor de acoso sexual, con la pena de prisión de seis a doce meses o multa de diez a quince meses e inhabilitación especial para el ejercicio de la profesión, oficio o actividad de doce a quince meses. 2. Si el culpable de acoso sexual hubiera cometido el hecho prevaliéndose de una situación de superioridad laboral, docente o jerárquica, o sobre persona sujeta a su guarda o custodia, o con el anuncio expreso o tácito de causar a la víctima un mal relacionado con las legítimas expectativas que aquella pueda tener en el ámbito de la indicada relación, la pena será de prisión de uno a dos años e inhabilitación especial para el ejercicio de la profesión, oficio o actividad de dieciocho a veinticuatro meses. 3. Asimismo, si el culpable de acoso sexual lo hubiera cometido en centros de protección o reforma de menores, centro de internamiento de personas extranjeras, o cualquier otro centro de detención, custodia o acogida, incluso de estancia temporal, la pena será de prisión de uno a dos años e inhabilitación especial para el ejercicio de la profesión, oficio o actividad de dieciocho a veinticuatro meses, sin perjuicio de lo establecido en el artículo 443.2. 4. Cuando la víctima se halle en una situación de especial vulnerabilidad por razón de su edad, enfermedad o discapacidad, la pena se impondrá en su mitad superior. 5. Cuando de acuerdo con lo establecido en el artículo 31 bis, una persona jurídica sea responsable de este delito, se le impondrá la pena de multa de seis meses a dos años. Atenidas las reglas establecidas en el artículo 66 bis, los jueces y tribunales podrán asimismo imponer las penas recogidas en las letras b) a g) del apartado 7 del artículo 33".

Como puede colegirse, el delito de acoso sexual presenta una connotación espacial que restringe su ámbito de operatividad al propio de, entre otros entornos, la relación laboral. Este extremo hace que a las empresas les haya interesado implantar e impulsar los denominados protocolos antiacoso que sirven como modo de prevención (y en su caso sanción) de este tipo de conductas en el entorno de la propia persona jurídica, y a los que nos referiremos más abajo en esta misma contribución.

Desgranemos el precepto tras la reforma. Por un lado, el art. 184 CP en su apartado 1 contempla la modalidad de acoso sexual genérico o acoso horizontal, sancionando ciertos actos de solicitud sexual en el ámbito de una relación de tipo laboral. Por otro lado, el apartado 2 del mismo art. 184 CP recoge el conocido como acoso agravado o acoso vertical (también llamado bossing) al sancionar actos de acoso sexual que parten de un superior en el ámbito laboral, siendo este el único (normalmente superior jerárquico) que puede llevar a término el mal anunciado, relacionado con las legítimas expectativas de la persona acosada dentro de la organización. El precepto, en su numeral 3, sanciona el acoso sexual en ciertos lugares en los que existe una relación de custodia o especial cuidado. El art. 184,4 CP, por su parte, eleva la pena si la víctima es vulnerable por ciertas razones. Y ya, por último, el art, 184,5 CP contempla la responsabilidad penal de las personas jurídicas para este delito.

Este número 5° del art. 184 CP es completamente nuevo. Procede de una modificación operada a través de la disposición final 4.10 de la Ley Orgánica 10/2022, de 6 de septiembre (la conocida como Ley del solo sí es sí). Y lo que hace es, precisamente, instituir la responsabilidad penal de la persona jurídica para supuestos de acoso sexual, algo inexistente hasta esta reforma. Hay que aclarar que nuestro modelo penal proclama la responsabilidad individual o personal de los sujetos, y también desde el año 2010 la responsabilidad penal de las personas jurídicas (de las empresas). El modelo de responsabilidad penal de la persona jurídica en nuestro Ordenamiento es numerus clausus, esto es, solo cabrá responsabilizar penalmente a una persona jurídica cuando expresamente se haya previsto esta posibilidad.

Debemos recordar igualmente cuál es la expresa regulación de la responsabilidad penal empresarial en nuestro sistema, contenida, esencialmente, en los arts. 31 bis CP a 31 quinquies CP, cuyo primer apartado reza del siguiente modo, en su numeral 1 letras a y b, recoge las dos vías de imputación del hecho a la persona jurídica (el primero hace referencia a la actuación de los superiores, y el segundo a la de los subordinados cuando no se ha ejercido el debido control sobre aquellos): "1. En los supuestos previstos en este Código, las personas jurídicas serán penalmente responsables: a) De los delitos cometidos en nombre o por cuenta de las mismas, y en su beneficio directo o indirecto, por sus representantes legales o por aquellos que actuando individualmente o como integrantes de un órgano de la persona jurídica, están autorizados para tomar decisiones en nombre de la persona jurídica u ostentan facultades de organización y control dentro de la misma. b) De los delitos cometidos, en el ejercicio de actividades sociales y por cuenta y en beneficio directo o indirecto de las mismas, por quienes, estando sometidos a la autoridad de las personas físicas mencionadas en el párrafo anterior, han podido realizar los hechos por haberse incumplido gravemente por aquéllos los deberes de supervisión, vigilancia y control de su actividad atendidas las concretas circunstancias del caso".

Como hasta la reforma del pasado año 2022 no se preveía para el delito de acoso sexual, no era posible siquiera plantearnos tal posibilidad, aunque es cierto que en determinados sectores doctrinales el debate ya se encontraba abierto (por todos, vid.: Bustos Rubio, 2020). Ahora ya no solo es posible teorizar o hipotetizar al respecto, sino que contamos con una expresa regulación normativa que autoriza, siempre que se den los requisitos del art. 31 bis CP, a atribuir responsabilidad penal a la persona jurídica considerada autora de estos actos delictivos.

Por otro lado, el legislador penal introdujo ex novo, ya por Ley Orgánica 5/2010, de 22 de junio (modificado también por la reforma penal del año 2015) el llamado delito de acoso laboral, que se desprende de cualquier connotación de carácter o contenido sexual, y que tras la reforma operada por Ley Orgánica 10/2022, de 6 de septiembre, se recoge en el actual art. 173 párrafo tercero, en los términos que siguen: "Con la misma pena [prisión de seis meses a dos años] serán castigados los que, en el ámbito de cualquier relación laboral o funcionarial y prevaliéndose de su relación de superioridad, realicen contra otro de forma reiterada actos hostiles o humillantes que, sin llegar a constituir trato degradante, supongan grave acoso contra la víctima".

A través de la mentada LO 10/2022, de 6 de septiembre, se introduce, también ex novo, un quinto párrafo en el que se declara que "cuando de acuerdo con lo establecido en el artículo 31 bis, una persona jurídica sea responsable de los delitos comprendidos en los párrafos anteriores, se le impondrá la pena de multa de seis meses a dos años. Atendidas las reglas establecidas en el artículo 66 bis, los Jueces y Tribunales podrán asimismo imponer las penas recogidas en las letras b) a g) del apartado 7 del artículo 33". Esto es, y al igual que acontece con el delito de acoso sexual, el legislador posibilita también para el caso del delito de acoso laboral la responsabilidad penal empresarial, algo que, hasta el momento, como dijimos, resultaba de todo punto impensable al encontrarnos ante un modelo de catálogo cerrado o tasado, numerus clausus, en el que solo la norma puede definir en qué casos es posible atribuir esa responsabilidad penal a las personas jurídicas (Bustos Rubio, 2013).

Este precepto es, nuevamente, importante a efectos internos dentro de la propia empresa, pues castiga todas aquellas conductas de acoso en el ámbito de cualquier relación laboral jurídico-pública o privada. También en el entorno propio del mobbing las empresas han tenido que aproximarse a la elaboración de los ya citados protocolos antiacoso en aras a prevenir cualquier tipo de responsabilidad.

Hasta la reforma operada a través de la Ley Orgánica 10/2022, de 6 de septiembre, llamaba muy poderosamente la atención que en un sistema como el español, en el que la responsabilidad penal de las personas jurídicas data de hace más de diez años (se introdujo en el año 2010), y en el que, como decimos, se ha optado por un sistema cerrado, o numerus clausus, de delitos que pueden ser cometidos por las empresas, el legislador penal español no hubiese incluido las formas de acoso en el entorno de la empresa como delitos que pudieran llegar a ser perpetrados por aquellas. Y ello porque era precisamente en este ámbito, en el de la empresa, en donde estaban llamados a ser cometidos estos delitos, tal como hemos dejado apuntado. Siendo esto así, la doctrina mayoritaria se preguntaba: ¿por qué entonces la empresa no puede responder penalmente por no prevenir correctamente (sistema de compliance, al que luego nos referiremos) estas conductas de acoso?

Como decimos, la responsabilidad penal de la empresa en el Ordenamiento jurídico-penal español existe desde el año 2010, pero jamás hasta ahora se hizo extensiva a las conductas de acoso sexual. Sí existía responsabilidad laboral o administrativa; así, por ejemplo, el Real Decreto Legislativo 5/2000, de 4 de agosto, por el que se aprueba el texto refundido de la Ley sobre Infracciones y Sanciones en el Orden Social (en adelante LISOS) sanciona en su art. 8,13 como infracción muy grave "el acoso sexual, cuando se produzca dentro del ámbito a que alcanzan las facultades de dirección empresarial, cualquiera que sea el sujeto activo de la misma". Ahora ya es una cuestión penal (un ejemplo más del endurecimiento del texto punitivo al que ya nos tiene sobradamente acostumbrados el legislador penal). Con todo, hay que tener en cuenta que no todo acoso sexual constituye un delito y por tanto ha de caer en sede penal. Existen multitud de acosos sexuales que no son objeto de reproche penal; solo los actos más graves (los definidos con los elementos típicos en el delito) irán a parar al Código Penal. Las empresas ya estaban obligadas a prevenir y regular en programas de cumplimiento ético-empresarial las conductas de acoso sexual en general, porque así lo dispone el ordenamiento extrapenal. Pero ahora también deben hacerlo específicamente para las conductas que señala el Código Penal, sabiendo que además en este instante pueden acarrearle consecuencias penales.

Durante la tramitación parlamentaria acontecieron serias dudas sobre instaurar esta posibilidad. En el texto definitivo del Anteproyecto de Ley de Garantía Integral de la Libertad Sexual no se hacía extensiva esta responsabilidad penal de la persona jurídica para el caso del delito de acoso sexual (sí al delito laboral). Llama poderosamente la atención mucho más que en la versión definitiva el pre-legislador prescindiese de esta posibilidad, que sin embargo sí aparecía en el primer borrador conocido. Esta situación se debe, en cualquier caso, a las enmiendas que a tal texto original se hicieron por parte del Ministerio de Justicia (debemos recordar que el texto del Anteproyecto nació a instancias y por impulso del Ministerio de Igualdad). Quizá en algún instante de la tramitación de la Ley se optó por no incluir la responsabilidad penal de la empresa para supuestos de delitos de acoso sexual ante las críticas cosechadas por el primer borrador conocido, al que la doctrina objetaba, entre otras muchas cuestiones, lo apriorísticamente incongruente de instaurar la responsabilidad penal de la persona jurídica para casos de acoso sexual y no por la perpetración de otros delitos de contenido sexual, como la agresión o las antiguas formas de abuso en el ámbito de la empresa (así, v. gr.: De la Mata Barranco, 2020). Sea como fuere, lo cierto es que la versión final ha instaurado la responsabilidad penal de la persona jurídica tanto para el caso del acoso laboral como para los supuestos de acoso sexual.

3. RELACIÓN CONCURSAL ENTRE FORMAS DE ACOSO

Las diversas formas delictivas de acoso existentes en nuestro Código Penal producen que en la práctica puedan ocasionarse problemas concursales, entre sí y respecto de otros delitos de distinta naturaleza, situación a la que nos queremos referir solo a vuelapluma en este trabajo, por la relevancia que otorgan a la problemática que aquí afrontamos.

La tipificación del acoso laboral en la gran reforma penal del año 2010 acarreó en la práctica judicial una problemática concursal inherente, especialmente en los casos en los que además de la conducta de acoso se produjese un determinado trastorno psicopatológico grave que pudiera resultar subsumible en el delito de lesiones psíquicas previsto en el art. 147 CP., siempre que este injusto fuese imputable objetiva y subjetivamente al acosador. Una vez se superen los arduos problemas probatorios que se aventuran, nada obsta a calificar esta situación como concurso ideal de delitos, partiendo de la consideración de que los bienes jurídicos salud e integridad moral tienen contenidos (al menos en parte) diferentes.

Algún autor ha entendido que también es posible la hipótesis de apreciar un concurso de delitos con trato degradante si alguno de los actos hostiles revela, por sí mismo, gravedad suficiente para ser calificado con arreglo al párrafo primero del art. 173, pues no existiría identidad entre ambos tipos delictivos (Tamarit Sumalla, 2011). A nuestro juicio, y como ya interpretamos hace algún tiempo (Bustos Rubio y García del Blanco, 2015), si no quiere incurrirse en vulneración del principio ne bis in ídem, toda vez que los actos hostiles o humillantes traspasan la delimitación típica y se convierten en actos que suponen un "trato degradante" deberá resultar aplicable el art. 173.1 en su primera modalidad, a pesar de que los actos se lleven a cabo en el seno de una relación laboral o funcionarial, ya ni siquiera en relación de especialidad, sino más bien porque falta el elemento negativo en el tipo de acoso laboral: que los actos no supongan "trato degradante" (Santana Vega, 2013).

Pueden plantearse también determinados problemas de concursos de leyes con relación a algunos tipos concretos, como por ejemplo el propio de acoso sexual al que nos venimos refiriendo. El acoso sexual puede ser una estrategia más de coacción en el trabajo, pues comparte los rasgos esenciales del acoso laboral, ya que es un hostigamiento que provoca un clima objetivo y gravemente intimidatorio, hostil y humillante. Sin embargo, los bienes jurídicos protegidos son, al menos en principio, diferentes. La tipificación del acoso sexual en nuestro Código penal se enmarca en los delitos contra la libertad e indemnidad sexuales, aunque podemos entender que también se protegen indirectamente bienes jurídicos como la libertad, la intimidad o la dignidad de la persona.

Sin embargo, a diferencia de lo que ocurre en el ámbito laboral y administrativo donde se equipara la gravedad de ambas conductas como infracciones muy graves (Real Decreto Legislativo 5/2000 arts. 8.13 y 13 bis; y Ley 7/2007 art. 95.2.b) y o), la pena prevista para la realización del tipo del art.173.1 párrafo tercero CP, convertiría el acoso sexual, de un modo totalmente absurdo, en una modalidad privilegiada de acoso en el trabajo (confróntense las penas para uno y otro tipos penales: distan mucho entre sí).

Resulta evidente que el componente sexual no fundamenta precisamente un tratamiento privilegiado. Sin embargo, como el tipo de acoso laboral únicamente resulta tipificado de forma expresa en los supuestos de prevalimiento, y entonces habrá que establecer el concurso de leyes a resolver por el principio de especialidad con el tipo agravado de acoso sexual con prevalimiento, el problema se resuelve puesto que dicho tipo tiene una pena superior (Bustos Rubio y García del Blanco, 2015).

4. ¿ES POSIBLE QUE LA PERSONA JURÍDICA RESPONDA PENALMENTE POR ACTOS DE ACOSO SEXUAL?

El actual artículo 31 bis CP establece que sólo en los casos expresamente contemplados en el Código es posible afirmar la responsabilidad penal de la persona jurídica por un determinado delito; se instituye de esta manera, y como ya aventuramos supra, un sistema de numerus clausus, un catálogo cerrado de posibles delitos de los que pudiera derivar responsabilidad penal directa para las personas jurídicas. En este sentido, puede leerse en el art. 31 bis, apartado 1, del CP. lo siguiente: "En los supuestos previstos en este Código [cursivas nuestras], las personas jurídicas serán penalmente responsables: a) De los delitos cometidos en nombre o por cuenta de las mismas, y en su beneficio directo o indirecto, por sus representantes legales o por aquellos que actuando individualmente o como integrantes de un órgano de la persona jurídica, están autorizados para tomar decisiones en nombre de la persona jurídica u ostentan facultades de organización y control dentro de la misma. b) De los delitos cometidos, en el ejercicio de actividades sociales y por cuenta y en beneficio directo o indirecto de las mismas, por quienes, estando sometidos a la autoridad de las personas físicas mencionadas en el párrafo anterior, han podido realizar los hechos por haberse incumplido gravemente por aquéllos los deberes de supervisión, vigilancia y control de su actividad atendidas las concretas circunstancias del caso".

Dos cuestiones pueden plantearse al albur de esta situación: por un lado, la correspondiente a la necesidad de instaurar una cláusula que permita responsabilizar penalmente a la empresa por aquellos actos de acoso sexual; por otro lado, la de si, en caso de afirmarse tal necesidad, existiría la posibilidad de declarar dicha responsabilidad bajo los cánones y requisitos que prevé nuestro modelo de atribución de responsabilidad penal a la persona jurídica (art. 31 bis CP). Si se alcanza una respuesta afirmativa ante ambas cuestiones, entonces indefectiblemente habremos de sostener una valoración positiva del cambio normativo recientemente operado.

Al momento de examinar la necesidad de establecer responsabilidad penal de la persona jurídica ante supuestos delictivos de acoso sexual, en el Preámbulo de la LO 5/2010 (que incorporó a nuestro modelo penal la responsabilidad penal de las personas jurídicas, como también se apuntó) podía leerse lo siguiente: "se regula de manera pormenorizada la responsabilidad penal de las personas jurídicas. Son numerosos los instrumentos jurídicos internacionales que demandan una respuesta penal clara para las personas jurídicas, sobre todo en aquellas figuras delictivas donde la posible intervención de las mismas se hace más evidente (corrupción en el sector privado, en las transacciones comerciales internacionales, pornografía y prostitución infantil, trata de seres humanos, blanqueo de capitales, inmigración ilegal, ataques a sistemas informáticos...). Esta responsabilidad únicamente podrá ser declarada en aquellos supuestos donde expresamente se prevea". De este Preámbulo puede extraerse un soporte, señalado por el legislador, para decidir sobre la necesidad de responsabilizar penalmente a la persona jurídica en una determinada figura delictiva: que la intervención de la empresa resulte "posible" y se haga "más evidente", lo que será indicativo, a juicio del legislador, de una "demanda de respuesta penal clara".

En el supuesto del acoso sexual en el lugar de trabajo la persona jurídica puede (y debe) intervenir, porque así se lo exige la legislación no – penal, que impone a las empresas la obligación de elaborar y aprobar los denominados "protocolos antiacoso", en aras de la prevención de las más graves conductas de acoso ejecutadas en el seno de la empresa (Velasco Portero, 2011). Además, nuestro Código penal ha aproximado las figuras delictivas relacionadas con la infracción de las normas de prevención de riesgos laborales (delitos contra los derechos de los trabajadores) a una cuasi-responsabilidad penal de la empresa actualmente contemplada en el curioso y discutido art. 318 CP.: "cuando los hechos previstos en los artículos de este título se atribuyeran a personas jurídicas, se impondrá la pena señalada a los administradores o encargados del servicio que hayan sido responsables de los mismos y a quienes, conociéndolos y pudiendo remediarlo, no hubieran adoptado medidas para ello. En estos supuestos la autoridad judicial podrá decretar, además, alguna o algunas de las medidas previstas en el artículo 129 de este Código" (sobre este peculiar precepto, vid.: Dopico Gómez-Aller, 2008; Armendáriz León, 2015; y Gómez Martín, 2009).

Lo anterior supone, a nuestro juicio, que el legislador penal ha entendido que la empresa es capaz de intervenir en este ámbito delictivo (ámbito laboral, al igual que el delito de acoso sexual, pese a que ambos tipos protejan intereses diferentes). Ya antes de la reforma que ahora comentamos, por esta parte no se alcanzaba a comprender cómo la empresa podía intervenir en el ámbito laboral y ser declarada penalmente responsable (aún de un modo peculiar, como decimos) por un delito de infracción de la normativa de prevención de riesgos laborales, y no así ser declarada penalmente responsable por un delito de acoso sexual (que se ejecuta en el lugar de trabajo) máxime teniendo en cuenta que en ambas materias (prevención de riesgos laborales y acoso sexual) la legislación extrapenal exige de la persona jurídica la adopción de determinados programas preventivos o protocolos de actuación.

En este sentido, hay que señalar que la Inspección de Trabajo y Seguridad Social (ITSS), mediante Circular 69/2009, entendió que las conductas de violencia y acoso en el lugar de trabajo "también pueden constituir un incumplimiento e infracción de las normas de prevención de riesgos laborales". Para la Inspección de Trabajo "el incumplimiento de estas obligaciones preventivas, aunque no haya habido una conducta de acoso y violencia laborales, puede constituir una infracción laboral en el orden social y una infracción de prevención de riesgos laborales", infracción prevista en el art. 12,1 b) de la LISOS. Esta interpretación de la ITSS avala nuestro razonamiento: en materia de prevención de riesgos laborales y en materia de prevención de acoso sexual nos encontramos ante un deber de intervención de la empresa muy semejante, dirigido, en ambos supuestos, a la prevención y evitación (y en su caso, al castigo) de determinadas conductas atentatorias contra el trabajador (a pesar de que pretendan protegerse intereses diversos).

En realidad el análisis de necesidad que se está aquí realizando se encuentra imbricado con el de la posibilidad de declarar responsabilidad criminal de la empresa con observancia de los requisitos positivos dados por el art. 31, bis CP., pues, siempre siguiendo el criterio utilizado por el legislador en el Preámbulo de la Ley de 2010, cuando se afirme la posibilidad ("más evidente") de intervención de la empresa en una determinada figura delictiva, habrá de afirmarse también la necesidad de previsión de responsabilidad penal de la empresa por ese delito. Estamos, por tanto, ante un razonamiento parcialmente circular: sólo afirmada la necesidad de establecer responsabilidad de la empresa en sede penal podrá examinarse la posibilidad de declarar dicha responsabilidad en atención a los requisitos del art. 31 bis CP; pero, a su vez, y según el legislador, para conocer cuándo es necesario establecer esa responsabilidad es ineludible que la empresa tenga evidentes posibilidades de intervención en el ámbito del delito que se trate.

Pensamos que no se puede excluir de antemano la necesidad de establecer responsabilidad penal de la persona jurídica ante supuestos de acoso sexual: si el legislador ha dado el paso, político criminal, hacia la instauración de un tipo penal de acoso sexual, y la empresa, según se deduce de la legislación administrativa ("protocolos antiacoso") es capaz de intervenir en este concreto ámbito delictivo, entonces no podrá negarse esta necesidad, que debe referirse siempre a los supuestos más graves contra el bien jurídico penalmente tutelado.

No obstante, como apuntábamos, una vez analizada la necesidad de previsión, sí es posible pronunciarnos, siquiera sea de modo aproximativo, a la posibilidad de exigir esa responsabilidad penal a la empresa en materia de acoso sexual, al albur de los requisitos típicos exigidos por nuestro Código Penal en el actual sistema de atribución de responsabilidad penal a la persona jurídica. Y es aquí donde pensamos que es posible atisbar algunos problemas de peso.

Como sabemos (y lo vuelvo ahora a repetir) ese sistema de atribución de responsabilidad penal a la persona jurídica en nuestro sistema es dual: el art. 31 bis, apartado primero, establece que las empresas responderán "de los delitos cometidos en nombre o por cuenta de las mismas, y en su beneficio directo o indirecto, por sus representantes legales o por aquellos que actuando individualmente o como integrantes de un órgano de la persona jurídica, están autorizados para tomar decisiones en nombre de la persona jurídica u ostentan facultades de organización y control dentro de la misma" y también "de los delitos cometidos, en el ejercicio de actividades sociales y por cuenta y en beneficio directo o indirecto de las mismas, por quienes, estando sometidos a la autoridad de las personas físicas mencionadas en el párrafo anterior, han podido realizar los hechos por haberse incumplido gravemente por aquéllos los deberes de supervisión, vigilancia y control de su actividad atendidas las concretas circunstancias del caso".

Estudiemos ambas posibilidades de atribución de responsabilidad penal a la empresa para el concreto caso del delito de acoso sexual:

La primera posibilidad, en la cual la responsabilidad de la persona jurídica nace del "superior" (de quien es, en definitiva, capaz de vincularla y adoptar decisiones en tal sentido) exige, para poder afirmar la responsabilidad penal de la empresa, que la persona física que cumple con los requisitos exigidos lleve a cabo la conducta de acoso sexual, actuando en nombre o por cuenta de la propia persona jurídica y en su beneficio directo o indirecto. Es difícil, a priori, llegar a imaginar un supuesto en el que esta situación pueda acontecer en la práctica, aunque no es totalmente desechable tal posibilidad (por ejemplo, cuando el superior realice los actos de acoso sexual en nombre de la empresa, con la intención de que el empleado o empleada acosados finalmente dimitan de su cargo y con ello ahorrarle un coste a la empresa). Pero el precepto, en esta primera vía, es claro: solo es posible generar responsabilidad penal a la empresa cuando, además de lo señalado, se actúe en beneficio directo o indirecto de la misma.

Este elemento, que en el ámbito de la delincuencia económica puede resultar mucho más fácil de probar, en el delito de acoso sexual presenta un importante escollo práctico, como decimos. El problema principal de este modelo de responsabilidad penal de la persona jurídica para el caso del acoso sexual es, por tanto, que el hecho ha de cometerse en beneficio de aquella. Esto ocasiona importantes dolores de cabeza. Sí que existen (¡por supuesto!) algunos ejemplos imaginables; por ejemplo, cuando al empleado o empleada se le indique que "con este sujeto, que puede ser futuro cliente, ya sabes lo que hay que hacer". Con todo, pensamos que en la práctica debiera intentarse una interpretación de la responsabilidad penal de la empresa en supuestos de acoso sexual entendiéndose que aquella será responsable cuando no haya reaccionado correctamente para evitar problemas a la misma en lo relativo a dicho ámbito (p.ej.: supuestos de tolerancia empresarial de estos actos cuando se cometan en su seno para que la empresa no salga perjudicada). Pero reconocemos que esta interpretación, que algunos ya han atisbado en la doctrina, no casa bien con lo que exige el modelo actual, que pide expresamente que el delito sea cometido en nombre o por cuenta de la empresa o en el ejercicio de actividades sociales en su beneficio directo o indirecto. Por tanto, con el principio de legalidad en la mano (y esto es primordial), tiene que tratarse de un delito cometido en beneficio de la persona jurídica. De otro modo no será posible atribuir responsabilidad penal a la empresa que no haya sabido/querido prevenir dichos actos delictivos de un modo correcto.

De otro lado, el acoso sexual para conseguir que la persona dimita de su puesto de trabajo (ejemplo que indicamos anteriormente) genera un ahorro de costes; ¿es esto un beneficio? Desde luego no parece que el Código Penal esté pensado solo en este limitado supuesto, pero está claro que el sistema de responsabilidad penal empresarial actual solo daría cabida a supuestos tan limitados como este.

La segunda posibilidad, en la que la responsabilidad penal de la empresa nace del "subordinado" (esto es, de los que llevan a cabo el delito por ausencia del debido control, supervisión o vigilancia por parte de los superiores) exige, para poder afirmar tal responsabilidad en la persona jurídica, que la persona física lleve a cabo el acoso, en los términos típicos ya descritos, en el ejercicio de actividades sociales, y por cuenta y beneficio directo o indirecto de la empresa, tras comprobarse que no se ejerció sobre ellos el debido control. De nuevo aquí encontramos alguna dificultad práctica, que seguramente constituirá un problema probatorio, pero tampoco se pueden descartar actuaciones que llevadas a cabo en el desarrollo de la actividad profesional de la persona física que lleva a cabo el acoso, acabe por generar un resultado que genere beneficio (al menos indirectamente) a la empresa, para lo que habrá que probar que el sujeto actuó por cuenta de la propia empresa (imaginemos, por propio encargo directo de un superior).

Pero en esta segunda vía de atribución de responsabilidad penal a la persona jurídica no solo genera interés exegético el problema del elemento identificado con la actuación en beneficio de la empresa, al que ya nos hemos referido en las líneas anteriores. También es importante en este último supuesto comprobar si ha existido ausencia del debido control sobre los subordinados o empleados, que en la práctica se viene a cubrir con la elaboración, implementación, actualización y seguimiento del famoso programa de cumplimiento éticonormativo (o compliance program) que puede llevar incluso a declarar la exención completa de responsabilidad penal a la empresa (si es correcto). Y es en este punto donde cobran especial sentido los tradicionales "protocolos antiacoso".

Si nos centramos, pues, en la figura del compliance program (programa de cumplimiento normativo en la empresa) es importante definir que, en términos generales, se trata de un elemento de autoorganización de la persona jurídica que se asegura de que la empresa desarrolla su actividad de acuerdo a las leyes, reglamentos, normas y prácticas éticas que se aplican a su sector e industria. En nuestro modelo penal, el hecho de tener implementado, actualizado y controlado un buen sistema de compliance puede ocasionar una eximente completa de responsabilidad penal para la persona jurídica, como decimos. Es fácil imaginar la importancia central que ostentan los programas de cumplimiento en materia de responsabilidad penal empresarial. Por este motivo es ahora momento de enfatizar en la existencia actual de los protocolos antiacoso en la empresa (materia tradicionalmente extrapenal), con la mirada puesta en si estos también pudieran constituir, en su caso, ítems concretos dentro de los programas de cumplimiento normativo de la empresa, al objeto de, también en su caso, impedir o atenuar su responsabilidad penal (ex art. 31 bis, apartados 2 y 4, que regula las circunstancias eximentes; y ex art. 31 quater, referido a las circunstancias atenuantes).

Con todo, dicho análisis de los llamados protocolos antiacoso en el ámbito laboral o administrativo (o, en general, extrapenales) ha de hacerse mediante una lectura en paralelo de los requisitos mínimos que el legislador penal exige para dar por bueno un programa de cumplimiento normativo, y que actualmente se encuentran recogidos en el art. 31 bis apartado 5, a saber: "Los modelos de organización y gestión a que se refieren la condición 1.ª del apartado 2 y el apartado anterior deberán cumplir los siguientes requisitos: 1.º Identificarán las actividades en cuyo ámbito puedan ser cometidos los delitos que deben ser prevenidos. 2.º Establecerán los protocolos o procedimientos que concreten el proceso de formación de la voluntad de la persona jurídica, de adopción de decisiones y de ejecución de las mismas con relación a aquéllos. 3.º Dispondrán de modelos de gestión de los recursos financieros adecuados para impedir la comisión de los delitos que deben ser prevenidos. 4.º Impondrán la obligación de informar de posibles riesgos e incumplimientos al organismo encargado de vigilar el funcionamiento y observancia del modelo de prevención. 5.º Establecerán un sistema disciplinario que sancione adecuadamente el incumplimiento de las medidas que establezca el modelo. 6.º Realizarán una verificación periódica del modelo y de su eventual modificación cuando se pongan de manifiesto infracciones relevantes de sus disposiciones, o cuando se produzcan cambios en la organización, en la estructura de control o en la actividad desarrollada que los hagan necesarios".

5. PROTOCOLOS ANTIACOSO Y COMPLIANCE PROGRAMS

La existencia de protocolos antiacoso en el ámbito de la empresa, que como dijimos ya datan de antiguo, pueden servir de base también para el establecimiento (a futuro) de ítems concretos relativos a la prevención, persecución y sanción de formas de acoso sexual en el trabajo, que pudieran resultar incorporables a los programas de cumplimiento normativo dentro de la empresa, y en aras, en su caso, de establecer mapas de riesgo en esta materia y posibles vías de solución ante el problema, que desplieguen después efectos atenuatorios o, en el mejor de los casos, eximentes para la persona jurídica (Bustos Rubio, 2020).

El protocolo antiacoso puede definirse como el "documento elaborado en el seno de la empresa, preferentemente a través de la negociación, que recoge procedimientos específicos de actuación para prevenir y castigar el acoso que tenga lugar en ella, creando sistemas autónomos de resolución interna de conflictos" (Maneiro Vázquez y Miranda Boto, 2011, pág. 65). Se regulan específicamente en la Ley Orgánica de Igualdad efectiva de mujeres y hombres, 3/2007, de 22 de marzo (esencialmente en su art. 62).

Los agentes sociales ya venían advirtiendo, hace años, sobre la necesidad de incluir las formas de acoso, y prioritariamente de acoso sexual, en el seno de la negociación colectiva, lo cual se ha producido no solo a nivel privado sino también en las Administraciones públicas (de hecho, es aquí donde hunden sus raíces). Es precisamente en el ámbito público donde se empezó a utilizar el término "protocolo", que poco a poco ha ido ganando terreno también en las instituciones y empresas privadas, dejando de lado los antiguos "códigos de buenas prácticas". Parece idóneo, pues, seguir manteniendo y empleando esta terminología, con las reservas propias del compliance penal.

En el ámbito jurídico-laboral estos protocolos gozan de amplia trayectoria, si bien se vieron impulsados hace ya una década tras la adopción de medidas y leyes relativas a la igualdad de sexo en el trabajo. Se pueden encontrar, en este sentido, multitud de protocolos diferentes en función del ámbito de operatividad que se les asigne: así frente al acoso laboral, sexual, pero también contra la discriminación por razón de sexo en el trabajo o similares. A diferencia de los llamados Planes de Igualdad, más genéricos y de obligada adopción (el art. 8,17 de la LISOS sanciona como infracción muy grave: "no elaborar o no aplicar el plan de igualdad, o hacerlo incumpliendo manifiestamente los términos previstos, cuando la obligación de realizar dicho plan responda a lo establecido en el apartado 2 del artículo 46 bis de esta Ley"), los protocolos antiacoso son solo de obligada implantación en el ámbito de las Administraciones públicas, como dijimos, y suponen, aún sin ser preceptivos, un buen espejo en el que mirarse también para el establecimiento de dichas normativas en el ámbito de la empresa privada y, en su caso, en el propio programa de cumplimiento normativo relativo a la responsabilidad penal de la persona jurídica. Esto, sin embargo, con la actual reserva contenida en el art. 8,13 de la LISOS, que dispone la obligatoriedad de la adopción de medidas (como el protocolo antiacoso) una vez se ha producido la infracción, constituyendo infracción grave "el acoso por razón de origen racial o étnico, religión o convicciones, discapacidad, edad y orientación sexual y el acoso por razón de sexo, cuando se produzcan dentro del ámbito a que alcanzan las facultades de dirección empresarial, cualquiera que sea el sujeto activo del mismo, siempre que, conocido por el empresario, éste no hubiera adoptado las medidas necesarias para impedirlo".

Es por ello por lo que algunos autores han diferenciado dos tipos de protocolos en el ámbito laboral, en función del cometido que con ellos se persiga: "existe un deber para todas las empresas de elaborar protocolos preventivos para evitar el acoso en la empresa, cuyo incumplimiento no tiene, aparentemente, sanción alguna. Los protocolos defensivos, en cambio, son una obligación para toda empresa, bajo pena de sanción por infracción muy grave [...]. En síntesis, es posible afirmar que existe un deber general de elaborar protocolos de lucha contra el acoso sexual, deber que puede venir reforzado por fuentes convencionales. La ausencia aparente de sanción puede llevar a algunas empresas a retardar más de lo necesario su elaboración, pero atendiendo a criterios de razonabilidad, que deberían gobernar el conjunto de las relaciones laborales, tal decisión debe ser descartada" (Maneiro Vázquez y Miranda Boto, 2011, pág. 65).

En el ámbito laboral, y solo a los efectos de cumplir con lo dispuesto en la diversa normativa al respecto (como decimos), el protocolo antiacoso es responsabilidad exclusiva de la misma empresa, pues ella tiene encomendada la tarea de desarrollar y arbitrar procedimientos específicos, si bien es cierto que la doctrina laboralista admite la posibilidad de que dichos protocolos sean finalmente negociados entre las empresas y los representantes de los trabajadores; "no obstante, es inocente creer que la negociación será una simple puesta en común de buenas ideas para su mejora y organización. El coste de los sistemas diseñados, la asignación de los recursos necesarios, las capacidades que se atribuyan en el protocolo a empresa y representantes, las medidas disciplinarias o las garantías que regulen su imposición son algunos de los escollos con los que ha de tropezar el proceso de elaboración" (Maneiro Vázquez y Miranda Boto, 2011, pág. 65; admitiendo los autores que incluso resulta altamente recomendable la presencia de expertos)

Por lo demás, no existe un modelo base o genérico de protocolo antiacoso: "tendrá especial relevancia la identificación de peculiaridades en la empresa que se aparten de los patrones establecidos a los que se recurra como modelo. El diagnóstico de la realidad empresarial se transforma así en un elemento imprescindible para lograr un protocolo eficaz" (Maneiro Vázquez y Miranda Boto, 2011, pág. 65).

Como fácilmente se comprueba, los protocolos antiacoso que se llevan años desarrollando en el seno de las empresas, en un marco estricto de relación jurídico-laboral, presentan muchos de los rasgos y elementos propios del programa de cumplimiento penal en la empresa, y por ello pensamos que no es descartable, sino más bien al contrario: es altamente recomendable, que las disposiciones, elementos y en su caso sanciones contenidas en dichos protocolos se incorporen después al compliance penal en materia de prevención de la delincuencia sexual que supone el acoso en el trabajo, con los matices que se requieran. Y ello, máxime, al tener en cuenta que dichos protocolos, como bien advierte la doctrina laboralista, deben atender a la realidad propia de cada empresa y a sus concretas y peculiares características.

Siempre que se dé cumplimiento (que lo es de mínimos) a los requisitos que exige el art. 31 bis apartado 5 CP, el protocolo antiacoso en la empresa puede ser, al menos, un buen punto de partida para conocer los riesgos de la empresa en materia de acoso laboral o sexual, desarrollar programas de prevención e intervención, y en su caso establecer el mecanismo disciplinario ad intra tras incumplimiento.

Hay que tener en cuenta, en este sentido, que el protocolo antiacoso puede estar integrado en la práctica en documentos autónomos de la empresa, en los propios Planes de Igualdad, o incluso en los Convenios Colectivos (Maneiro Vázquez y Miranda Boto, 2011), pero lo que parece claro es que aquellos presentan un espíritu similar al que pretende o persigue el compliance penal: "los protocolos tratan de proporcionar a los empleadores, trabajadores y a sus representantes una guía para identificar, prevenir y resolver los problemas de acoso que se presentan en el trabajo. Lejos de limitarse a sancionar estos comportamientos una vez producidos, tratan, por el contrario, de ofrecer un enfoque preventivo para evitar que éstos puedan tener lugar, detectando el problema en sus inicios, cuando la solución es más plausible" (Maneiro Vázquez y Miranda Boto, 2011, pág. 65).

La idea, en fin, que se quiere trasladar con todo lo expuesto es que, en este instante en el que ya ha sido incorporada al Código Penal la responsabilidad penal de la persona jurídica para casos de acoso sexual en el trabajo, las empresas cuentan ya con un documento muy importante para incorporar a su compliance en materia de prevención del acoso: los protocolos antiacoso.

El compliance no deja de ser un cuerpo normativo interno de gestión de riesgos en la empresa (riesgos penales), que se estructura con apoyo en medidas de muy diversa naturaleza, pero orientadas a la prevención y sanción de tales conductas, con el objetivo de lograr un cumplimiento de la legalidad y ética empresarial evitando que en el seno de la persona jurídica se persigan intereses contrarios a la ley. No es, pues, un deber jurídico en sentido estricto, sino un incentivo para posicionar mejor a la persona jurídica ante eventuales riesgos (Ramírez Barbosa y Ferré Olivé, 2019). Por ello, la existencia de protocolos antiacoso, de amplia trayectoria en el ámbito laboral (como se acaba de comprobar) permite constatar que aquellos son un instrumento muy importante que puede posteriormente incorporarse al programa de cumplimiento.

Si la ética empresarial en materia de acoso laboral y sexual en el lugar de trabajo alcanza a imponer sanciones extrapenales, por ejemplo, en el ámbito jurídico-laboral, nada impide que las conductas más graves recaigan en el ámbito penal (como ya ocurre con la tipificación de los delitos estudiados), y desde luego no carece de sentido poder instituir la responsabilidad penal de las empresas ante tales actos, como ha entendido el legislador penal.

6. TRES CONCLUSIONES

A la luz de las breves consideraciones expuestas en las páginas anteriores, se puede concluir con tres ideas.

Por un lado, parece claro que las conductas de acoso, sea laboral (o mobbing) o sexual, son una realidad delictiva que acontece en el seno de las empresas. Dentro de la persona jurídica se pueden cometer multitud de delitos, y entre ellos los acabados de indicar. Esto, que no deja de ser Derecho penal en la empresa, puede, en su caso, por criterios de oportunidad y necesidad o merecimiento, pasar a constituir también Derecho penal de la empresa, instituyéndose la responsabilidad penal de las personas jurídicas en supuestos de acoso laboral y sexual, como lo ha considerado oportuno el legislador penal.

Por otro lado, hay que tener muy presente que en el ámbito jurídico-laboral gozan de amplia trayectoria y proyección los denominados "protocolos antiacoso", que, naciendo en el seno de las Administraciones públicas, han cobrado cada vez mayor protagonismo en las empresas privadas. Tales protocolos, como ya se ha analizado, son un instrumento sumamente completo que puede estar llamado a incorporarse en el propio programa de cumplimiento normativo en la empresa (compliance) como ítem autónomo en la materia, en aras de la prevención de estos delitos y, en su caso, para lograr la eximente de responsabilidad penal, o bien la atenuante, tal como se desprende del propio Código Penal.

El cambio legal operado generará, con toda seguridad, opiniones a favor o en contra en sede doctrinal (nosotros mismos hemos dejado expuestas unas breves notas sobre el parecer que tal situación nos evoca, aunque sin pretensión de constituir estas opiniones pensamientos absolutos, entre otras razones porque el espacio disponible no nos lo permite), pero una cosa parece clara, y es que a las empresas que ya cuentan con estos protocolos antiacoso les será sumamente sencillo adaptar los mismos a la nueva realidad jurídico-penal integrándolos en su compliance program. Por tanto: ya se tiene medio camino andado.

Y ya, por último, una idea que desborda las muy limitadas líneas plasmadas en este capítulo: si la ética empresarial en materia de acoso sexual en el trabajo alcanza a imponer sanciones extrapenales, por ejemplo, en el ámbito jurídico-laboral (como se ha visto), nada impide que las conductas más graves recaigan en el ámbito penal (como avala la decisión político-criminal adoptada por el legislador penal mediante la conocida como Ley del "solo sí es sí"). El problema descansa más bien en si ante tales supuestos realmente se podrá atribuir esa responsabilidad penal a la persona jurídica con el modelo normativo existente que, como hemos visto, exige que el delito se cometa siempre en beneficio de la empresa. La cuestión está, obviamente, abierta al debate, pero pudiera resultar que con la extensión de la responsabilidad penal de la persona jurídica al ámbito de otros delitos, que protegen, verbigracia, bienes jurídicos individuales más allá de aquellos otros destinados a la protección de ciertos sectores del orden socioeconómico y en los que el modelo de responsabilidad penal empresarial posee mayor tradición, nos hayamos dado cuenta de que el sistema actual, recogido en los arts. 31 bis CP y siguientes, fue construido de forma poco eficiente a la hora de permitir activar dicho mecanismo en otros delitos considerados como "tradicionales", como ocurre para el caso del acoso sexual tras la última reforma aquí comentada.

BIBLIOGRAFÍA

Argenti Fernández, T. y Peleteiro Suárez, A. (2011). Luces y sombras de dos de los nuevos delitos introducidos con la reforma penal de 2010: el acoso laboral (mobbing) y el intrusismo informático. Actualidad Jurídica Uría Menéndez (29).

Armendáriz León, C. (2015). Delitos contra los derechos de los trabajadores (II). Delitos contra la seguridad e higiene en el trabajo. En VV. AA., Delitos de defraudación a la Seguridad Social y delitos contra los derechos de los trabajadores, (pp. 381-458). Wolters Kluwer.

Bustos Rubio, M. (2013). El delito de acoso laboral: exigencias europeas y análisis del tipo penal. Revista de Derecho Penal y Criminología, (extra-1),13-52.

Bustos Rubio, M. (2020). Mobbing y acoso sexual en el trabajo: la inexistente responsabilidad de la empresa y los protocolos antiacoso. En Simón Castellano, P. y Abadías Selma, A. (coords.), Mapa de riesgos penales y prevención del delito en la empresa, (pp. 485-500). Wolters Kluwer.

Bustos Rubio, M. y García del Blanco, V. (2015). El Derecho penal frente al fenómeno del acoso en el lugar de trabajo. Revista General de Derecho Penal, (23), 1-34.

Bustos Rubio, M. y Paíno Rodríguez, F. J. (2017). Acoso. Análisis jurídico penal. Universidad Complutense de Madrid.

De la Mata Barranco, N. (2020). La reforma proyectada en los delitos contra la libertad sexual. Almacén de Derecho (3-03).

Díaz-Maroto y Villarejo, J. (2011). Los delitos de acoso en los ámbitos inmobiliario y laboral. En Díaz-Maroto y Villarejo, J. (dir.), VV. AA., Estudios sobre las reformas del Código Penal (operadas por las LO. 5/2010, de 22 de junio, y 3/2011, de 28 de enero). Aranzadi.

Dopico Gómez-Aller, J. (2008). ¿Qué salvar del art. 318 CP? La responsabilidad de administradores y encargados del servicio en los delitos contra los derechos de los trabajadores. Revista General de Derecho Penal, (9), 1-ss.

Gómez Martín, V. (2009). El enigmático art. 318 CP: diez cuestiones controvertidas. En Mir Puig, S. y Corcoy Bidasolo, M. (dirs.), Hortal Ibarra, J. C. (coord.), Protección penal de los derechos de los trabajadores; seguridad en el trabajo, tráfico ilegal de personas e inmigración clandestina. B de F.

Lafont Nicuesa, L. (2008). El delito de acoso moral en el trabajo. Tirant lo Blanch.

Maneiro Vázquez, Y., Miranda Boto, J. M. (2011). Las obligaciones de la empresa en materia de acoso moral, acoso sexual y acoso por razón de sexo: los protocolos antiacoso. En Velasco Portero, M. T. (dir.), Mobbing, acoso laboral y acoso por razón de sexo, (pp. 65-92). Tecnos.

Mir Puig, C. (2007). El acoso moral en el trabajo (mobbing) y en la escuela (bullyng) y el derecho penal. En VV. AA., El mobbing desde la perspectiva social, penal y administrativa. Consejo General del Poder Judicial.

Monserrat Sánchez-Escribano, M. I. (2012). Intervención penal mínima y acoso moral en el trabajo: el mobbing como modalidad de delito contra la integridad moral. Revista de Derecho Penal, (37), 82-ss.

Ramírez Barbosa, P. A. y Ferré Olivé, J. C. (2019). Compliance, Derecho penal corporativo y buena gobernanza empresarial. Tirant lo Blanch.

Santana Vega, D. M. (2013). El nuevo delito de acoso laboral. En Álvarez García, F. J., Cobos Gómez de Linares, M. A., Gómez Pavón, P., et. al. (coords.), VV. AA.: Libro Homenaje al profesor Luis Rodríguez Ramos. Tirant lo Blanch.

Tamarit Sumalla, J. M. (2011). De las torturas y otros delitos contra la integridad moral. En Quintero Olivares, G. (dir.) y Morales Prats, F. (coord.), VV.AA., Comentarios a la Parte Especial del Derecho Penal, (pp. 240-241). Aranzadi.

Velasco Portero, M T. (dir.). (2011). Mobbing, acoso laboral y acoso por razón de sexo. Tecnos.

Capítulo 13

El papel de la Unión Europea en la lucha contra el abuso sexual a menores: los futuribles de un mañana europeo más armonizado y los problemas de transposición de la normativa

DRA. VIRGINIA SALDAÑA ORTEGA
Directora del Grado en Derecho. Universidad Isabel I
Vicesecretaria general del Instituto Eurolatinoamericano de Estudios para la Integración (IELEPI)

1. RESUMEN

El papel de la Unión Europea en el objetivo de eliminar la problemática que supone en nuestra realidad, los actos de abuso sexual deben ser entendidos desde una perspectiva objetivada y teniendo en consideración la evolución acontecida en el seno de la organización supranacional. De tal manera, entendemos oportuno iniciar la presente investigación, considerando la evolución acaecida en la materia en el ámbito normativo de la Unión Europea.

Con posterioridad, centraremos nuestra atención en las últimas novedades introducidas en la temática a abordar y el papel protagonizado por las Instituciones comunitarias, evidentemente encaminadas a la construcción de una estructura coordinada y armonizada del Derecho penal. Todo ello con la finalidad última de procurar una correcta protección de los individuos y una óptima congruencia normativa que permita un futuro en Europa más justo, una Unión Europea mejor.

2. INTRODUCCIÓN

Resulta innegable afirmar como, la tacha que supone el abuso sexual a menores no puede ser entendida una actividad reciente, moderna o coetánea a nuestro tiempo. Más bien, nos encontramos ante una problemática que históricamente ha acompañado a la realidad de nuestra sociedad. La vulneración de la dignidad sexual de los menores ha sido una actuación repetida a lo largo de los siglos, desde la práctica de pederastia de los Helenos o la romana en su iniciación como parte de su formación humana, hasta los actos de abuso cometidos en el escenario online de nuestros días. Lo cierto es que el abuso a menores ha sido y es una problemática que nos ha venido acompañando como sociedad, desde los anales de nuestra historia.

Independientemente del orden temporal en que pongamos interés, la realidad no ha venido distando demasiado salvo en el modo de ejercer esa violencia sexual que, quizás ha venido modulándose o cambiando en función de las circunstancias en que se ha producido, a su vez, la mutación de la sociedad en que se lleve a cabo tan repudiable práctica. Lo que sí ha cambiado radicalmente, ha sido el modo de entender la lesión y la protección de la víctima en tales supuestos. A mayor abundamiento, lo que en unas iniciales sociedades helénicas, griegas o romanas, se entendía como el afán de procurar una sanción al victimario, centrándose de manera prácticamente absoluta en el castigo de tales hechos, con la evolución de las sociedades, vino además a determinarse en la necesidad de instituir unos cánones de protección del menor, que permitieran el establecimiento de un protocolo de actuación que verdaderamente luchase en pro de la erradicación de estas prácticas inhumanas.

A este respecto, especial impulso ofrecieron las asociaciones benéficas que comenzaron a instaurarse en el Antiguo Régimen si bien, no es hasta finales del siglo XX y la instauración de la democracia en países como España donde iniciaron a cobrar importancia las primeras asociaciones en defensa de los Derechos de los niños y la instauración de unos verdaderos protocolos de protección social (Sáez Martínez, 2015).

Con fortuna, el proceso de aprovisionamiento del menor, de unos verdaderos instrumentos que permitieran la protección de este, en un escenario de inseguridad en el que su vulnerabilidad era el principal *hándicap* del grupo social al que nos estamos refiriendo, fue indudablemente mucho mayor a partir de la década de los noventa y la procura de un desarrollo normativo basado en el mantenimiento de su dignidad y el desarrollo óptimo de sus vidas y realidades. Ello, con motivo del cambio de pensamiento y la reordenación de prioridades que de manera progresiva y gradual vinieron asentándose en el panorama internacional por el que, cometer abusos contra los menores, se vino a convertir en un acto no solo deleznable y punible, sino repudiable moralmente.

La evolución acontecida a nivel internacional para con lo relativo a la protección de los Derechos del menor, debe ser señalada, al igual que consideramos que, a este respecto, la actividad realizada por la Unión Europea ha permitido que dicha organización se posicione de manera indiscutible como principal actor protector de los Derechos inherentes a tal colectivo y como principal propulsor de la causa en contra de los delitos contra él cometidos.

Cabe señalar – si bien profundizaremos más adelante al respecto de ello – aquellos protocolos y normativas que, a nivel internacional y comunitario han permitido el desglose de un completo entramado jurídico que hace las veces de estandarte fundamental en que debe apoyarse la política social en contra de la vulnerabilidad de los niños. Nos estamos refiriendo a la Declaración de Ginebra sobre los Derechos del Niño de 1924; a la Declaración de los Derechos del Niño adoptada por la Asamblea General en el año 1959; a la Declaración Universal de los Derechos Humanos de 1949; al Pacto Internacional de los Derechos Civiles y Políticos de 1966 o al Pacto Internacional de Derechos Económicos, Sociales y Culturales del mismo año (Saldaña Ortega, 2023).

Tal y como tendremos oportunidad de analizar a lo largo de las próximas páginas, el marco normativo en el cual se asienta la realidad que nos concierne en materia de Derechos del menor y la protección de estos contra el abuso sexual ha resultado de gran importancia y amerita su estudio de manera integral y profunda. Ello, pues de acuerdo con las palabras ofrecidas por el plan de Acción de la Cumbre Mundial a favor de la infancia del 30 de septiembre del año noventa: “No hay causa que merezca más alta prioridad que la protección y el desarrollo del niño, de quien dependen la supervivencia, la estabilidad y el progreso de todas las naciones y, de hecho, de la civilización humana” (UNICEF, 2015, p. 7).

3. EL ABUSO SEXUAL A MENORES Y SU INCIDENCIA EN LA UNIÓN EUROPEA: LAS CONSECUENCIAS DE LA CRISIS SANITARIA DEL COVID-19

La realidad relativa al abuso sexual resulta hoy en día una problemática de primer nivel en el ámbito nacional, europeo e internacional. Las cifras así lo avalan y baste señalar nada más comenzar el presente apartado, que aproximadamente 1000 millones de niños en edades comprendidas entre los 2 y los 17 años fueron víctimas de abusos físicos, sexuales, emocionales o abandono en el último año alrededor del mundo. La cifra es absolutamente escandalizadora, y muestra una realidad que resultaría imposible obviar y que merece del más profundo y absoluto interés por los dirigentes de los distintos Estados, pues esta lacra no entiende de fronteras y es, hoy en día, un problema social que perjudica el contexto de todos (OMS, 2022).

Las cifras en Europa no son más alentadoras de las existentes a nivel internacional, ya que, de acuerdo con los últimos datos ofrecidos por la Comisión europea, uno de cada cinco niños sufre violencia sexual en nuestro territorio, ello incluyendo actos por tocamiento, violación, acoso sexual, estupro, exhibicionismo, explotación en la prostitución, pornografía, violencia sexual en línea y chantaje sexual. Conforme veremos posteriormente, dichas cifras no quedan reflejadas de la misma manera en el número de procesamientos que se llevan a cabo y es que se estima que un tercio de las víctimas no informan de lo sucedido a adultos responsables (Comisión Europea, 2022).

A mayor abundamiento, cabría pues evidenciar como el histórico momento acontecido hace apenas algunos meses y del que hoy aún venimos sufriendo las consecuencias: la pandemia del Covid-19, no ha hecho sino aumentar significativamente los datos anteriormente ofrecidos. Lo cierto es que, lo que para algunos pudo resultar un periodo anecdótico, cargado de incertidumbre, pero sin mayor pesar, para otros supuso una cárcel de pladur y el agravamiento absoluto de sus males y vulnerabilidades. En efecto, nos estamos refiriendo a los periodos de encierro en el hogar que tuvieron lugar con motivo de los confinamientos que fueron solicitados en los distintos Estados miembros de la Unión Europea, con el fin de paliar los efectos del contagio masivo del Coronavirus.

Estas circunstancias excepcionales generaron graves consecuencias y un aumento masivo de los hechos delictivos a que nos venimos refiriendo en el presente estudio. La propia INTERPOL puso de manifiesto este acrecentamiento desmesurado de los casos de abuso sexual a menores con motivo de la crisis sanitaria del Covid-19 y, muy particularmente en lo relativo a los abusos sexuales en internet (Tapia Ballesteros, 2021).

De acuerdo con el propio informe de INTERPOL y las numerosas fuentes de información consultadas por los países miembros de esta organización, se ha producido un aumento considerable del intercambio de material relacionado con el abuso y la explotación sexual de menores a través del uso de redes P2P. De igual manera, el intercambio de material existente relacionado con estas prácticas y las conversaciones conexas a ellas, han crecido de forma significativa por medio de la conocida como "red oscura" (INTERPOL, 2020).

Y, ¿qué papel ostentan las redes sociales en esta nueva realidad? Estos instrumentos han procurado un aumento sustancial del material relacionado con el abuso y la explotación sexual de menores en la *Clearnet*. Si bien el contenido puede no estar directamente relacionado con el número de delincuentes activos en internet, sí perjudica enormemente a la víctima por su revictimizaicón y a la ciudadanía que vive expuesta a un riesgo por tener acceso a dicha información. Misma evolución han sufrido las redes de mensajería instantánea donde se ha producido un aumento significativo de la distribución de vídeos virales relacionados con el abuso y la explotación sexual de menores.

A mayor abundamiento, la crisis sanitaria del año 2020 no solo ha generado repercusiones negativas en el aumento del hecho delictivo en sí, tal y como señalaba el informe que venimos analizando, sino que las consecuencias se han visto trasladadas a la labor policial, ello con motivo de una serie de elementos que de alguna manera han perjudicado dicha labor y han ocasionado una mutación sustancial en la actividad, de entre los que amerita citar: una reducción o demora en las denuncias de los citados delitos por la evidente afectación de los cauces ordinarios; un descenso en el uso de las bases de datos de INTERPOL por parte de los países miembros; una disminución considerable de los profesionales en recursos humanos de los organismos encargados en aplicar la ley; una variación sustancial en los procedimientos y su consiguiente pérdida de eficacia y eficiencia, con motivo de las restricciones técnicas propias del teletrabajo; y un aumento de tiempos de los procedimientos.

Irrenunciablemente, los problemas sucedidos con motivo de la pandemia no han visto sino acrecentar la problemática social que supone la práctica de la delincuencia sexual contra menores. No podemos sino evidenciar como, esta nueva realidad en que la ciudadanía ha tenido que ver paralizadas sus actividades principales y su rutina diaria, ha traído consigo, además de otras cuestiones, la coexistencia de víctima y victimario dentro de una misma realidad física o virtual, que ha propiciado el aumento de los casos tipificables y el desasosiego de una sociedad, en ocasiones, abrumada por la realidad digital.

4. EL CARÁCTER ARMONIZADOR DE LA UNIÓN EUROPEA Y SU INFLUENCIA EN LA NORMATIVA DEL RAMO

Resulta primordial antes de iniciar la fundamentación del presente apartado, brindar algunas líneas que sucintamente puedan llegar a ofrecer una explicación de la situación europea de nuestros días, en absoluto similar a lo acontecido en aquellas primigenias Comunidades europeas de los años cincuenta. La evolución sucedida en el seno de la organización experimentó un cambio de rumbo lógico y comprensible dentro de un progreso coherente como el que se vivió en el citado territorio, desde una organización basada en el progreso económico exclusivamente, hasta el motivado cambio de rumbo hacia la procura de una base social y democrática real, que trajera consigo la asimilación de una organización supranacional y *sui géneris* como la que argumenta nuestro escenario europeo, a través de una evolución normativa y la construcción de un marco de Derecho positivo que hace las veces de estandarte jurídico protector de la realidad europea (Saldaña Ortega, 2020).

Esta evolución de la Unión Europea ha sido coetánea en tiempo y maduración, a la de la armonización de determinadas parcelas de su actividad, tales como la contratación pública; la normativa de fiscalidad o la política en contra del abuso sexual a menores. La Unión Europea ha tratado de establecer una armonización real al respecto de determinadas normativas, procurando el establecimiento de unos patrones mínimos capaces de articular determinados sectores de la realidad social, precisamente con motivo de la necesidad de amparar los Derechos de la ciudadanía, y, en el caso específico que venimos a analizar en el presente proyecto, de los menores de edad.

Por tal motivo, afirmar que la protección de los niños contra los abusos sexuales ha sido procurada desde los inicios del nacimiento de la mencionada organización, sería incorrecto ya que los orígenes de las políticas de la Unión Europea contra los abusos sexuales comienzan con la aprobación del plan de Acción Común 96/700/JAI del 29 de noviembre de 1996 adoptado por el Consejo sobre la base del artículo K.3 del Tratado de la Unión Europea, por el que se establece un programa de estímulo e intercambios destinado a los responsables de la acción contra la trata de seres humanos y la explotación sexual de niños [DOCE Nº L 322/7].

Ello, seguido del acuerdo sobre el Tratado de Ámsterdam y la Acción común puesta en marcha un año después de la primera, la 97/154/JHA del 24 de febrero de 1997, deben ser considerados los dos grandes primeros hitos europeos en lo relativo a la protección del menor y en contra de las prácticas de abuso sexual. Empero, y si bien tales documentos no carecen de rigor y de importancia, lo cierto es que atendiendo al contenido en que se basan sus fundamentos, el artículo K3 no establecía una referencia específica al respecto de los tipos delictivos para la prevención y lucha contra los delitos cometidos en contra de los menores y no es hasta la aprobación del Tratado de Lisboa en que se modifica tal cuestión señalándose en el actual artículo 83 TFUE como actos delictivos: "[...] la trata de seres humanos y la explotación sexual de mujeres y niños [...]".

Es a partir de tal articulado que se procura un enfoque indiscutiblemente armonizador de la realidad comunitaria al respecto de la lucha contra el abuso sexual de los menores, ofreciéndose la posibilidad de que el Parlamento Europeo y el Consejo establezcan, por medio de directivas que sean adoptadas de acuerdo al procedimiento legislativo ordinario, aquellas normas que actúen como nivel mínimo al respecto de las definiciones de infracciones penales y de las sanciones en los ámbitos delictivos de gravedad que presenten un campo de actuación de carácter transnacional y cuyas repercusiones y la necesidad de combatir sus malogrados actos, tengan que ser afrontadas a partir de unos criterios comunes, armonizados.

La posibilidad que alberga el ya mencionado articulado a las Instituciones de la Unión Europea ha sido indiscutiblemente empleada para procurar un correcto progreso en la materia, y así lo evidenciaremos posteriormente. Por añadidura, atendiendo a lo dispuesto en el artículo 24 de la Carta de los Derechos Fundamentales de la Unión Europea, deberíamos entender que tales actuaciones tienen que desarrollarse con el debido respeto al interés superior del menor de edad y ello incluye todos los actos llevados a cabo tanto por entes públicos como privados.

El concepto de interés superior del menor ha sido un aspecto fundamental para comprender y asimilar normativamente a este como un elemento clave para el desarrollo de una actividad legal que gire en torno a los menores y no mentimos al afirmar que este, en sí mismo, es un concepto que goza de especial enjundia en cuanto a su contenido y que no se encuentra exento de debate en lo relativo a su ámbito de aplicación. Ya hemos tenido oportunidad de analizar cómo, además de ser considerado un principio y un derecho en sí mismo, la figura que venimos a analizar en estas palabras debe ser entendida también una regla de procedimiento.

Y es precisamente en este afán no solo de otorgamiento de derechos inherentes al sujeto por cumplir las características propias que lo hacen merecedor de tal conceptualización, sino por la necesidad de procurar una verdadera protección de este en lo relativo a la actividad propia del procedimiento del que forme parte, que entendemos deberá ofrecerse una solución activa y plausible a las problemáticas que se han detallado de manera sucinta en páginas anteriores y que han venido a incrementarse con motivo de la crisis sanitaria del Coronavirus. Ello incluso al poderse llegar a comprender el término de interés superior del menor como un concejo jurídico indeterminado (Saldaña Ortega, 2023).

El proceso de normativización y asentamiento de lo que podríamos entender como una política pública en sí misma, logra un nuevo impulso gracias a la elaboración del Programa de Estocolmo y el establecimiento de una serie de prioridades de la Unión Europea respecto al espacio de libertad, seguridad y justicia para el periodo 2010-2014. La importancia de este programa radica en el recogimiento de los buenos resultados y logros conseguidos por medio de los programas elaborados anteriormente – La Haya y Tampere –, el fortalecimiento del espacio de libertad, seguridad y justicia a partir de medidas centradas en los intereses y necesidades propios de la ciudadanía y la determinación de nuevos desafíos (Molina del Pozo, 2023).

El programa Estocolmo recomendó el desarrollo de una verdadera estrategia de seguridad interior para la Unión Europea, en virtud de la cual se viniera a mejorar la protección de los ciudadanos. Ello, gracias al fortalecimiento de los lazos existentes en lo relativo a la cooperación policial y judicial en materia penal, entre otros. Instituyendo, y esto podríamos entenderlo como el elemento diferenciador de todos los programas establecidos con anterioridad, una determinación de la lucha contra el abuso sexual, la explotación sexual de menores y la pornografía infantil, como elementos a erradicar de la conocida como delincuencia transfronteriza.

Cabe recordar que la base jurídica de todo cuanto venimos a exponer se encuentra recogida en el artículo 83 del Tratado de Funcionamiento de la Unión Europea, por medio del cual se otorga la posibilidad al Parlamento Europeo y al Consejo para el establecimiento de aquellas medidas que estime convenientes, por medio de la implantación de directivas adoptadas con arreglo al procedimiento legislativo ordinario. Ello con el objetivo de ofrecer unas bases mínimas al respecto de la definición de infracciones penales y sanciones en ámbitos delictivos de especial gravedad, que además posean una repercusión transfronteriza.

5. LAS ESTRATEGIAS DE LA UNIÓN EUROPEA CONTRA LOS ACTOS DE ABUSO SEXUAL A MENORES

Han sido numerosas las estrategias elaboradas por la Unión Europea a lo largo de los años en la lucha por la erradicación de los delitos de abuso sexual cometidos contra menores, ameritando, en primer lugar, el señalamiento de la Estrategia de la UE para una lucha más eficaz contra el abuso sexual de menores, si bien, no siendo la única de las actualmente vigentes y pudiendo marcar también: la Estrategia de la UE sobre los Derechos del niño y la garantía infantil europea[75] (Tapia Ballesteros, 2022).

---

75 A partir de la Comunicación de la Comisión al Parlamento Europeo, al Consejo, al Comité Económico y Social Europeo y al Comité

La primera de las estrategias citada, que ocupará gran parte de nuestros pensamientos a lo largo de estas líneas, se encuentra fundamentada en el establecimiento de ocho grandes líneas de actuación o medidas que posibilitan una respuesta firme y contundente a los delitos que venimos analizando desde la perspectiva de las nuevas tecnologías. A este respecto, cabría señalar el fortalecimiento de los esfuerzos de las fuerzas y cuerpos de seguridad a escala nacional y de la Unión Europea, impulsando nuevamente esa cooperación en conjunto. Así como la capacitación de los Estados miembros para la protección de sus menores a través de la prevención con el implemento, por ejemplo, de una red de prevención a escala UE que facilite el intercambio y las mejores prácticas, así como el apoyo de los Estados miembros en la puesta en marcha de medidas de prevención útiles para reducir la tacha social a nivel comunitario.

Otras de las medidas impulsadas por la mencionada estrategia se fundamenta en la creación de un Centro Europeo de Prevención y Lucha Contra el Abuso Sexual de Menores; la estimulación de los esfuerzos de las empresas del sector para garantizar la protección de los menores en sus productos; o la mejora de la protección de los menores en el mundo mediante la cooperación multilateral, a partir de la promoción de la cooperación multilateral en el marco de la Alianza Mundial WePROTECT y una financiación específica.

Dejando a un lado las medidas conocidas como extrapenales, que sucintamente hemos venido a definir en el párrafo anterior y sin desmerecer a estas, lo cierto es que las de carácter más normativo, resultan de absoluta y vital importancia para el correcto progreso de las políticas de protección a los menores. A este respecto, piénsese en la problemática acaecida en torno a la adaptación y transposición de las directivas europeas al

---

de las Regiones. Estrategia de la UE sobre los Derechos del Niño. [COM (2021) 142 final].

respecto de las cuestiones que aquí se vienen a analizar y particularmente, a todo lo acontecido alrededor de la aplicación de la Directiva 2011/93/UE del Parlamento Europeo y del Consejo del 13 de diciembre de 2011, relativa a la lucha contra los abusos sexuales y la explotación sexual de los menores y la pornografía infantil y por la que se sustituye la Decisión marco 2004/68/JAI del Consejo [DOUE L 335/1].

Lo cierto es que existe aquí un error en el procedimiento de transposición en absoluto deseable para el proceso de integración que venimos defendiendo como real y necesario desde hace décadas. Indiscutiblemente esto genera un perjuicio sin precedentes en una sociedad que ve vulnerados sus Derechos. Siendo la responsabilidad patrimonial de los Estados por la no transposición de las Directivas europeas, un pilar fundamental, sólido y correctamente desarrollado jurisprudencialmente a partir de la sentencia del Tribunal de Justicia de la Unión Europea de 19 de noviembre de 1991 (C-6/90 y C-9/90), conocida como caso *Francovich*, no es de extrañar que se lleven a cabo acciones por parte de los particulares en favor de la reivindicación de sus Derechos (Saldaña Ortega, 2022).

La preocupante situación en torno a la aplicación de esta normativa ha sido generalizada y fue evidenciada en la Propuesta de Resolución del Parlamento Europeo sobre la aplicación de la Directiva 2011/93/UE del Parlamento Europeo y del Consejo, de 13 de diciembre de 2011, relativa a la lucha contra los abusos sexuales y la explotación de los menores y la pornografía infantil. El citado documento vino a afirmar sin cortapisas como la normativa referenciada bien podía ser considerado el marco jurídico sólido y completo a partir del cual luchar en contra de los abusos y la explotación sexual de los menores. Además, la Institución vino a lamentar que los Estados miembros encontraran problemas para la transposición y aplicación de la directiva y determinó que tales problemáticas radicaban en las disposiciones sobre la prevención, la investigación, el enjuiciamiento, así como la protección y asistencia de las víctimas fundamentalmente.

Un ejemplo de tales situaciones lo encontramos en la decisión de la Comisión Europea de incoar un procedimiento de infracción por carta de emplazamiento a España, al no haber aplicado las disposiciones de la norma y la consideración, por parte de la Institución, de que nuestro Estado miembro no transpuso correctamente determinadas disposiciones del texto legal, relativas a la definición de determinadas infracciones, la prevención y la asistencia de las víctimas [INFR(2018)2197]. Igual situación experimentaron Irlanda [INFR(2019)2235], Italia [INFR(2018)2335] y Portugal [INFR(2018)2334].

Lo cierto es que la situación alcanza unas magnitudes ciertamente preocupantes; la presencia de la pornografía infantil y otros abusos sexuales a menores en internet es una realidad ineludible para la Unión Europea y para el mundo en general, que precisa de unos cauces de actuación más eficaces, que permitan la erradicación de una lacra que asola nuestra realidad con cada vez mayor afán. Volviendo a hacer uso de las cifras oficiales, baste mencionar que en Europa, las denuncias de abuso sexual infantil online sufrieron un incremento sin precedentes en la última década, tal y como afirmábamos anteriormente.

Esto ha demostrado, y así lo ha hecho saber la Comisión Europea, como el sistema actual, basado en la detección y notificación de contenidos delictivos de manera voluntaria por parte de las empresas, ha resultado deficiente para el rastreo exhaustivo de dicho material. Es por ello que se ha venido a producir un nuevo impulso por parte de la citada Institución, para la puesta en marcha de verdaderas soluciones que consientan la protección de este colectivo social vulnerable, esta vez, a partir de una reglamentación.

Nos estamos refiriendo al Reglamento (UE) 2021/1232 del Parlamento Europeo y del Consejo de 14 de julio de 2021 por el que se establece una excepción temporal a determinadas disposiciones de la Directiva 2002/58/CE en lo que respecta al uso de tecnologías por proveedores de servicios de comunicación interpersonales, independientes de la numeración para el tratamiento de datos personales y de otro tipo con fines de lucha contra los abusos sexuales de menores en línea [DOUE L 274/41] y su prácticamente inmediata propuesta de reforma, conocida como Propuesta de Reglamento del Parlamento Europeo y del Consejo por el que se establecen normas para prevenir y combatir el abuso sexual de los menores [COM(2022) 209 final].

La citada propuesta viene a ofrecer una normativa más clara y es que las circunstancias actuales, y el surgimiento de situaciones extremas como las relacionadas con el COVID-19, han puesto de manifiesto una realidad absolutamente indeseable en lo que al marco de protección de los menores se refiere. Es por ese motivo que el entendimiento de una verdadera armonización y lucha común, se asimila una vez más como la mejor de las alternativas posible pues la acción voluntaria se antoja insuficiente para combatir de manera eficaz el uso indebido de los servicios en línea con fines sexuales de abuso a menores. Por tal motivo, se concibe – y así se ha manifestado por parte de las Instituciones europeas – que es necesario un marco jurídico claro y vinculante, con salvaguardias claras, por medio de las cuales se pueda ofrecer una verdadera seguridad jurídica a los proveedores y una correcta garantía del respeto y protección de los Derechos fundamentales (Comisión Europea, 2022).

Y, ¿qué implementará esta nueva normativa? En primer lugar, la propuesta viene a imponer obligaciones a los proveedores de servicios con la finalidad última de combatir el abuso sexual de menores en línea, evaluando y mitigando los riesgos que puedan acontecer y adoptando, en caso de que se precise, aquellas medidas específicas para la detección, la denuncia y la retirada del material en línea. De igual manera, se introducirán sólidas salvaguardias en materia de detección de manera que, para aquellas empresas en que hayan recibido una orden de detección, no se deje en manos del proveedor la detección de la ilegalidad.

Además de tales acciones, es meritorio el énfasis de la que podría ser considerada la apuesta más sólida en el contenido normativo de la propuesta: la creación de una nueva agencia de la UE para prevenir y combatir el abuso sexual de menores. Este centro iniciará su actividad en 2024-2026 y se prevé que se encuentre plenamente operativo para el año 2030.

Nos hallamos ante una apuesta de la Unión Europea para la consecución de sus objetivos en la materia, que por supuesto entablará relaciones y guardará conectividad con otras estrategias y normativas de vital interés para el desarrollo de unas y otras como por ejemplo la Estrategia de Una Internet más adecuada para los niños o el Reglamento (UE) 2022/2065 del Parlamento Europeo y del Consejo de 19 de octubre de 2022 relativo a un mercado único de servicios digitales y por el que se modifica la Directiva 2000/31/CE [DOUE L 277/1].

Cuestión distinta será determinar, el punto de una posible problemática al respecto de la protección de datos y la vida privada en los procesos establecidos en su articulado para la detección y prevención de la problemática que venimos analizando: ¿Cómo evitará la nueva normativa la vigilancia masiva? Lo cierto es que por parte de la Institución que propone se afirma la existencia de una clara delimitación tanto en la prevención como en la detección entendiéndose que las órdenes de detección deberán quedar limitadas a situaciones en que las medidas de prevención no sean bastantes. Sin embargo, parece que las aclaraciones al respecto de estos posibles arbitrios desmesurados no son bastantes, o asimilamos que no están suficientemente fundamentados en la citada norma de propuesta, motivo por el cual, el proceso de articulación real deberá estar siempre sujeto a los requisitos de necesidad, idoneidad y proporcionalidad, muy especialmente, en los casos de cifrado, por ejemplo.

No nos malinterpreten en este punto, afirmamos lo oportuno de ofrecer una normativa firme y bien sustentada, pero es precisamente en aras a la procura de una normativa que pueda ser útil, eficaz y que no ofrezca dudas de su empleabilidad, que venimos a entender pertinente una revisión de las cuestiones sucintamente mencionadas en el párrafo anterior. A mayores, consideramos necesaria la diligencia de este nuevo instrumento normativo, máxime si tenemos en consideración que la legislación europea en virtud de la cual se otorga la posibilidad a los proveedores de servicios de realizar labores de detección y denuncia de abuso sexual en línea – con carácter voluntario – y la consiguiente eliminación del material de abuso sexual contra menores, expirará el próximo 3 de agosto de 2024.

6. EL FORTALECIMIENTO DE LA NORMATIVA PENAL: HACIA LA BÚSQUEDA DE UNA VERDADERA ARMONIZACIÓN EUROPEA

Hemos tenido oportunidad de adelantar en páginas precedentes como la evolución experimentada en el seno del Derecho originario adoleció de ciertas mutaciones concordantes con el cambio de pensamiento de nuestra sociedad y el nacimiento de un verdadero sentimiento europeo. Ello no fue distinto en lo que respecta al Derecho penal en la Unión Europea. Un proceso de desarrollo que inicialmente no experimentó grandes mutaciones, pero que vino a ofrecer, a partir del Tratado de Maastricht, un cambio de paradigma y la comprensión de una posible estructuración de otras realidades, como las relativas al ámbito de la seguridad y justicia. Bien es cierto que no es hasta el Tratado de Ámsterdam que se produce el que entendemos como verdadero impulso, gracias a la consagración del Espacio de Libertad, Seguridad y Justicia que permitió, en gran medida, la armonización de determinados aspectos dentro de la rama penal, para con los distintos Estados miembros.

El establecimiento de un estándar de mínimos al respecto de los elementos constitutivos de delitos, así como las penas tipificadas por tales actuaciones ofreció una base sólida en la que poder argumentar todo el proyecto normativo que vino a desarrollarse posteriormente, causa del análisis normativo que hemos venido a procurar en estas modestas líneas.

Haciendo un ejercicio de análisis del pasado más cercano a nuestra realidad, de las aportaciones realizadas por el Tratado de Lisboa se atisba la procura de una verdadera armonización del ámbito penal, si bien para aspectos de índole financiera y de la protección de los intereses comunitarios en este campo, dejando a un lado de manera evidente un posible abordaje desde una óptica más general de la rama del conocimiento jurídico. Empero, cabría afirmar como la creación de elementos como *Eurojust* o la Fiscalía Europea han venido a ofrecer una sutil salida a aquella actividad exclusivamente enfocada en el terreno financiero que hemos venido procesando en la actividad normativa penal de los últimos años.

Son numerosos los impedimentos que aún en la actualidad limitan sustancialmente un proceso de armonización completo de la materia. El ejemplo más evidente lo encontramos en la implementación de procesos de votación por unanimidad para la modificación de competencias de la Fiscalía Europea, de acuerdo con lo dispuesto en el artículo 86.4 del Tratado de Funcionamiento de la Unión Europea. Nuevamente es que venimos a afirmar lo inoportuno de seguir procurando un sistema de voto de carácter intergubernamental que no viene sino a otorgar sendas dificultades al proceso de integración y desmesuradas facultades de veto a Estados miembros que verdaderamente no se encuentran suficientemente comprometidos con el proyecto (Saldaña Ortega, 2023).

Hasta el momento, se hace complicado el abordaje de la armonización desde una perspectiva completa de la materia, y es este el fundamento de nuestro interés y afán por analizar las circunstancias concretas y la aproximación de la normativa comunitaria por medio de temáticas como la que venimos a tratar. Por tal motivo debemos entender que la profundización de la armonización en Derecho penal se antoja esencialmente realizada por medio de aspectos específicos como este, de igual manera que ha sucedido en otras áreas tales como la responsabilidad penal de las personas jurídicas o el tráfico de drogas.

7. CONCLUSIONES

Finalizamos el presente proyecto de investigación con una premisa fundamental que previsiblemente nos ofrecerá algunas otras conclusiones de manifiesta importancia para el futuro de nuestra realidad como sociedad europea y es que: los abusos sexuales a menores forman parte del patrimonio histórico de la caracterización más inhumana de nuestra sociedad. Las circunstancias que giran en torno a ello se han visto acrecentadas de manera inaudita gracias a las consecuencias de una crisis sanitaria sin precedentes y el proceso de evolución que ha venido a acontecer en el ámbito de la digitalización.

Las cifras ofrecidas escandalizan absolutamente. El deterioro de la sociedad resulta innegable, aunque no podemos otorgar todo un posicionamiento pesimista alrededor de las cifras que analizábamos en esta investigación. Lo cierto es que, si bien se han incrementado exponencialmente los actos delictivos de esta naturaleza, también existe una mayor, predisposición a la denuncia de la actividad ilícita, al menos por parte de los sujetos intervinientes en la realidad del mundo delictivo informático, ello pese a que tales cifras no se vean igualmente compensadas en los casos en que la víctima sea un menor. Debemos trabajar por tanto en facultar un marco normativo común que permita de forma eficaz, no solo la detención de estas prácticas, sino la erradicación de ellas por medio de una prevención eficaz.

Y esta prevención eficaz, dada la naturaleza propia del delito, se encontrará en constante cohabitación con la posible interferencia a Derechos Fundamentales como la vida privada o la protección de carácter personal. Sin embargo, entendemos que una regulación proporcionada y basada en los principios de adecuación y oportunidad, a través de una normativa correcta podrá paliar dichas consecuencias no significando una vulneración de tales derechos para el interés general y sí una protección del interés superior del menor en los supuestos ampliamente analizados en el presente documento.

Cabría finalizar afirmando como el papel ostentado por el Derecho penal en el futuro de la Unión Europea adquirirá matices importantes y una preponderancia sin igual, de cara a un futuro próximo, al igual que ocurrió en el caso del Derecho administrativo europeo, por ejemplo. Nos hallamos ante un área de la ciencia jurídica cuyo protagonismo entendemos indiscutible en el correcto desarrollo de los años venideros del proyecto europeo.

Entendiendo que una codificación completa del Derecho penal europeo se antojaría aún hoy en día como una realidad utópica y difícilmente perseguible, lo que sí tiene cabida es un fortalecimiento del músculo normativo en la materia, a partir de realizaciones concretas que permitan solidificar un marco de actuación común y una sistematización de aquellas cuestiones esenciales y primordiales que ofrezcan un patrón de mínimos.

BIBLIOGRAFÍA

Molina del Pozo, C.F. (2023). Derecho de la Unión Europea. Edit. Reus.

Sáez Martínez, G.J. (2015). Aproximación histórica a los abusos sexuales a menores. Cuaderno del Instituto Vasco de Criminología San Sebastián, nº. 29, pp. 137-170. Consultado el 20 de junio de 2023. Recuperado de: http://www.juntadeandalucia.es/iam/catalogo/doc/2015/143551388.pdf

Saldaña Ortega, V. (2020). Origen y evolución de la Unión Europea. Hacia la construcción de un modelo federal. En Molina del Pozo Martín, P. (Ed.) Derecho de la Unión Europea e integración regional (pp. 115-129). Tirant lo Blanch.

Saldaña Ortega, V. (2022). El incumplimiento del Derecho de la Unión Europea y la activación del principio de responsabilidad patrimonial: especial mención al caso español. Revista Jurídica Valenciana, nº. 39, pp. 125-138. Recuperado de: https://www.revistajuridicavalenciana.org/wp-content/uploads/R0039_0010_07.pdf

Saldaña Ortega, V. (2023). El papel del Derecho penal ante una nueva realidad europea federal. Revista Penal México, nº. 22, pp. 183-194. Recuperado de: https://revistaciencias.inacipe.gob.mx/index.php/01/article/view/649

Saldaña Ortega, V. (2023). El interés superior del menor y su protección en el ámbito de la Unión Europea. En Clavijo Suntura, H.J., Saldaña Ortega, V. (Eds) La protección del menor. Un análisis desde las Ciencias Jurídicas (pp. 277-297) Edit. JM Bosh.

Tapia Ballesteros, P. (2022). Estrategia de la UE para una lucha más eficaz contra el abuso sexual de menores. Revista de Estudios Europeos, nº. Extraordinario monográfico, pp. 434-451.

Interpol (2020). Riesgos y tendencias en relación con el abuso y la explotación sexual de menores. Repercusiones de la Covid-19. Recuperado de: https://www.studocu.com/gt/document/universidad-mariano-galvez-de-guatemala/criminologia/covid-19-riesgos-y-tendencias-en-relacion-con-el-abuso-y-la-explotacion-sexual-de-menores/65956410

Referencias legislativas

Directiva 2011/93/UE del Parlamento Europeo y del Consejo del 13 de diciembre de 2011, relativa a la lucha contra los abusos sexuales y la explotación sexual de los menores y la pornografía infantil y por la que se sustituye la Decisión marco 2004/68/JAI del Consejo [DOUE L 335/1].

Reglamento (UE) 2021/1232 del Parlamento Europeo y del Consejo de 14 de julio de 2021 por el que se establece una excepción temporal a determinadas disposiciones de la Directiva 2002/58/CE en lo que respecta al uso de tecnologías por proveedores de servicios de comunicación interpersonales independientes de la numeración para el tratamiento de datos personales y de otro tipo con fines de lucha contra los abusos sexuales de menores en línea [DOUE L 274/41]

Reglamento (UE) 2022/2065 del Parlamento Europeo y del Consejo de 19 de octubre de 2022 relativo a un mercado único de servicios digitales y por el que se modifica la Directiva 2000/31/CE [DOUE L 277/1].

Propuesta de Reglamento del Parlamento Europeo y del Consejo por el que se establecen normas para prevenir y combatir el abuso sexual de los menores [COM(2022) 209 final].